평화를 지향한 소리와 음악
-김종삼 시의 인지 체계

평화를 지향한 소리와 음악

김종삼 시의 인지 체계

신지원 지음

Sound and Music for Peace

The Cognitive System of Kim Jong-sam's Poetry

전북대학교출판문화원

서문

'박사 학위 논문은 무조건 내가 좋아하는 시인을 대상으로 해야 한다.' 박사 과정에 입학하기도 전에 했던 다짐이었다. 시인론으로 박사 논문을 써야 하겠다고 결정한 후 선배들은 하나 같이 말했다. 정말 좋아하는 시인이어야 한다고. 그 시인이 내겐 김종삼이었다.

김종삼의 시는 해독할 수 없는 암호 같았다. 잘 알려진 시 「북치는 소년」의 경우도 여전히 깊은 의미를 읽어내기 어렵다. 다만 매우 아름답다는 느낌만 충만할 뿐이다. 그러나 역으로, 김종삼의 시는 읽을수록 놀라운 세계를 경험하게 했다. 보헤미안이나 로맨티시즘, 순수서정으로만 규정하기에는 결코 간과해서는 안 될 다른 세계가 있었다.

김종삼 시인은 자기를 시인이라 일컫지 않았다. 스스로 말을 잘 할 줄 모른다고도 했다. 그래서였을지도 모르겠다. 순수와 참여로 시가 힘을 가졌던 시대에 김종삼은 시대정신을 가진 시인으로 호명되지 않았다. 시 「민간인」으로 현대시학 작품상을 받았던 때에도 마찬가지였다. 그러나 「민간인」만 하더라도 6. 25전쟁이라는 역사를 현재에 소환한 작품이었다. 단순히 전쟁과 피란의 트라우마로 작품을 일구어 간 것만은 아니었다. 양분하기는 어렵지만 내게 김종삼은 순수서정과 시대정신을 고루 갖추면서 자기를 내세우지 않는 특별한 감성의 시인으로 보였다. 나는 박사 학위 논문을 통해 이를 증명하려 부단히 노력했다.

이 책은 그 노력의 연장선에 있다. 전북대학교출판문화원의 지원을 받아 이 책을 꾸리는 지금도 박사 학위 논문을 쓸 때의 마음가짐과 같다. 좀 더 다듬어진 언어로 김종삼의 시 세계를 온전히 전하고 싶다.

대학원에 들어와서 이 책을 쓰기까지 나는 해마다 성장했다고 믿는다. 나를 성장하게 한 것은 시간과 노력만이 아니었다. 나를 살게 했던 사람들, 나를 위해 묵묵히 곁을 지키며 기도했던 사람들의 얼굴이 떠오른다. 이 지면을 빌려 그분들에게 감사의 마음을 전하고 싶다.

먼저, 지도 교수님이신 양병호 선생님께 고마운 마음을 전하고 싶다. 양병호 교수님은 공부하고자 하는 내 열성을 내밀하게 관찰하고 기회를 주셨다. 보통의 인문대학 대학원생이 그러하듯 나 또한 공부와 생활과 돈벌이를 병행하는 데에 어려움이 있었다. 양병호 교수님은 지도 제자들의 그런 상황을 세심하게 배려해 주시는 분이셨다. 공부에 열중할 수 있도록 환경을 만드는 일에 항상 앞장서셨다. 교수님의 배려가 없었다면 박사학위를 받고 연구자의 길을 지금처럼 갈 수 있었을지 상상할 수 없다.

고하 최승범 교수님. 지금은 작고하셨지만 2008년 대학원 석사과정 때 수업을 들으면서 인연을 맺고 2009년 고하 선생님이 주관하신 정례 행사에 내게 회계 업무를 맡기셨는데 그때 좀 더 가깝게 뵐 수 있었다. 고하 선생님은 교과서에서 접했던 이병기, 신석정, 김동리, 유치환, 이영도 등의 문인뿐만 아니라 천경자 화백과의 일화를 여러 차례 말씀해 주셨는데 아직도 생생하게 기억할 정도로 재미났던 이야기였다. 활자가 아닌 살아있는 실체를 목격한 느낌이었다. 이 책을 들고 고하 선생님의 산소에 가 찾아뵈면 멀리서 잘했다고, 고생했다고 말씀해 주실 것 같다.

박사학위 논문을 심사해 주신 박영우 교수님, 김길훈 교수님, 엄숙희 교수님, 조은주 교수님께도 깊이 감사드린다. 논문의 체계와 방법론은 물론이고 문장의 오류와 주석의 사소한 실수까지도 세세하게 잡아 주신 심사위원들이 계셨기에 부끄럽지 않은 논문을 완성할 수 있었다. 심사 때마다 응원의 말씀도 더해주시고 최종심이 끝난 자리에서 조심스레 칭찬해 주시던 말씀은 평생 잊을 수 없는 따뜻함이었다.

대학원에서 만난 소중한 인연들이 많다. 현대문학 전공 선생님들, 특히 유인실 박사님과 이은진 선생님. 언제나 우린 같은 종족이었기에 함께해도, 가끔은 함께하지 못해도 밑바닥 정서를 공유하며 늘 연결된 느낌을 받는다. 성인이 되어 만난 사람 중에 이처럼 가족 같다고 느끼게 하는 이들이 또 있을까 싶다. 같은 종족이라 앞으로도 우린 어떤 방식으로든 이어질 것이다. 세부 전공은 달라도 친구가 된 사람들이 있다. 유유현 선생님, 조서현 선생님, 한아름 선생님, 진주 선생님. 언니 노릇을 할 줄 모르는 내게 언니다움을 바라지 않고 친구가 되어준 사람들이다. 모두에게 문운이 함께하기를 바란다.

뜬금없게 보일지도 모르겠으나 피겨스케이터 김연아 님에게 팬으로서 깊은 감사를 드리지 않을 수 없다. 긴 시간을 모니터 앞에 앉아있어야 결과물이 나오는 연구 환경에서 김연아 님이 남긴 영상은 망중한을 죄책감 없이 보내게 해준 보물 같은 존재였다. 두세 시간에 한 번씩 머리를 식힌 후, 다시 열심히 연구할 내적 동기를 나는 김연아 님에게 받았다. 참으로 존경한다.

내 인생에서 일 순위는 공부와 강의였기에 사랑은 늘 어려운 명제였다. 사랑이라고 이름을 붙일 수 있는 사람은 공교롭게도 감당하기 힘든 일을 겪은 한참 뒤에 만나게 되었다. 그 사람은 내게 사랑도 노력해야 지킬 수 있다고 알게 해주었다. 남이 되었으나 여전히 그 사람의 인생이 좋은 일로 가득하기를 바란다. 지금의 나는 매우 명쾌한 마음으로 사랑을 할 수 있는 사람이 되었다. 쓸데없는 걱정과 감정에 휘둘리지 않으면서, 소모하지 않으면서 온전히 사랑에 몰두할 수 있다. 과거에 시달리거나 미래를 예단하지 않고 현재에 충실한 내 모습이 마음에 든다. 예쁜 그림을 함께 그리게 해준 반 씨에게 마음을 전한다.

부모님, 내 원가족. 단단한 뿌리가 되어준 너무나 소중한 사람들. 부모님은 나를 구성하고 있는 가장 큰 세계이다. 아버지는 몇 년 사이 대수술을 여러 번 받을 정도로 건강이 나빠지셔서 내 세계의 한 축을 없앨 뻔했다. 그럴 때마다 나는, 막내로 태어나게 해서 내가 가장 짧게 부모님을 봤으니 어떻게든 더 건강히 살아서 보상하시라고, 억지를 부렸다. 내가 영원한 막내인 것처럼, 부모님이라는 큰 세계가 영원하기를 매일 기도한다. 그저 막내의 행복 외엔 내게 바라는 것이 없는 내 가족들. 이들을 생각하면서 내 존재의 뿌리를 확인하고 치열하게 살아낼 힘을 얻는다. 오빠들 부부와 언니 부부, 그리고 내 조카들. 모두의 안녕을 빌면서 사랑의 마음을 전한다.

이제 나는, 어디에서 어떤 모습으로 있든지 공부하는 사람임을 잊지 않겠다고 다짐한다. 이 책이 나온 후, 앞으로 얼마만큼의 성과를 더 낼지는 짐작할 수 없다. 다만 지금처럼 나를 믿으면서, 조용하고 평화롭게 공부해 나갈 것이다.

2023년 12월,

내용 없는 아름다움을 품으며 신지원 씀.

차례

서 론 / 소리와 음악으로 만든 시 세계

서론 / 소리와 음악으로 만든 시 세계

이 책은 김종삼 시의 인지체계를 분석하여 시 정신을 규명하는 데에 목적이 있다. 시의 언어는 시인의 의식을 반영하는 체계이다. 그런데 시인의 의식은 자아와 세계에 대한 인지를 바탕으로 형성된다. 시의 언어는 "표현 전달의 매체로서만 기능하는 것이 아니라, 인지 기능(cognitive function)을 통해서 언어 그 자체에 내재되어 있는 무한한 의미 창조의 역할을 수행"[1]한다. 김종삼 시의 인지체계에 대한 분석은 김종삼 시의 언어가 어떠한 인지 과정을 통해 조직되었는지에 초점을 맞추는 작업이다.

한편 김종삼 시인의 인지체계는 시의 의미 조성에 밀접하게 관여한다. 왜냐하면 의미는 자아와 세계를 이해하는 인지 태도에 따라 상대적으로 형성되기 때문이다. 즉 인지 주체자가 놓여 있는 사회, 문화, 역사 등의 환경적 맥락과 인지 주체자의 주관적 경험에 따라 언어의 의미가 달라진다. 그러므로 김종삼 시인의 인지체계를 살피는 것은 김종삼 시가 지닌 창조적 의미에 도달하는 유효한 접근법이다. 요컨대 이 책의 목적은 김종삼 시의 인지체계가 시의 의미 조성에 어떻게 관여하는지를 분석하여 김종삼의 시 세계를 총체적으

1 양병호, 『한국 현대시의 인지시학적 이해』, 태학사, 2005, 19쪽.

로 구명하는 데에 있다.

김종삼의 시 세계는 단일한 흐름으로 읽히지 않는다. 김종삼 시에 대한 그간의 연구들은 매우 상반되는 논의를 보여왔다. 순수와 현실, 초월과 내재, 죽음과 삶 등이 주요 논의였다. 이러한 논의는 대체로 시적 자아가 세계와 불화를 겪는다는 대립적 시각을 전제로 한다. 또한 이것은 세계와 화해할 수 없는 자아가 현실을 외면한 채 환상의 세계로 도피한다는 논의로 이어진다. 김종삼의 시에 대한 이와 같은 일련의 흐름은 결과적으로 김종삼의 시 세계를 이원화시켰다.

이 책에서는 시적 자아가 세계와 긴밀하게 상호작용하는 과정을 통해 김종삼 시 세계의 독창적 성격이 형성된다고 본다. 예컨대 김종삼 시인은 시 쓰기를 통해 '시인'으로서의 자질을 성찰했다. 그리고 무엇을 시로 형상화해야 하는지 고민했다. 나아가 시대의 문제를 통찰하고 김종삼 시인만의 언어를 통해 이를 시적으로 실현하고자 했다. 즉 김종삼의 시 세계는 자아와 세계에 대한 시인의 독창적인 인지체계에 의해 형성되는 것이다.

인지(cognition)는 지각된 여러 종류의 정보를 하나의 구체적인 정보로 전환하는 심리적 기제이다. 지각에서 인지로 전환되는 과정에 인지 주체자의 주의 선택(selection for attention)과 상대적이고 주관적인 범주화(categorization)가 관여한다. 인간의 모든 행위는 이러한 인지 과정을 통해 일어난다. 이는 인간이 언어로 의사소통하는 행위에도 마찬가지로 적용된다. 이때 주목할 것은 언어의 의미가 객관적으로 주어지는 것이 아니라 인지 주체자의 인지 과정에서 상대적이고 주관적인 방식으로 생성된다는 점이다.

객관주의 철학을 바탕으로 한 전통적인 의미론에서는 언어의 의미가 인간의 활동이나 경험과는 무관한, 절대적이고 독립된 진리에 따라 결정되어 있다고 본다.[2] 그러나 인지의미론은 이러한 객관주의 의미론에 문제를 제기하며, 언어의 의미가 생성되는 구조와 언어를 통해 인간이 세계를 이해하는 방식에 인간의 인지 과정이 핵심적으로 관여한다고 주장한다. "인지의미론에서 의미란 이해 주체자의 의식의 문제이며 이해는 그 자체가 경험을 통해 이루어지는"[3] 상대적이고 주관적인 작용이다.

인지시학은 인지의미론을 문학 연구에 응용한 이론이다. 문학 연구는 일반적으로 작품의 언어를 분석하여 의미를 해명하고 작품의 세계를 이해하는 데에 목적이 있다. 인지시학은 문학 연구의 일반적 목적 안에서 인간의 인지 과정에 초점을 맞추는 연구 방법이다. 즉 인지시학은 문학을 "일상적인 인간 경험의 특수한 형태, 특히 세계를 이해하는 우리의 일반적인 인식 능력에 기초한 인지로 간주한다."[4] 또한 "어떤 집단이나 공동체, 문화가 공유하는 해석뿐만 아니라 개인적 해석에 대해서도 통일된 설명을 제공할 수 있다."[5]

김종삼 시인은 1921년 황해도 은율에서 나고 자랐다. 일제 강점기를 거쳐 해방을 맞고 분단 정국과 6.25전쟁이라는 거대한 역사를 체험한 세대에 속한다. 김종삼 시인이 시를 발표하기 시작한 때

---

2 G. 레이코프·M. 존슨, 노양진·나익주 옮김, 『삶으로서의 은유(수정판)』, 박이정, 2006, 307쪽.

3 양병호, 앞의 책, 23쪽.

4 제라드 스틴·조안나 개빈스 엮음, 양병호 외 3인 옮김, 『인지시학의 실제비평』, 한국문화사, 2014, 1쪽.

5 피터 스톡웰, 이정화·서소아 옮김, 『인지시학개론』, 한국문화사, 2009, 24쪽.

는 휴전 직후인 1954년이다.[6] 당시 시단의 주요 경향은 전쟁으로 인한 실존적 위기의식을 드러내는 것이었다. 특히 "『후반기』의 동인들로 출발한 일군의 시인들은, 기성의 권위와 질서, 문학적 관습을 부정하고, 미학적 실험과 모색"[7]에 천착했다. 김종삼 시인 역시 전후의 시단에서 모더니즘 계열의 시인으로 평가되었다.

그러나 김종삼의 시는 불안과 폐허 의식으로 귀결되는 당시 주류 모더니즘 계열의 시와는 다른 결을 지녔다. 실존적 자아를 탐구하고 현실의 문제를 직시하되 정교한 이미지의 배치와 실험적 문장으로 독자적인 시 미학을 선보였다. 이 때문에 김종삼 시인은 전통적 서정시인으로 분류되지 않은 것은 물론 모더니즘 계열의 주류 시인으로 평가받지도 않았다. 시문학사의 특정 계열에 편입하지 못하고 독특한 시 세계를 구축한 시인이라는 인상이 짙었다. 이러한 평가에는 김종삼의 시에서 느껴지는 의미의 난해성도 한몫한다. 또 시론에 해당하는 글을 거의 쓰지 않았고 실증적 자료도 상대적으로 부족했기 때문에 김종삼의 시에 대한 가치 평가는 항상 불완전한 인상을 주었다.

이 책에서 김종삼의 시를 이해하는 데에 인지시학을 원용하려는 것은, 인지시학의 철학적 바탕이 김종삼 시의 의미적 난해성을 해소하는 데에 매우 유효할 것으로 판단하기 때문이다. 인지시학의 철학적 바탕인 이른바 몸의 철학은 인간 대부분이 공유하고 있는 보

---

6 홍승진, 「김종삼 시 「돌」의 발굴과 의의」, 『근대서지』15, 근대서지학회, 2017, 294쪽.

7 김현자, 「전쟁기와 전후의 시(1950년~1961년)」, 『한국현대詩사』, 민음사, 2007, 246~247쪽.

편적 인지 원리를 핵심으로 삼고 있다. 즉 지각된 세계를 '이해'하는 방식은 신체적 운동 감각을 통한 것이고, 신체화된 사유는 은유라는 강력한 기제를 통해 언어로 표현된다는 것이다. 의미가 생성되는 구조 또한 인간이 공유하고 있는 신체적 상상력의 범주 안에서 일어난다. 아무리 난해해 보이더라도 그것이 언어 질서에 예속된 것이라면 공유된 보편적 개념을 통해 의미가 발현된다는 것이다. 전통적 의미론의 관념에서 시의 언어는 매우 특수하고 예외적인 영역으로 치부되었으나 인지시학에서는 시의 언어에서 사용되는 의미 생성 방식과 일상 언어의 그것이 본질적으로 같다고 여긴다.

이에 이 책은 김종삼의 시가 일상적 언어의 사용 범위를 넘어서서 김종삼 시인만의 언어 질서를 가진 환상적 세계로 편입된다는 시각을 지양한다. 김종삼 시에서 느껴지는 환상적 분위기는 의미를 구축하기 위한 시적 미학 장치이자 이에 대한 효과이지, 현실과 분리된 피안이나 망각의 세계가 아니다. 같은 맥락에서, 이 책은 김종삼 시의 난해성을 시의 의미마저 탈각된 것으로 단정하지 않는다. 김종삼 시 세계의 독자적 가치는 김종삼 시가 구현한 '언어'가 아니라, 김종삼 시인의 경험과 환경이 드러나는 '맥락' 즉 자아와 세계의 인지적 상호작용이 언어로 '구현'된 방식에 있다. 이러한 이유로 인지시학의 접근법은 김종삼의 시 세계를 이해하는 데에 매우 유용하다.

이 책은 김종삼의 시 세계에서 자아를 인지하는 방식과 자아를 둘러싼 현실적 환경을 인지하는 방식에 주목한다. 인지시학의 개념 은유, 이미지 도식, 범주화, 프레임, 개념 혼성 이론 등은 김종삼 시 세계의 인지체계를 뷰명하게 드러낼 수 있는 방법론으로 기능할 것이다. 인지시학의 이러한 개념적 요소를 통해 김종삼 시인의 사유와 시의 의미를 분석하고 김종삼의 시 세계가 지향하고자 하는 바를 살펴볼 것이다. 이 연구 과정을 통해 결과적으로 김종삼 시의 인지체계와 시 세계를 정리할 것이다.

이 책은 김종삼 시 세계를 인간의 보편적 인지구조를 바탕으로 분석한다는 점에서 의의가 있다. 이는 김종삼 문학을 평가하는 기존의 대립적 시각을 극복하고 언어 실험의 특수한 사례라는 시문학사의 평가를 조정하는 데에 일조할 것이다. 아울러 시인으로서의 자아 성찰에서 출발하여 시대에 대한 고민으로 이어진 김종삼의 인지체계를 통해, 그간 조명받지 못했던 김종삼의 시대 의식을 적극적으로 부각한 점에도 의의를 둘 수 있다. 또 김종삼의 미의식을 사운드스케이프라는 개념으로 분석한 점도 이 책의 의의라고 할 수 있을 것이다.

김종삼의 시에 관한 연구는 1988년 출판사 청하에서 첫 번째 전집이 출간된 후, 2005년 출판사 나남에서 그리고 2018년 출판사 북치는소년에서 각각 전집, 정집이 나온 이후로 지금까지 활발히 진행되고 있다. 학술 논문의 경우만 놓고 보면, 특히 2000년대 이후 최근까지 해마다 대여섯 편이 발표되어 다양한 방법론과 시각의 연구가 쌓여가고 있다. 김종삼 시에 대한 연구자들의 관심은 2013년 이후에 정점을 이룬다. 2013년 한 해만 보더라도 발표된 학술 논문의 수가 16편에 이르고 다음 해에도 12편의 논문이 발표된다. 박사학위 논문의 경우 2023년 현재까지 11편[8] 의 논문이 발표되었으며

8 이는 국어국문학과에서 발표된 박사 학위 논문 중 김종삼의 시만 단독으로 연구한 경우에 해당한다.

1990년대부터 지금까지 연구자들의 꾸준한 관심을 받은 것은 학술 논문의 경우와 같다.

연구가 누적된 양만큼 김종삼 시에 대한 평가도 여러 양상을 이루고 있다. 이 책에서는 김종삼 시의 기존 연구를 시기별로 나누어서 살피고자 한다. 그러면서 해당 시기에서 논의된 내용을 정리하고자 한다. 연구사를 시기로 세분화하고 그 내용을 정리하면 김종삼 시 연구의 거시적 흐름을 살펴볼 수 있기 때문이다.

김종삼 시에 대한 초기 연구는 잡지의 평론을 중심으로 이루어졌다. 이때는 대체로 비극적 세계, 허무와 부정으로 점철된 시 세계를 구축한 것으로 평가했다.[9] 이는 현실과 불화를 겪는 보헤미안이라는 평가[10]로 이어졌다. 또 세계와의 불화에서 탈피하고자 환상의 세계에 몰입하는 것으로 김종삼의 시를 해석했다. 구체적으로 고명수[11]는 김종삼이 시가 삶의 부조리나 아픔을 벗어나고자 하는 구원으로서 환상의 세계를 보인다고 분석한다. 한편 김종삼의 시의 기법이 묘사[12]와 간결한 문장 구사[13], 문법의 해체[14]에 있음을 논구하기도

---

9 박광장, 「비극적 세계인식과 그 극복: 김종삼의 시 세계」, 『국어국문학지』15, 문창어문학회, 1978.; 이승훈, 「분단의식의 한 양상」, 『월간문학』, 1979. 6.; 이경수, 「부정의 시학」, 『세계의 문학』, 1979. 9.; 김춘수, 「김종삼과 시의 비애」, 『김춘수전집2』, 문장, 1986.; 민영, 「안으로 닫힌 시정신」, 『창작과비평』, 1979. 12.; 김현, 「김종삼을 찾아서」, 장석주 편, 『김종삼 전집』, 청하, 1988.

10 황동규, 「잔상의 미학」, 김종삼, 『북치는 소년』, 민음사, 1979.

11 고명수, 「한국에 있어서의 초현실주의 문학 고찰」, 『한국어문학연구』22, 동악어문학회, 1987.

12 오규원, 「타프니스 시인론」, 『현실과 극기』, 문학과지성사, 1976.; 김주연, 「비세속의 시」, 장석주 편, 앞의 책.

했다.

1990년대에는 초기의 연구를 구체화·세분화하면서 점차 영역을 넓혀가는 양상을 보인다. 내용적 측면의 연구로는 죽음 의식[15], 환상성[16], 자아에 대한 연구[17]가 있고, 기법적으로는 이미지 연구[18], 심리주의적 접근[19], 서술 방식에 대한 연구[20]가 있다.

2000년대에 이르면 김종삼 시에 대한 연구자들의 관심이 증폭되는데 주로 기존의 연구 시각을 이어가는 양상을 보인다. 그러면서도 내용과 기법의 두 측면에서 논의가 더 세분화되고 다양해지는 흐름이 이어진다. 먼저 내용적 측면의 연구로는 기존 연구의 연장선이라 할 수 있는 실향의식[21]에 관한 연구가 있다. 그런데 기존 연구에서 상대적으로 주목받지 못했던 죄의식[22]과 기독교적 세계관[23]에 관한

13 김시태, 「언어의 고독한 축제」,『그리운 아니로리』, 문학과비평, 1989.

14 이형기, 「신문학 80년 개관」, 『한국문학개관』, 어문각, 1988.

15 이위조, 「김종삼 시의 죽음 의식에 관한 연구」, 『청람어문교육』18, 청람어문학회, 1997.

16 백은주, 「김종삼 시 연구: 환상의 구조와 의미를 중심으로」, 『숭실어문』13, 숭실어문학회, 1997.

17 진순애, 「김종삼 시의 현대적 자아와 현대성」, 『반교어문연구』10, 반교어문학회, 1999.

18 신현락, 「김종삼의 시에 나타난 물의 이미지 고찰」, 『청람어문교육』7, 청람어문학회, 1992.

19 한이각, 「김종삼 시 연구」, 서울여대 박사논문, 1996.

20 류명심, 「김종삼 시 연구-담화체계 및 은유를 중심으로」, 동아대 박사논문, 1999.

21 이숭원, 「김종삼의 시의식과 생의 아이러니」, 『태릉어문연구』10, 서울여대 국문과, 2002.

22 강연호, 「김종삼 시의 내면 의식 연구」, 『현대문학이론연구』18, 현대문학이론학회,

연구가 눈에 띄게 증가하는 양상을 보인다. 기법적으로는 이미지 연구[24], 기호학적 연구[25], 수사학적 연구[26]가 꾸준히 이어진다. 기법적 연구에서 새로운 연구 경향은 김종삼 시를 인접 예술과 연결한 논의들이다. 즉 현대미술과 관련한 연구[27], 음악과 관련한 연구[28]가 이에 해당한다. 그런가 하면 김종삼의 시를 프랑스 상징주의의 영향으로 해석한 연구[29]도 등장하는데 이는 2010년대에도 이어진다.

2010년대에 들어서는 김종삼 시에 대한 연구가 폭발적으로 증가한다. 연구의 경향도 다양해지는데 기존의 논의를 바탕으로 한 것뿐만 아니라 2000년대에 등장했던 새로운 연구 경향 또한 더욱 심화

2002.; 송경호, 「김종삼 시 연구: 죄의식과 죽음의식을 중심으로」, 서울시립대 박사논문, 2006.

23 김옥성, 「김종삼 시의 기독교적 세계관과 미의식」, 『한국언어문화』29, 한국언어문화학회, 2006.; 이민호, 「전후 현대시의 크리스토폴 환타지 연구: 김종삼, 김춘수, 송욱의 시를 대상으로」, 『문학과종교』11, 한국문학과종교학회, 2006.

24 허금주, 「김종삼 시 연구」, 한양대 박사논문, 2001.; 오채운, 「김종삼 시의 농아 이미지 연구」, 『한국언어문화』21, 한국언어문화학회, 2002.

25 김석환, 「김종삼 시집 『시인학교』의 기호학적 연구-인물 기호를 중심으로」, 『한국시문학』11, 한국시문학회, 2001.

26 박현수, 「김종삼 시와 포스트모더니즘의 수사학」, 『우리말글』31, 우리말글학회, 2004.

27 류순태, 「김종삼 시에 나타난 현대미술의 영향 연구」, 『국어교육』125, 한국어교육학회, 2008.; 박민규, 「김종삼 시에 나타난 추상미술의 영향」, 『어문논집』59, 민족어문학회, 2009.

28 오형엽, 「전후 모더니즘 시의 음악성과 시의식-『전쟁과 음악과 희망과』를 중심으로」, 『한국시학연구』25호, 한국시학회, 2009.

29 김용희, 「전후 한국시의 '현대성'과 그 계보적 가설: 김종삼 시를 중심으로」, 『한국근대문학연구』19, 한국근대문학회, 2009.

하는 양상을 보인다.

먼저 내용적 측면의 연구로는 죄의식과 윤리에 관한 연구[30]가 있다. 이 중에서 강계숙의 논의가 주목할 만하다. 강계숙은 김종삼의 후기 시를 대상으로 죄의식의 연원을 정신분석학적 방법론으로 분석한다. 그리하여 김종삼의 순수미 지향이 오히려 시인의 내면에 뿌리내린 죄의식의 심리적 구조에서 파생된 것이고 그 죄의식은 시인이 살아온 역사와 현실에 밀착되어 있다고 결론짓는다. 이어 김종삼의 후기 시는 시인이 살았던 한국 사회를 부끄러운 세계로 바라보게 만드는 위력을 지녔으며 김종삼의 죄의식을 살펴보는 것은 개인과 사회, 개인과 역사의 관계에 대해 더 많은 생각을 불러일으킬 만한 것이라고 평가한다. 이는 김종삼의 미학을 현실이나 사회와 단절된 것으로 얘기해 온 기존의 시각을 전복하는 것으로, 이 책이 취하는 태도와도 맞닿아 있는 연구이다. 이 시기에 발표된 죄의식, 윤리와 관련한 연구는 2000년대 연구에서 좀 더 진전된 형태를 보이는데 전쟁에 관한 체험을 기초로 한 경우[31]가 많았다. 또 전쟁 체험과 현실 인식의 관련성을 다룬 연구[32]도 발표된다.

---

30 임수만, 「김종삼 시의 윤리적 양상」, 『청람어문교육』42, 청람어문교육학회, 2010.; 강계숙, 「김종삼의 후기 시 다시 읽기- '죄의식'의 정동과 심리적 구조를 중심으로」, 『동아시아문화연구』55, 한양대 동아시아문화연구소, 2013.; 송현지, 「김종삼 시에 나타난 시인으로서의 소명 의식 연구」, 『한국문학이론과 비평』61, 한국문학이론과 비평학회, 2013.

31 정슬아, 「김종삼 시에 나타난 윤리적 주체의 가능성」, 『돈암어문학』26, 돈암어문학회, 2013.; 조혜진, 「김종삼 시의 전쟁 체험과 타자성의 의미」, 『한국문예비평연구』42, 한국현대문예비평학회, 2013.; 임지연, 「김종삼 시의 수치심 연구」, 『한국문학이론과 비평』68, 한국문학이론과 비평학회, 2015.

32 신지원, 「김종삼의 전쟁 시편에 나타난 개념적 혼성과 의미 연구」, 『건지인문학』19,

이 시기에는 기존 연구에서 논의되지 못했던 특수한 연구들이 발표되기도 한다. 그중 하나는 세대론에 관한 연구[33]이다. 이 연구에서는 김종삼 문학의 세대적 특수성이 이중 언어 세대의 세계시민적 자의식에 바탕을 두고 있다고 설명한다. 이것이 '수용소 생존자'의 정서인 수치심, 살아남은 자로서의 죄의식으로 분화되어 김종삼 시가 가진 '타자적 윤리'를 만들었다고 논구한다.[34]

또 하나는 오르페우스가 등장하는 시편에 주목하여 김종삼 시의 시적 본성에 관해 분석한 연구이다. 송현지[35]는 김종삼이 오르페우스를 구원자의 표상, 이상적인 시인으로 삼았다고 서술한다. 김종삼의 시 쓰기는 오르페우스가 그러했듯이, 비극적인 현실을 살아가는 이들에게 위안을 주고 아름다움을 전하기 위한 구원의 수단이라고 주장했다. 강은진[36]은 장 콕토와 마르셀 카뮈 감독의 오르페우스 관련 영화를 참조하여 김종삼의 시를 '오르피즘' 시 미학으로 읽어냈다. 이 연구는 실제 영화를 김종삼 시의 출처로 다루었다는 점에

전북대 인문학연구소, 2017.

33 세대론에 관한 연구는 김용희의 논문에서 먼저 논의된 바 있다. 김용희는 김종삼의 시에서 보이는 극단적 순수미가 탈현실의 지점이면서 동시에 현실 대결로서의 언어 형식 실험이었다고 지적한다. 김용희, 「이중어 글쓰기 세대의 한국어 시쓰기 문제: 1950, 60년대 김종삼의 경우」, 『한국시학연구』18, 한국시학회, 2007, 143쪽.

34 강계숙, 「김종삼 시의 재고찰: 이중언어 세대의 '세계시민주의'와의 상관성을 중심으로」, 『한국학연구』30, 인하대 한국학연구소, 2013.

35 송현지, 「김종삼 시의 올페 표상과 구원의 시쓰기 연구」, 『우리어문연구』61, 우리어문학회, 2018.

36 강은진, 「김종삼의 「올페」 시편에 나타난 오르피즘 예술의 유산」, 『비교한국학』26, 국제비교한국학회, 2018.

서 흥미롭다.

마지막 하나는 김종삼의 시에서 참여적 성격을 읽어낸 논의[37]이다. 이 연구는 순수시나 모더니즘 계열로 해석되었던 김종삼 문학에 대한 시각을 전복했다는 점에서 의의가 있다. 이 연구자는 자신의 논의를 확장하여 김종삼 시의 이미지에 동학사상을 바탕으로 한 신성이 잠재해 있음을 논구[38]하기도 했다. 조르주 디디-위베르만의 이미지 철학을 원용하여 김종삼 시의 이미지를 고찰하는데, 김종삼의 시를 세 시기로 구분하여 각 시기의 특징적인 이미지를 제시한다. 이를 통해 김종삼의 시에, 동학의 정신에 바탕을 둔 내재적 신성이 잠재해 있음을 논증한다. 이 논의는 기존의 김종삼 연구에서는 찾아보기 힘들었던 김종삼의 역사의식을 전면에 등장시킨다. 이는 순수와 참여라는 이분법적 문학사에서 김종삼을 현실과 동떨어진 순수주의자로 명명하는 데 주저하지 않았던 그간의 논의에 심도 있는 문제를 제기한 것이다. 이 연구는 김종삼 시 연구의 새로운 전기를 맞이할 만한 것으로 평가될 수 있다.

기법적 측면에서는 이미지[39], 은유와 수사학[40], 언어에 관한 연구

37 홍승진, 「1960년대 김종삼 메타시와 '참여'의 문제-말라르메와 사르트르의 영향을 중심으로」, 『비교문학』70, 한국비교문학회, 2016.

38 홍승진, 「김종삼 시의 내재적 신성 연구-살아남는 이미지를 중심으로」, 서울대 박사 논문, 2019.

39 김성조, 「김종삼 시의 소리 이미지와 의미적 표상」, 『한국문예창작』9권3호, 한국문예창작회, 2010.; 김정배, 「김종삼 시의 소리지향성 연구」, 『열린정신 인문학연구』11호, 원광대인문학연구소, 2010.; 홍승진, 「1950년대 김종삼 시에서 장소로서의 이미지와 내재성」, 『한국시학연구』53, 한국시학회, 2018.; 안상원, 「김종삼 시의 기억 회상 양상 연구-사유이미지로서 '몸'을 중심으로」, 『이화어문논집』45, 이화어문학회, 2018.

40 박선영, 「김종삼 시에 나타난 '죽음'의 은유적 미감 연구」, 『한국문학논총』65, 한국

[41]가 꾸준히 이어진다. 또 미술[42]과 음악[43]에 연결하는 연구, 상징주의와의 영향 관계를 살피는 연구[44]도 2000년대에 이어서 진행된다. 여기에 독창성이 돋보이는 연구로서 여백에 관한 연구[45], 창작 기법으로서의 위상학적 성격의 연구[46]가 더해진다. 특히 김윤정은 환상과 현실이라는 김종삼 시의 이중적인 성격이 음악의 위상학적 공간에 관한 작시 원리에 의한 것이라고 주장한다. 다만 위상학의 개념과 김종삼 시의 공간이 어떻게 관련되는지를 명쾌하게 제시하지 못한 점, 분석의 과정과 깊이에 비해 분석 대상 시가 적다는 점, 시의

문학회, 2013.; 강은진, 「김종삼 시의 은유 구조 연구」, 『국어문학』59, 국어문학회, 2015.

41 여태천, 「1950년대 언어적 현실과 한 시인의 실험적 시쓰기-김종삼의 초기시를 중심으로」, 『한국문학이론과 비평』59, 한국문학이론과 비평학회, 2013.; 신동옥, 「김종삼 시에 나타난 병치 기법과 내면 의식의 공간화 양상 연구」, 『한국시학연구』42, 한국시학회, 2015.; 강은진, 「김종삼 시의 행 구조 연구-1950년대 초기시를 중심으로」, 『국제어문』69, 국제어문학회, 2016.

42 주완식, 「김종삼 시의 비정형성과 윤리적 은유-앵포르멜 미술과의 관련성을 중심으로」, 『국제어문』57, 국제어문학회, 2013.

43 서영희, 「김종삼 시의 형식과 음악적 공간 연구」, 『어문론총』53호, 한국문학언어학회, 2010.; 김양희, 「김종삼 시에서 '음악'의 의미」, 『한민족어문학』69호, 한민족어문학회, 2015.; 주완식, 「김종삼 시의 인상주의 연구-「베르가마스크」 시편을 중심으로」, 『개신어문연구』42, 개신어문학회, 2017.

44 김용희, 「김종삼 시에 나타난 상징과 상징주의 계보에 관한 연구」, 『한국시학연구』40, 한국시학회, 2014.; 이민호, 「김종삼의 시작법과 프랑스 상징주의 영향관계 연구」, 『국제한인문학연구』19, 국세한인문학회, 2017.

45 김영미, 「여백의 역설적 발언-김종삼 시의 근저」, 『국제어문』57, 국제어문학회, 2013.; 신지원, 「김종삼 시의 '여백' 형성에 관한 인지시학적 연구」, 『국어문학』60, 국어문학회, 2015.

46 김윤정, 「김종삼 시 창작의 위상학적 성격 연구」, 『한민족어문학』65, 한민족어문학회, 2013.

공간을 병치로 보는 시각은 기존의 논의를 답습한 결과라는 점에서 한계성을 드러낸다. 그럼에도 김종삼의 시가 현실을 배제한 환상의 세계를 지향한다든가 현실의 도피처로 음악의 공간을 설정했다는 기존의 연구를 부정한다는 점에서는 이 책의 논의에 시사점을 준다. 2010년대 후반에는 『김종삼 정집』 발간에 힘입어 작품을 자료화하여 논의를 진행한 연구[47]들이 증가하기도 한다.

2020년에 들어서 최근까지도 김종삼 시에 관한 연구는 활발하게 전개된다. 내용적 측면에는 기존 연구의 시각과 유사한 비극적 인식에 관한 연구[48]가 있다. 또 김종삼의 시에 등장하는 인물군을 통해 자아가 이들과의 연대를 모색한다는 연구[49]도 발표되었다. 김종삼 시의 윤리 의식에 관한 연구[50]도 꾸준히 이어지는 양상이다. 한편 심청의 이미지를 통해 김종삼 시에 나타난 가난의 의미를 제시하고 이를 효 사상에 기반한 전통인식의 시적 효과로 설명한 연구[51]도 독창적이다. 이 연구는 순수시와 모더니즘으로 해석되는 연구의 주류

---

47 신지원, 「김종삼 시에 나타난 '소리'의 양상과 특성 연구」, 『건지인문학』24, 전북대 인문학연구소, 2019.; 김지녀, 「김종삼의 재수록 시에 나타난 개작의 양상과 그 의미」, 『인문학연구』31, 인천대학교 인문학연구소, 2019.; 정치훈, 「김종삼 시 「돌각담」의 재수록 양상과 의미-『십이음계』와 『시인학교』를 중심으로」, 『한국시학연구』58, 한국시학회, 2019.

48 김지율, 「김종삼 시에 드러나는 '비극적 숭고'의 양상과 의미-1970년대 시를 중심으로」, 『국어문학』77, 국어문학회, 2021.

49 김복희, 「김종삼 시에 나타난 연대의 특성」, 『한국문예비평연구』65, 한국현대문예비평학회, 2020.

50 신철규, 「김종삼 시의 심미적 인식과 증언의 윤리」, 고려대 박사논문, 2020.

51 김지녀, 「김종삼 시에 나타난 '심청' 이미지와 전통 인식 연구」, 『한국시학연구』66, 한국시학회, 2021.

에 전통이라는 새로운 관점을 제시하며 균열을 가한다는 점에서 의의가 있다. 기법적 차원의 연구도 다양한 시각으로 새롭게 다루어진다. 먼저 음악과 관련한 연구[52]가 꾸준히 이어진다. 또 김종삼 시를 영화적 기법에서 살펴본 연구[53]도 발표된다. 그 외에 김종삼 시의 작시 원리로서 객관주의[54], 무윤리성[55], 추상[56]을 제시한 연구가 있다.

한편 이 책의 3장에서 중요하게 다루는 소리와 음악 이미지에 관한 선행 연구를 구체적으로 살펴보고자 한다. 김종삼 시인이 몰두했던 것으로 잘 알려진 고전음악과 김종삼 시 세계와의 관계를 연구하는 작업은 연구사의 초반부터 꾸준히 전개되었다. 이숭원은[57] 김종삼의 시가 음악과 맺는 관련 양상을 살피면서 음악의 대위적 구성을 시 형식에 원용하고 있음을 밝혔다. 그로써 시와 음악의 결합이 환상과 이미지의 교호작용이라고 설명했다. 오형협[58]은 전후 모더니즘 시의 미학을 밝히는 과정에서 음악적 특징을 살피고 이를

52 신지원, 「김종삼 시의 미의식 연구-소리와 음악의 인지 특성을 중심으로」, 『열린정신 인문학 연구』21(3), 2020.

53 이은실, 「김종삼 시 「왕십리」에 나타난 주체 의식」, 『동아시아 문화연구』81, 한양대학교 동아시아문하연구소, 2020.

54 김혜진, 「김종삼 시의 방법적 객관주의」, 『한국시학연구』62, 한국시학회, 2020.

55 김창욱, 「김종삼 시작(詩作)의 내적 논리로서의 '윤리적 무(無)윤리성'」, 『현대문학이론연구』83, 현대문학이론학회, 2020.

56 한혜린, 「김종삼 시에 나타난 '추상'의 의미」, 『한국문학연구』64, 동국대학교 한국문학연구소, 2020.

57 이숭원, 「김종삼의 시세계」, 『국어교육』53호, 한국국어교육연구회, 1985.

58 오형엽, 「전후 모더니즘 시의 음악성과 시의식-『전쟁과 음악과 희망과』를 중심으로」, 『한국시학연구』25호, 한국시학회, 2009.

시적 의식에 연관시킨다. 특히 김종삼 시인의 경우를 묘연한 음악으로 규정한다. 그러면서 김종삼의 시를 회화와 음악의 이미지를 개입시켜 신의 임재와 부재를 드러낸 것이라고 평가한다. 김성조[59]는 김종삼 시의 소리 이미지가 자아 인식과 현실 극복의 세계를 함축하는 기제로 사용된다고 본다. 특히 음악은 현실에서 도피하는 수단이거나 자아와 세계의 소통을 유도하여 비극적 현실을 극복하는 기제라고 논구한다. 김정배[60]는 김종삼 시의 소리 이미지가 시인의 죄의식, 비극의 양상과 관련되어 있음을 분석한다. 아울러 음악이 구원의 공간이라고 설명한다. 서영희[61]는 김종삼 시의 형식에 주목하여 음악의 대위적 형식과 어떻게 관련되는지를 살핀다. 그리하여 김종삼 시의 음악을 초월과 환상성의 표상으로 해석한다. 김양희[62]는 김종삼 시의 음악을 무의식적 욕망으로 고찰하면서 김종삼 시에서 음악과 환상이 나란하게 연결되는 이유를 논의한다.

이상의 선행 연구의 논의는 주로 김종삼의 현실 인식이 비극적이고 세계와 불화를 겪는다는 시각에서 출발한다. 현실을 비극적으로 보았기 때문에 환상의 세계로 도피하여 시인만의 세계에 천착했다든가 이를 외면하기 위해서 음악에 심취했다는 결론으로 이어진

59 김성조, 「김종삼 시의 소리 이미지와 의미적 표상」, 『한국문예창작』9권3호, 한국문예창작회, 2010.

60 김정배, 「김종삼 시의 소리지향성 연구」, 『열린정신 인문학연구』11호, 원광대인문학연구소, 2010.

61 서영희, 「김종삼 시의 형식과 음악적 공간 연구」, 『어문론총』53호, 한국문학언어학회, 2010.

62 김양희, 「김종삼 시에서 '음악'의 의미」, 『한민족어문학』69호, 한민족어문학회, 2015.

다.[63] 죄의식과 윤리에 관한 연구 또한 비극적 세계관을 전제로 한다. 다만 윤리에 관한 최근의 연구는 비극적 현실을 무시하고 환상의 세계로 진입한다는 기존의 논의에서 어느 정도 벗어난 경향을 보인다. 이는 비극적 현실에 자아가 응전하는 방식을 내밀하게 밝히는 연구가 증가한 점에서 확인할 수 있다. 예컨대 현실의 문제에 대해 김종삼 시인만의 시적 방식으로 참여를 모색했다는 연구나 시에 등장하는 인물군과 연대하는 방식으로 현실에 대응했다는 연구를 들 수 있다. 이러한 최근의 연구 시각은 이 책이 취하는 논의의 태도와도 부합한다. 이에 이 책은 선행 연구의 한계를 검토하고 성과에 힘입어서 논의를 전개하고자 한다.

이 책은 김종삼 시의 인지체계를 다룬다는 점에서 방법론적으로 관련이 있는 선행 연구를 따로 정리하고자 한다. 이는 김종삼의 시 연구를 넘어서서 인지시학을 연구 방법으로 삼은 논의를 망라한다. 먼저 인지의미론의 방법론을 문학 연구에 적용하는 데에 이론적 근거를 제시한 저술[64]이 있다. 이 연구에서는 인지의 개념, 범주화, 인지모델, 이미지 도식 등 인지의미론의 요소를 시학에 어떻게 적용할 수 있는지 설명한다. 또 인지시학에서 가장 중요하게 다루어지는 은유에 대해 다양한 자료를 검토하며 상세하게 제시한다. 그리고 이를 실제 작품에 적용하여 현대시를 이해하는 새로운 분석 모델을 보여주었다. 이 저술에 힘입어 인지시학을 시 연구에 원용한 연구들이

63 신지원, 「김종삼 시의 미의식 연구-소리와 음악의 인지 특성을 중심으로」, 『열린정신 인문학 연구』21(3), 2020, 239쪽.

64 양병호, 『한국 현대시의 인지시학적 이해』, 대학사, 2005.

꾸준히 발표된다. 박사 학위 논문[65]은 물론이고 학술 논문도 축적되고 있다. 학술 논문은 작품론, 시인론, 시론 연구, 시 교육론에 이르는 다양한 분야에서 논의가 이루어지고 있다.

먼저 인지시학을 개별 작품 분석에 적용한 연구를 살펴보겠다. 이강하[66]는 한용운의 「님의沈默」에 드러난 개념 은유와 이미지 도식을 분석하여 '님'의 정체가 '사랑'의 도식구조로 도출될 수 있음을 논구하였다. 김혜원[67]은 백석의 「여승」에 내재한 길 도식과 [인생은 여행]이라는 개념은유를 살피면서 백석의 디아스포라에 대한 인식을 연구했다. 김동근[68]은 정지용의 「琉璃窓 1」과 「琉璃窓 2」를 대상으로 작품에 드러난 전경-배경의 인지적 전환 과정과 스크립트를 분석하여 '유리창'의 기능에 대해 설명했다. 신주철[69]은 백석의 「흰 바람벽이 있어」를 대상으로 개념은유, 개념혼성이론을 원용하여 의미 생성 과정을 고찰했다. 이형권[70]은 백석의 시 「북방에서」를 대상

65 이송희, 「서정주 시 텍스트의 인지시학적 연구」, 전남대 박사 논문, 2008.; 이동순, 「조태일 시의 인지시학적 연구」, 단국대 박사 논문, 2010.; 이승철, 「정지용 시의 인지시학적 연구」, 전북대 박사 논문, 2011.; 김청우, 「한국 전후시의 공간 인지 특성 연구 – 서정주, 신동문, 김구용을 중심으로」, 전남대 박사 논문, 2016.; 박지학, 「박용래 시의 인지문체론적 연구」, 전북대 박사논문, 2021.; 신지원, 「김종삼 시의 인지체계 연구」, 전북대 박사논문, 2022.

66 이강하, 「만해 한용운의 「님의沈默」에 대한 인지시학적 분석」, 『한국현재문학연구』 28, 한국현대문학회, 2009.

67 김혜원, 「백석의 여승에 대한 인지시학적 분석-길 도식을 중심으로」, 『국어문학』 52, 국어문학회, 2012.

68 김동근, 「정지용 「琉璃窓」 시편의 기호체계 연구-인지시학적 분석을 중심으로」, 『현대문학이론연구』52, 현대문학이론학회, 2013.

69 신주철, 「백석의 「흰 바람벽이 있어」의 인지시학적 고찰」, 『세계문학비교연구』48집, 세계문학비교학회, 2014.

으로 인지 정보를 분석하여 의미를 분석했다. 신지원[71]은 김종삼의 전쟁 시편에 나타난 개념혼성을 분석하고 이를 바탕으로 전쟁 시편의 의미를 논구했다. 소필균[72]은 김소월의 「산유화」를 인지시학의 직시 이동 이론에 근거하여 해석했다. 이렇게 인지시학을 개별 작품에 적용한 논문은 인지언어학의 방법론이 문학 연구에 적용된 이후 꾸준히 생산되고 있다.

다음은 시인론에 해당하는 연구이다. 양병호[73]는 만해 시의 인지체계를 소멸과 생성, 세속과 신성의 이원론, 화해와 사랑으로 규명한다. 박지학[74]은 인지시학적 방법론을 통해 이성선의 두 번째 시집인 『몸은 지상에 묶여도』의 구조적 미학성을 밝혔다. 인지시학의 방법론을 시 읽기에 관한 교육에 적용한 연구도 발표되었다. 노철[75], 정해권[76], 이원영 외 2인[77], 이향근[78], 김금내[79], 김민재[80]의 논문이 이에 해당한

---

70 이형권, 「백서 시의 인지구조 연구-「북방에서」를 중심으로」, 『어문연구』90, 어문연구학회, 2016.

71 신지원, 「김종삼의 전쟁 시편에 나타난 개념적 혼성과 의미 연구」, 『건지인문학』19, 전북대 인문학연구소, 2017.

72 소필균, 「김소월 「산유화」의 직시이동 인지문체 고찰-그레마스 사각기호 적용을 중심으로」, 『비평문학』78, 한국비평문학회, 2020.

73 양병호, 「만해 한용운 시의 인지시학적 연구」, 『국어문학』46, 국어문학회, 2009.

74 박지학, 「이성선 『몸은 지상에 묶여도』의 인지시학적 연구」, 『국어문학』52, 국어문학회, 2012.

75 노철, 「시 감상 과정의 인지시학적 분석과 교육적 모색」, 『한국문학이론과 비평』77, 한국문학이론과 비평학회, 2017.

76 정해권, 「시 읽기 교육의 인지시학적 접근-윤동주의 '자화상'과 '서시'를 활용하여」, 『언어와 문화』13, 한국언어문화교육학회, 2017.

77 이원영·심규운·윤새웅, 「인지시학 관점의 시 은유 분류 방식 연구」, 『동악어문학』

다. 한편 문혜원[81]은 오규원의 시론을 분석하는 데에 인지시학을 원용하였다. 특히 오규원 제시한 비유의 개념이 인지시학의 개념은유와 매우 유사함을 자세히 분석한다.

인지시학의 적용 사례는 시문학 연구를 넘어서 서사문학과 고전문학으로 확장되고 있다. 문학 연구에서 인지시학의 효용은 앞으로의 연구를 통해서도 확인할 수 있을 것이다. 이 책 또한 김종삼의 시를 연구하는 데에 인지시학을 적극적으로 원용하여 선행 김종삼 연구의 한계점을 보완하고 김종삼 시 세계의 새로운 면모를 연구하고자 한다.

인지시학에서 사용하는 여러 개념의 모태가 되는 학문은 인지언어학, 인지심리학, 언어철학, 심리철학, 현상학 등이다. 이들 학문은 대체로 데카르트 이래 이성과 합리성을 공고하게 유지했던 객관주의 철학의 사유에 반기를 들고 여러 근거를 다양한 접근법으로 시도한 결과물이다. 예컨대 은유에 관한 전통적인 인식과 인지시학에서의 인식 차이를 들 수 있다. 인지시학에서 은유는 문학적 수사법

75, 동악어문학회, 2018.

78 이향근, 「인지시학적 관점에서 바라본 동시 문학의 텍스트성」, 『학습자중심교과교육연구』18(20), 학습자중심교과교육학회, 2018.

79 김금내, 「독자의 직시(deixis) 인식을 통한 동시 텍스트 이해 교육 방향」 『청람어문교육』74, 청람어문교육학회, 2020.

80 김민재, 「경험적 독자 연구로서의 문학교육학에 인지시학 도입의 쟁점과 가능성-'문학적 경험'에 대한 이론화를 중심으로」, 『국어교육연구』46, 서울대 국어교육연구소, 2020.

81 문혜원, 「오규원 시론에 나타나는 인지시학적 특징 연구-'비유'에 대한 관점의 변화를 중심으로」, 『국어국문학』192, 국어국문학회, 2020.

의 차원을 넘어 인간이 언어를 통해 사유하는 방식 그 자체이다. 문학 연구의 관점에서 보면 인지시학은 "경험주의 문학 연구 형태의 수용미학으로부터 출발하여, 문학에 나타난 언어의 의미가 어떻게 재현되고, 언어가 인간 본연의 마음과 인위적인 마음에 의해 어떻게 사용되는지, 그리고 어떻게 조직화 되는지를 탐구"[82]하는 학문이다. 그러므로 인지시학은 "어떻게 그러한 해석에 도달했는지를 합리화하고 설명하는 일"[83]에 초점을 맞춘다.

인지시학의 철학적 바탕은 몸과 의식의 관계를 밝힌 메를로-퐁티의 철학적 사유에 있다. 메를로-퐁티는 실재론과 관념론으로 대표되는 이원론적 철학에 문제를 제기한다. 그러면서 인간의 의식이 몸으로부터 분리된 순수의식일 수 없음을 주장했다. 특히 세계와 인간의 관계를 이해할 때 신체에 관한 지각을 중심으로 설명해야 그 관계를 제대로 제시할 수 있다고 했다. 즉 "세계는 항상 신체가 실존하는 바로 그 방식에 의해 이미 윤곽 지어 있는 지평"[84]인 것이다.

김종삼의 시는 난해하다는 평가를 받아왔다. 그러나 시의 난해성이 의미 생성을 차단하는 것은 아니다. 문학 언어와 일상 언어는 본질적으로 동일한 기호체계와 개념 구조를 가진다. 시의 언어가 일상 언어에 비해 특별해 보이는 것은 언어를 다루는 시인의 특별한 인지 감각에서 비롯된 것이지 언어 구조의 차이에서 비롯된 것이 아

82 양병호, 「이성선 시의 인지시학적 연구」, 『한국문예비평연구』43, 한국현대문예비평학회, 2014, 113쪽.

83 피터 스톡웰, 이정화·서소아 역, 앞의 책, 27쪽.

84 모니카 M. 랭어, 서우석·임양혁 옮김, 『메를로-퐁티의 지각의 현상학』, 청하, 1992, 82쪽.

니다. 그렇기 때문에 '이해'에 도달하는 데에 더 많은 시간이 소요되는 시는 있을 수 있으나 의미가 생성되지 않는 시는 없다. 인지시학은 난해해 보이는 김종삼의 시를 해석하는 데에 논리적 타당성을 확보하고, 김종삼 시의 의미를 좀 더 명확하게 규명할 수 있게 하는 방법론적 의의가 있다.

이 책에서 사용하는 인지시학의 방법들을 구체적으로 살펴보겠다. 은유는 목표영역을 이해하기 위해 근원 영역을 끌어들여 사상(mapping)하는 작업이다. 두 영역의 사상이 가능한 것은 두 영역에 대한 인간의 경험과 신체화된 지식이 공유되기 때문이다. 각 영역에 관여하는 지식과 경험은 하나의 게슈탈트를 이루는데, 이는 대체로 영상 도식을 요소로 한다. 신체적, 문화적으로 공유된 영상 도식은 해당 문화권 안의 구성원에게 세계를 이해하는 공통된 체계를 사용하게 하는데 인지시학 방법론에서는 이를 개념은유라고 한다. 즉 개념은유는 어느 문화의 구성원들에게 공유된 공통된 개념 장치의 일부인 것이다. 개념은유에는 구조적 은유, 지향적 은유, 존재론적 은유가 있다.

인지시학의 은유는 전통적 수사학에서 말하는 언어 차원의 일탈 현상이거나 단순한 수사학적 장치가 아니라, 일상 언어생활에서 빈번하게 드러나는 무의식적인 정신작용이다. 즉 은유는 사고와 언어 속에 널리 편재한 인지의 기본적인 개념 체계인 것이다. 인간의 사고 과정과 개념 체계는 신체와 경험에서 비롯한 것으로서 은유를 '이해'의 수단으로 삼는다. 언어적 표현이 은유적인 것은 인간의 개념 체계가 은유적이기 때문이다.

이 책에서는 개별 시편을 해석하는 데에 개념은유를 적극적으로 원용할 것이다. 앞서 언급했듯이 다소 난해해 보이는 작품일지라도 같은 문화 안에서 형성된 개념은유를 토대로 시를 해석하면 시의 의미를 좀 더 분명하고 풍부하게 살펴볼 수 있다. 예컨대 도관 은유에 내재한 길 도식은 출발지와 목적지로 구성되는데, 이러한 구조가 확장되어 [인생은 길이다]라는 개념은유를 창발한다. 이는 1장 1절에서 김종삼 시인이 '시인'으로서의 존재와 인생을 성찰하는 데에 도관 은유가 깊이 개입되었다고 논구할 때 효율적인 방법론으로 사용될 수 있다.

이미지 도식은 전형적인 개념적 그물망으로부터 대본화된(scripted) 활동, 서사적 구조, 심지어는 이론 틀에 이르는 일반적인 지식 구조로 이미지를 간주한다. 즉 도식은 우리가 전형적인 상황과 사건에 관해서 공유하는 개념적·명제적 지식과 가치의 반복적 조직화이다. 우리가 이해하고 사유할 수 있는 연결된 경험을 위해서는 우리의 행위와 지각, 개념에 패턴과 질서가 있어야 한다. 도식은 이러한 지속적인 질서의 활동들 안에서 발생하는 반복적인 패턴, 형태, 규칙성이다. 이 질서들은 주로 공간 안에서 우리의 신체적 운동, 대상 조작, 지각적 상호작용을 토대로 구성된다.

이미지 도식을 통해서 우리는 환경 세계에서의 혼돈된 신체적 경험에 질서를 부여할 뿐만 아니라 의미를 이루어 내기도 한다. 또 이미지 도식의 갖가지 구성 요소를 은유적으로 해석함으로써 세계에 관한 이해나 경험에 구조를 부여한다. 이미지 도식에는 '용기 도식', '길 도식', '연결 도식', '주기 도식', '계측 도식', '중심-주변 도식' 등이 있다.

이미지 도식은 개념화된 이미지나 유형적인 감각 및 시대의 공통성을 파악하는 데 유용한 역할과 기능을 담당한다. 개인으로서의 한 시인이 지닌 시의 통일적 구조, 즉 특수한 이미지, 개별적인 감각과 정서 등을 탐구하는 데에 중요한 역할을 한다.[85]

이미지 도식은 특히 1장의 2절과 3절에서 적극적으로 원용될 것이다. 2절에서는 자아에 대한 김종삼 시인의 독특한 인지체계가 '중심-주변 도식'을 기반으로 형성되어 있음을 논구하게 될 것이다. 그리고 3절에서는 삶과 죽음에 대한 김종삼 시인의 인지체계가 시적 형상화 과정을 거칠 때 '순환 도식'을 바탕으로 하였음을 살필 것이다.

인지시학의 개념적 혼성 이론은 질 포코니에와 마크 터너가 고안한 것이다. 개념적 혼성이란 "서로 다른 개념적 구조들이 하나의 새로운 구조로 통합되는 방식"[86]을 통해 언어의 의미구성 체계를 다루는 인지 과정이다. 개념적 혼성 이론은 인지언어학의 개념은유 이론으로는 충분하게 설명하지 못했던, 의미 발생과 언어 표현의 관계를 설명하기 위한 이론이다. 이는 또한 인지언어학의 정신 공간 이론을 확장한 것이기도 하다. 정신 공간은 인간이 생각하거나 말할 때 구성되는 일종의 개념 꾸러미이다. 즉 정신 공간은 언어 표현이 촉발하는 개념적 공간으로서 담화의 여러 상황에 의해 달리 형성될 수 있다. 특히 여러 개의 정신 공간이 서로 연결되어 특정한 의미를 발현시킬 수 있는데 이를 개념적 혼성이라고 한다.

개념적 혼성 이론은 인간이 언어 표현을 통해 개념적 표상을 활

85 양병호, 앞의 책, 37쪽.

86 김동환, 『인지언어학과 개념적 혼성 이론』, 박이정, 2013, 467쪽.

성화하고 의미를 구축해 가는 과정에 주목하는 이론이다. 의미가 발현되는 과정 그 자체에 주목함으로써 해당 언어 표현을 해석하는 데에 타당성을 부여한다. 특히 서로 다른 둘 이상의 개념적 구조가 하나의 새로운 구조로 혼성되는 방식을 세밀하게 다룬다. 따라서 시적 언어를 분석하여 시를 해석할 때에도 의미가 발현되는 과정에 주목하게 되면 시 해석에 타당성을 부여받게 된다. 이는 시인의 시 세계와 내적 질서를 밝히는 데에 밀도 있는 해석의 초석이 될 것으로 기대한다. 이 책에서는 2장에서 개념적 혼성 이론을 활용하여 김종삼 시인의 세계에 대한 인지체계를 분석할 것이다.

개념적 혼성이 만들어질 때 충족되어야 하는 조건이 있다. 첫째는 입력공간들 사이의 체계적인 대응을 가리키는 공간횡단 사상이고 둘째는 입력공간들이 공유하는 추상적인 구조와 조직을 반영하는 총칭공간이다. 총칭공간은 입력공간들 사이의 공간횡단 사상을 한정하는 역할을 한다. 셋째는 입력공간1과 입력공간2가 선택적으로 투사되어 형성되는 혼성공간이다. 마지막으로는 발현구조인데 이는 입력공간에서는 없었으나 혼성공간에는 새롭게 생성되는 의미의 요소, 즉 의미구성의 실마리이다. 개념적 혼성은 결국 이 발현구조를 만들기 위한 인지 과정이다.[87]

다음은 3장에서 김종삼 시의 미학적 특성을 분석하는 데에 원용할 사운드스케이프에 대해 살펴보겠다. 사운드스케이프의 개념과

87 개념적 혼성 이론에 대한 설명은 김동환, 앞의 책, 465~741쪽을 참고하였다. 아울러 신지원, 「김종삼의 전쟁 시편에 나타난 개념적 혼성과 의미 연구」, 『건지인문학』 19, 전북대 인문학연구소, 2017, 102~103쪽 내용 일부를 수정·보완하여 재구성했음을 밝힌다.

용어는 1960년대 말 캐나다의 작곡가인 머레이 쉐이퍼가 현대사회의 소리 환경에 대한 문제에 관심을 가지면서 정립되었다.[88] 사운드스케이프는 시각 측면의 용어인 '랜드스케이프'에 대응되는 용어이다. 머레이 쉐이퍼가 사운드스케이프 연구를 진행한 때에는 도시의 경관을 디자인할 때 소리의 환경을 함께 조성할 필요가 있음을 강조했다. 그래서 사운드스케이프 연구는 대체로 도시 환경, 건축 설계, 음향학 등의 분야에서 수행되어 왔다.

사운드스케이프의 개념이 문학의 영역으로 지평을 확장하게 된 것은 문학작품에 등장하는 특정 소리가 시대적 환경의 변화와 밀접하게 관련되어 있음을 연구하면서이다. 그러니까 문학 연구에서 사운드스케이프는 소리에 "반응하는 신체들의 특이성을 포착"[89]하는 방식으로 이루어지는 경우가 많았다.[90] 나아가 사운드스케이프는 "단지 청각적인 소리 자체가 아니라 우리들에 의해 의미 지어지고 구성되는 소리 환경을 중요하게 생각하는 하나의 사상이자 이념"[91]

88 머레이 쉐이퍼, 한명호·오양기 옮김, 『사운드스케이프:세계의 조율』, 그물코, 2008, 400쪽.

89 임태훈, 「미디어융합과 한국문학의 재매개:"사운드스케이프 문화론"에 대한 시고」, 『반교어문연구』38, 반교어문학회, 2014, 29쪽.

90 대표적으로 최라영, 「박인환 시에 나타난 '청각적 이미지' 연구-'소리풍경 soundscape'을 중심으로」, 『비교문학』64, 한국비교문학회, 2014.; 조은숙, 「문순태 소설의 사운드스케이프 연구」, 『현대문학이론연구』62, 현대문학이론학회, 2015.; 박찬모, 「지리산 현대시와 사운드스케이프」, 『남도문화연구』30, 순천대학교 남도문화연구소, 2016.; 이지은, 「일제강점기 '정오의 소리정경'에 담긴 '성스러운 소음'의 자취:윤동주의 「십자가」에 나타난 교회종소리의 단상」, 『문학과 종교』22(1), 한국문학과종교학회, 2017. 등의 연구가 있다.

91 조은숙, 앞의 논문, 395쪽.

이라는 점에서 문학작품 연구의 틀이 될 수 있다.

이 책은 사운드스케이프에 관한 기존의 연구를 수용하고 바탕으로 삼되, 김종삼의 시에서는 미적 특성을 드러내는 하나의 구조물이라고 보고 사운드스케이프의 개념을 확장하여 분석할 것이다. 다시 말해, 김종삼의 시 세계는 소리 이미지를 중심으로 여러 시편이 유기적으로 구성되면서 미학적으로 사운드스케이프의 구조를 갖추게 된다고 볼 것이다.

주변의 소리 환경이 인간의 의식, 무의식, 정서 등에 영향을 준다는 것은 이미 널리 알려진 사실이다. 김종삼은 자신을 둘러싼 소리 환경을 시에 적극적으로 드러내었다. 김종삼의 시에서 강하게 드러나는 시각 이미지들은 소리 이미지와 맞물렸을 때 더욱 독특한 시적 효과를 발휘한다. 요컨대 이 책은 김종삼의 시가 가진 소리와 음악 이미지의 사운드스케이프적 특성이 김종삼 시의 인지체계로 드러나는 의미 맥락과 연결되어 김종삼 시의 미학을 완성한다고 본다.

이 책은 김종삼의 시 세계와 이를 드러내는 인지체계가 크게 세 가지 방향으로 형성된다고 논의한다. 첫째, 자아에 대한 성찰을 바탕으로 한 존재 의식이 도관 은유를 통해 '성찰의 인지체계'로 드러나는 것이다. 이는 자아 성찰에서 비롯하여 인간의 실존에 대한 것으로 구체화 된다. 김종삼 시인은 시작 전반에 걸쳐 자아에 천착한 모습을 보인다. 특히 시인으로서의 자아 정체성과 자질에 대해 깊이 성찰했다. 이 책은 이를 '시인'에 관한 의식으로 논구한다. 그리고 이러한 시적 사유를 드러내는 데에 도관 은유와 관련한 성찰의 인지체계가 관여하고 있다고 본다.

한편 김종삼 시의 자아는 주변적 위치에 놓이는 경우가 많다. 원래 인간의 인지체계는 자신을 중심에 놓고 주변 환경과의 관계를 성립해 가는 것이 일반적이다. 그러나 김종삼 시인은 의식적으로 자신을 주변에 배치하여 주변의 시선으로 작고 약한 존재를 조명한다. 이에 이 책은 이러한 김종삼 시인의 태도를 중심-주변 이미지 도식을 통해 분석하려고 한다.

존재에 대한 김종삼 시인의 의식은 인간 실존의 삶과 죽음에 대해 깊이 성찰하는 태도로 이어진다. 이 책은 삶과 죽음에 대한 김종삼 시인의 사유가 순환적 자연 질서를 바탕으로 이루어진다고 본다. 특히 죽음을 형상화하면서도 다시 삶을 예비하는 시적 태도에 주목하고자 한다. 그리하여 죽음에 직면한 상황에서도 생명과 인간다운 삶을 지향하는 태도를 '삶과 죽음의 긍정'으로 보고자 한다. 이때 인지시학의 순환 도식은 삶과 죽음에 대한 보편적인 질서를 보여주는 이미지 도식으로서, 인간의 삶과 존재에 대한 김종삼 시인의 성찰이 거시적인 자연 질서 안에서 이루어지고 있음을 확인하게 한다. 요컨대 존재에 대한 김종삼 시인의 시 정신은 자기를 성찰하는 데에서 출발하여 '시인'에 대한 사유, 주변적 존재를 지향하는 자세, 삶을 긍정하는 태도로 귀결된다.

둘째, 현실 세계의 문제를 지각하고 이를 시적으로 형상화한 세계의식이 '연대와 평화의 인지체계'로 드러나는 것이다. 이는 앞서 제시한 존재 의식을 바탕으로 형성된다. 세계를 바라보는 김종삼 시인의 의식은 현실의 문제를 시적으로 형상화한 '시대 의식'으로 구체화 된다. 여기에는 김종삼 시인이 몸으로 겪어온 우리의 역사적 문제가 관여되어 있다. 식민, 분단, 전쟁, 현대 문명으로 이어지는 일련의 변화에서 김종삼 시인은 자신이 바라본 시대의 모습을 시적 효과를 살려 드러낸다.

한편 주변을 지향하는 김종삼 시인의 인지체계는 힘든 삶을 살았거나 짧은 인생을 살다 간 예술가, 작고 여린 존재, 가난하지만 거짓없이 살아가는 사람들과 정서적 연대를 꾀하는 것으로 이어진다. 그러면서 이들의 삶에 진정한 시심이 있으며 '시인'은 이것을 드러내기 위한 존재라고 여긴다. 이러한 김종삼 시인의 사유는 이상적인 세계의 모습을 그리는 데로 확장된다. 이는 공간에 대한 인지체계를 통해 평화로운 삶의 모습을 형상화한 것이다. 이 책은 세계에 대한 이러한 김종삼 시인의 인식을 개념적 혼성 이론을 통해 분석하고 여기에 연대와 평화의 인지체계가 관여하고 있음을 논구할 것이다.

셋째, 존재 의식과 세계에 대한 김종삼 시인의 사유가 시적 미학으로 형상화되는 양상에 주목한 것이다. 김종삼의 시는 순수시의 요체로 평가될 만큼 완성도 높은 미학을 가지고 있다. 이 책은 이러한 김종삼의 미의식이 소리와 음악의 이미지에서 발생한다고 본다. 이에 소리와 음악의 이미지가 어떠한 시적 효과를 발휘하는지 살필 것이다. 또 소리와 음악의 이미지가 의미 생성에 관여하는 과정을 분석할 것이다. 이 책에서는 이를 사운드스케이프적 인지체계로 논구한다. 즉 존재와 세계에 대한 김종삼의 시 정신은 이미지를 사운드스케이프적으로 구성하는 방식을 통해 미학적 완성을 이루게 된다고 본다.

이 책의 분석 대상인 김종삼의 시는 기본적으로 2018년에 출판된 『김종삼 정집』[92]에서 인용한다. 『김종삼 정집』에 실린 여러 판본

92 홍승진 김재현 홍승희 이민호 엮음, 『김종삼 정집』, 북치는소년, 2018.

중에서 최초로 발표된 판본을 분석 대상으로 한다. 다만 개작의 정도가 심하여 여러 판본을 비교·대조해야 한다든가 『김종삼 정집』의 내용에 오류가 있는 경우에는 다른 자료에서 시를 인용하고 해당 판본을 주석으로 표시하기로 한다.

제 1 장 / 자아 성찰과 삶의 노래

제 1 장 자아 성찰과 삶의 노래

1. 도관 은유와 '시인' 의식

김종삼 시인은 자신의 시 쓰기에 대한 시를 여러 편 만들었다. 그러면서 시인으로서의 자기를 성찰하고 시인의 소명에 대해 끊임없이 고민하였다.[1] 자신의 시에 대해 산문 형식을 빌려 시론으로 정리한 적은 없으나 시 쓰기 자체를 통해 시인으로서의 자신에 대한 인식을 형성해 갔다. 시 쓰기에 대한 김종삼의 시는 메타시라는 개념만으로는 온전히 설명되지 않는다. 김종삼의 메타시는 시 자체를 표면에 직접적으로 드러내기보다는 '시인'으로서의 자의식을 성찰하거나 소리 또는 음악으로 우회하여 드러내는 방식을 사용했다는 특징이 있다. 그렇기 때문에 단순히 시에 관한 시를 썼다기보다 오히

1 이와 관련하여 송현지는 "김종삼은 시인으로서 어떻게 세상을 바라봐야 하며 시인이란 주어진 사명을 어떻게 발휘해야 할 것인지에 대한 치열한 탐구를 계속하였다"고 하며, 이를 "시인으로서의 소명 의식"으로 설명했다. 또 김종삼 시인의 이러한 태도가 시 전체에서 일관되게 나타난다고 보았다. (송현지, 「김종삼 시에 나타난 시인으로서의 소명 의식 연구」, 『한국문학이론과 비평』61, 한국문학이론과 비평학회, 2013, 53쪽.) 이러한 측면에서 송현지의 논의는 이 책의 시각과 유사하다. 다만 송현지는 김종삼의 소명 의식을 언어에 대한 시인의 원죄 의식과 관련지어 분석한다는 점에서 이 글의 논지와 차이가 있다.

려 시를 통해 시의 본질과 시인의 자질을 고민했다고 할 수 있다. 이 책에서는 김종삼 시의 이러한 면모를 도관 은유를 통해 설명하고 김종삼 시인이 시인으로서의 자신을 어떻게 의식화하는지 살피고자 한다.

도관(CONDUIT) 은유는 기본적으로 인간의 의사소통에 관한 은유적 구조화를 설명하는 개념이다. 즉 화자는 생각한 바를 낱말이라는 그릇에 넣고 그것을 어떠한 도관을 따라서 청자에게 보내면 청자는 그 낱말/그릇을 받아서 화자의 생각을 꺼낸다는 것이다.[2] 인간의 의사소통 자체가 도관을 따라 생각을 주고받는 은유적 과정인 것인데 그렇기 때문에 도관 은유에는 그릇 도식과 경로 도식이 동반되는 경우가 많다.

머나 먼 廣野의 한 복판
야튼
하늘 밑으로
영롱한 날빛으로
하여금 따우엔

희미한
風琴 소리만이
툭 툭 끊어지고

2 마크 존슨, 노양진 역, 『마음 속의 몸』, 철학과현실사, 2000, 151쪽.; 조지 레이코프·마크 존슨, 노양진·나익주 역, 『삶으로서의 은유』(수정판), 박이정, 2006, 31~32쪽.

있었다.

그 동안 무엇을 하였느냐는
물음에 대해

다름 아닌 人間을 찾아다니며
물 몇桶 길어다 준 일밖에 없다고

머나 먼 廣野의 한 복판
야튼
하늘 밑으로
영롱한 날빛으로
하여금 따우에선

-「舊稿」[3]

위의 시는 '자기성찰'을 중심으로 의미가 형성된다. 특히 시의 화자가 "人間"에게 물을 길어 주는 행위를 "자기성찰적 묵상"[4]으로 분석할 수 있다. 기존의 연구에서 이 시는 죄의식을 드러내거나[5] 시적

3 김종삼, 「舊稿」, 홍승진·김재현·홍승희·이민호 엮음, 『김종삼정집』, 북치는 소년, 2018, 180~181쪽. 이후에 제목을 「물桶」으로 개작함.

4 김용희, 「전후 한국시의 '현대성'과 그 계보적 가설-김종삼 시를 중심으로」, 『한국근대문학연구』19, 한국근대문학회, 2009, 111쪽.

5 송현지, 앞의 논문, 54쪽.

환상성을 보여주는 시[6]로 논의된 경우가 많았다. 그러나 이 책에서는 그 배경에 기독교적 원죄 의식이나 세계로부터 도피하기 위한 환상이 있다고 보지 않는다. 성찰의 과정에서 자기의 내면에 몰입하기 위해 마련한 일종의 정신적 공간을 배경으로 제시한 것으로 본다. 이를 구체적으로 살펴보겠다.

위의 시는 언뜻 보기에 현실과 분리된 환상의 시공간이 펼쳐진 듯하다. 첫 연과 마지막 연은 화자가 존재하는 공간이 제시되는데 아무것도 없고 끝도 알 수 없는 "廣野"가 그것이다. 광야는 얕게 펼쳐진 하늘 아래에 있다. 그 땅 위를 "영롱한 날빛"이 조명처럼 비추고 있다. 환영 같은 분위기가 느껴지는 공간이지만 이곳은 화자가 자기를 성찰하기 위해 만든 공간이다. 내면으로 깊게 몰입하기 위해 하늘과 땅 그리고 빛 외에는 아무것도 존재하지 않은 공간을 만든 것이다.

그렇다고 해서 이곳이 현실 세계를 완전히 떠나 있는 것은 아니다. 2연에서 보듯 "風琴 소리"가 희미하게 들리고 있다. 이를 "툭 툭 끊어지"는 이미지로 제시한 것은 화자가 놓인 현실의 세계와 내면으로 몰입하기 위해 만든 정신세계가 가느다랗게 이어지고 있음을 보여주기 위해서이다. 즉 김종삼 시인의 자기성찰은 현실을 배제한 채 이루어지지 않는다는 것이다.

3연과 4연은 이 시의 핵심이라고 할 수 있는 질문과 답변이 제시된다. 질문은 화자의 내면에서 스스로 이루어지는 것이다. "무엇을

6 이성민, 「김종삼 시의 '환상성'에 대한 정신분석학적 접근」, 『인문학연구』38, 조선대학교 인문학연구원, 2009, 320쪽.

하였느냐"는 질문은 일회적인 것이 아니다. 1연의 내용이 마지막 연에 다시 반복되는 것처럼 언제든 계속될 수 있는 질문이기 때문이다. 그래서 이 질문은 자신의 과거와 현재 그리고 미래에 관한 질문이기도 하다. 이에 대해 화자는 "人間을 찾아"서 "물 몇桶 길어다 준 일"을 해 왔다고 답변한다.

여기에는 두 가지 중요한 점이 있다. 하나는 '인간'을 찾아다녔다는 점이고 다른 하나는 그들에게 '물'을 주었다는 것이다. 화자에게 '인간'은 어떤 존재들을 의미하는가. 김종삼은 분단과 전쟁을 겪어오면서 거대한 폭력에 노출된 연약한 인간과 그 폭력에 의해 쉽사리 제거되어 버리는 생명에 대해 깊이 생각했다.[7] 즉 김종삼에게 '인간'은 거대 권력에 희생되는 존재를 뜻하는 것이다. 이들에게 '물'을 길어다 주는 것은 생명을 유지하게 하는 최소의 조건을 충족시키는 행위이다. 김종삼 시인은 자신의 시 쓰기가 인간이 인간다움을 영위하기 위해 요구되는 최소한의 당위적 행위라고 본 것이다. 이는 제목에서도 확인할 수 있다. "舊稿"는 전에 써 두었던 오래된 원고를 뜻하는데 예전부터 마련해 왔던 원고를 인간에게 물을 제공하는 것에 사상한 것이다. 그리고 이 행위는 자기성찰을 반복하며 앞으로도 계속될 것임을 예고한다.

이 시를 위와 같이 분석할 수 있는 이유는 이 시에 도관 은유가 중심 은유로 내재해 있기 때문이다. 즉 오래된 원고로 표상되는 시 쓰기를 물을 길어다 주는 행위에 사상하고 이는 무언가를 대상에게 전달하는 방식으로 이미지화된다. 김종삼이 생각하는 '시'는 인간에

7 이와 관련한 논의는 이 책의 1장 2절과 2장 2절에서 다루어진다.

게 필요한 무언가를 담는 그릇이다. 그리고 이를 인간에게 전달하여 인간의 생명을 유지하게 하는 최소한의 장치로 기능하게 한다. 그래서 자신이 해야 할 일은 인간에게 필요한 '시 쓰기'임을 자기성찰의 과정을 통해 계속해서 확인한다. 요컨대 이 시는 시 쓰기에 대한 김종삼 시인의 사유를 도관 은유를 통해 자기성찰의 과정으로 드러낸 작품이다.

'시인'으로서의 삶에 대한 김종삼의 인지체계는 도관 은유와 함께 '길 도식'과 '경로 도식', 또 이와 관련한 개념은유를 통해 드러난다.

폐허가 된
노천 극장을 지나가노라면 어제처럼
獅子 한 마리가
따라 온다. 버릇처럼 비탈진 길을 올라 가 앉으려면
옆에 와 앉는다.
마주 보이는
언덕 위,
平均率의 나직한 音律이
새어 나오는
古城 하나이,
좀 있다가 일어서려면 그도 따라 일어선다.
오늘도 버릇 처럼 이 곳을 지나가노라면 어제처럼 獅子
한 마리가 따라 온다.
입에 넣은 손을 조용히 물고 있다. 그 동안 죽어서 만나지 못한 어렸던 동생 종수가 없다고.

-「발자국」[8]

김종삼 시인은 이 시를 통해 '시인'으로서의 삶에 대해 성찰한다. 이를 이해하기 위해서 '길 도식'과 [인생은 여행]이라는 개념은유를 적용해야 한다. 길 도식은 '출발점, 경로, 목적지'의 패턴으로 형성된다. [인생은 여행]이라는 개념은유에는 이와 같은 길 도식이 구조화되어 있다. 여행길에는 동반자가 함께하기도 하며 여정 중 장애물을 만나 길을 우회하기도 한다.[9] 이 시에는 길 도식과 여행 은유를 통해 '시인'의 인생이 나아가야 할 방향이 제시되고 함께해야 할 동반자의 모습도 제시된다. 이를 구체적으로 살펴보겠다.

위의 시에는 화자의 여정이 나타난다. 여정은 일정한 경로를 보이는데 '출발점(드러나지 않음)→노천극장(사자를 만남)→비탈진 길(머무름)→목적지(드러나지 않음)'이다. 이 여정은 "어제처럼"과 "오늘도"에서 드러나듯이 매일 매일 반복된다. 화자가 여정을 따라 반복적으로 행하는 패턴은 화자의 일생을 이룬다. 시에는 여정의 구체적 상황이 제시된다. 시인은 먼저 여정의 하나인 "노천 극장"을 "폐허"로 그리고 있다. 시의 화자가 매일 지나다니는 길은 무슨 이유에서인지 무너져 있는 것이다. 여정의 중심을 이루고 있는 장소 또한 "비탈진 길"이다. 화자의 생활 공간이자 주변 환경은 파괴되고 소외된 곳으로 그려진다.

---

8 김종삼, 「발자국」, 홍승진 외 3인 엮음, 앞의 책, 207쪽.

9 조지 레이코프·마크 터너, 이기우·양병호 옮김, 『시와 인지』, 한국문화사, 1996, 89쪽.

이때 화자가 하는 행동에 주목해야 한다. 여정의 핵심인 "비탈진 길"에서 화자는 맞은 편의 "古城"을 바라보고 있다. 김종삼의 시에는 '성(城)'의 이미지가 자주 등장하는데 대체로 위대한 작가 혹은 음악 자체를 뜻하거나 예술의 경지를 느낄 수 있는 공간을 비유한 경우가 많다.[10] 김종삼 시인은 위대한 예술의 경지를 어떤 것으로도 파괴되지 않는 공고한 구조물로 인지한 것이다. 위의 시 「발자국」에서도 마찬가지이다. 화자가 주시하는 고성에서는 "平均率"이 새어 나온다. 화자는 이 음률을 듣기 위해서 하루의 여정을 반복했던 것이다.

김종삼 시인은 음악이 종교적인 정화력을 가진다고 했다. 김종삼 시인이 말하는 종교적 정화력은 단순히 현실의 시름을 잊기 위해 환상적 세계에 진입한다는 의미가 아니다. 오히려 위대한 종교적 힘을 빌려 정화된 정신으로 현실의 문제에 대응하겠다는 태도에 가깝다. 말하자면 김종삼의 시에서 음악은 현실의 평화를 지향하기 위한 동력과 같다. 위의 시에서 화자가 듣는 음악은 화자에게 현실의 문제를 해결할 힘을 주는 것이다. 화자는 그 힘을 얻기 위해서 여정을 반복한다.

한편 화자의 여정에 동반자로 등장하는 "獅子"에 대해 살펴보고자 한다. 김종삼 시에서 사자는 위의 시와 「첼로의 PABLO

---

10 「첼로의 PABLO CASALS」에서는 바흐 음악의 대가들로 알려진 반다 란도프스카와 파블로 카잘스의 연주를 감상하는 공간으로 제시되고, 「最後의 音樂」에서는 세자르 프랑크의 음악과 밀레의 작품을 향유하는 공간으로 제시된다. 「헨쩰과 그레텔」에서는 오라토리오를 듣는 상황 자체를 뜻하는 것으로 "最古의 城"이 제시되고, 「白髮의 에즈라 파운드」에서는 에즈라 파운드의 문학 세계를 뜻하는 것으로 제시된다.

CASALS」에서 나타난다. 홍승진은 김종삼 시 「漁夫」를 분석하면서 헤밍웨이의 『노인과 바다』와 김종삼 시의 상호텍스트성을 제시한 바 있다. 시 「漁夫」의 7행인 "헤밍웨이의 바다와 老人이 되어서"에 분명하게 헤밍웨이를 언급하고 있는 점, 『노인과 바다』에서 중요한 상징인 '사자 꿈'이 김종삼의 시에도 등장하는 점을 근거로 한다. 그러면서 김종삼 시의 사자 이미지가 삶의 의지 자체에 대한 긍정을 의미한다고 논구한다.[11] 이러한 해석도 타당하다고 할 수 있으나 사자에 대한 의미는 '함께하는 존재'에 초점을 맞추어야 한다. 김종삼 시의 "獅子"는 모두 화자의 여정에 동행하는 존재로 그려지기 때문이다. 다음의 인용문은 이러한 본 글의 해석에 시사점을 준다.

> 소설의 마지막 장에서 노인 산티아고는 소년 옆에서 평화롭게 잠들어 꿈을 꾸는데 그가 꾸는 사자의 꿈은 작가 헤밍웨이가 전하고 싶었던 마지막 메시지를 전달한다. 앞서 여러 차례 묘사되었듯 노인의 꿈에서 등장하는 것은 한 마리의 사자가 아니라 해안에서 함께 뛰노는 여러 마리의 어린 사자들이다. (중략) 동물의 왕을 상징하는 사자들은 고립된 개인주의나 자만심과는 반대되는 사회적인 유대감을 보여주기 때문에 이 꿈이 환기시키는 것은 유대와 사랑과 평화이다. 상술했듯 소설의 방점이 영웅적 개인주의에 있는 것이 아니라 취약성을 가진 개개의 인간들의 연대와 상호의존적

11 홍승진, 「김종삼 시의 내재적 신성 연구-살아남는 이미지를 중심으로」, 서울대 박사 논문, 2019, 262~264쪽.

인 유대에 있다면 산티아고 노인이 꾸는 사자의 꿈은 마치 하나의 상징처럼 최종적인 작품의 주제를 다시 한번 독자에게 각인시켜준다.[12]

인용문의 내용에서 보듯 김종삼 시에 등장하는 사자도 화자의 여정을 함께하는 동반자의 역할을 담당한다. 이 시가 '시인'의 인생이 어떠해야 하는지를 성찰하는 시라고 한다면 사자로 상징되는 동반자는 시를 쓸 때 잊어서는 안 되는 존재를 가리키는 것이다. 이때 김종삼 시인은 용맹함과 강인함보다는 무리를 지어 사는 사자의 특성을 먼저 인지했고 시의 이미지로 활용했다. 그리고 사자 이미지의 원천은 헤밍웨이의 소설 『노인과 바다』에 등장하는 사자 꿈에 있다고 할 수 있다.

그렇다면 사자를 통해 환기되는 존재들은 구체적으로 무엇인가. 위의 시 마지막 부분에 등장하는 "동생 종수"와 같은 존재들이다. 폐허가 된 곳곳에 유기되듯 잊힌 존재가 "종수"인 것이고 사자는 이러한 존재를 시로써 환기하게 하는 시인의 조력자이다. 김종삼 시인은 사람들의 기억에서 쉽게 잊히거나 하잘것없고 소외된 곳에서 고통받는 존재를 자신의 시에 환기하여 이들이 처했던 상황과 사건을 다시 생각하게 한다. 그리고 음악의 정화력을 통해서, 현실을 다시 생각할 힘을 얻어 시를 제작했다. 이러한 일을 반복하는 것이 김종삼

12 김미정, 「헤밍웨이의 "자아통합감"(ego-integrity) 재건의 맥락에서 읽는 『노인과 바다』」, 『현대영미소설』23(2), 한국현대영미소설학회, 2016, 95~96쪽. 밑줄 표시는 인용자가 한 것임.

시인이 생각한 '시인'의 인생이어야 한다는 것이다. 이 시의 제목이 「발자국」인 점 또한 시인의 여정을 시로 기록한다는 의미가 되겠다.

> 녹이 슬었던
> 두꺼운 鐵門 안에서
>
> 높은 石山에서 퍼 부어져 내렸던
> 올갠 속에서
>
> 거기서 준
> 신발을 얻어 끌고서
>
> 라산스카
> 늦가을이면 광채 속에
> 기어가는 벌레를 보다가
>
> 라산스카
> 오래 되어서 쓰러저가지만
> 세모진 벽돌집 뜰이 되어서

– 「라산스카」(1967년 발표)[13]

앞서 분석했던 「발자국」처럼 위에 인용한 「라산스카」에서도 '시

13 김종삼, 「라산스카」, 홍승진 외 3인 엮음, 앞의 책, 266쪽.

인'의 인생에 관한 김종삼 시인의 사유를 확인할 수 있다. 이 시 역시 도관 은유, 길 도식, 개념은유인 [인생은 여행]이 관여되어 있다. 「라산스카」는 3연을 중심으로 도관 은유가 형성된다. 즉 1~2연의 과정을 통해 화자가 얻게 된 것을 4~5연의 내용으로 실현하고 전달한다는 의미이다. 이를 구체적으로 살펴보겠다.

위 시의 핵심은 3연이다. 3연에서 화자는 "신발"을 얻는다. 신발을 신고 걷는 행위는 인생을 살아간다는 의미를 은유적으로 표현한 것이다. 이는 개념은유 [인생은 여행]을 통해서 이해할 수 있다. 3연의 내용만으로 이 시가 의미하는 것이 '인생'임을 확인할 수 있다. 그런데 시인은 신발을 얻게 한 원천 즉 인생의 동력을 1~2연에서 제시한다.

1~2연의 "鐵門"과 "石山"은 앞서 인용한 시 「발자국」의 "古城"과 같은 의미를 지닌 시어들이다. 화자는 석산을 감싸고 있는 오래된 철문을 열고 들어가 그 안에서 쏟아지는 "올갠" 소리를 듣는다. 오르간의 소리를 "퍼 부어져 내렸"다고 표현했는데 이는 마치 종교적 세례와 같은 이미지를 떠올리게 한다.[14] 세례 의식은 물로 몸을 씻어 정화한다는 의미가 있다. 물은 위에서 아래로 흐르는 속성을 지닌다. 위에서 아래로 흘러내리는 물은 몸에 묻어있던 오물도 아래로 떨어지게 한다. 인간은 이러한 물의 움직임을 인지하여 '씻다'의 개

14 세례는 좁은 의미로 가톨릭의 세례성사를 뜻하나 김종삼 시인이 가톨릭의 세례 의식을 염두에 둔 것은 아닌 것으로 본다. 김종삼 시인이 기독교 집안에서 자랐고 미션 계통인 광성고보를 다녔기 때문에 종교의 영향을 받았을 수 있으나 김종삼 시인은 자신을 "무신론자"라고 하며 "나는 결코 신의 존재를 믿지 못하는 터"라고 분명히 밝힌 바 있다. 김종삼, 「먼 「시인의 영역」」, 홍승진 외 3인 엮음, 앞의 책, 915쪽.

념을 형성한다. 그러니까 물로 몸을 씻는 행위가 정화의 의미로 확장되는 것은 물의 방향성에 대한 신체화된 인지 때문이다. 이 시의 2연은 물로 씻어 정화하는 세례의 개념을 오르간 음악 소리에 사상한 것이다. "퍼 부어져 내렸던 올갠 속"이라는 표현은 이러한 인지 과정을 통해 만들어진 것이다.

정화된 힘을 갖게 된 화자는 인생의 동력을 얻어 세상으로 나아간다. 4~5연은 화자가 선택한 길을 보여준다. 4연의 "늦가을"의 "광채"는 풍요로움에 대한 은유이다. 인간이 식량을 가장 풍부하게 보유할 수 있는 때가 늦가을이기 때문이다. 그러나 화자는 가장 풍요로운 때에 "벌레"에 주목한다. "기어가는 벌레"는 가장 낮은 곳에 몸을 붙이며 살아가는 하찮은 존재이다. 화자는 소외되기 십상인 미천한 존재에 눈길을 주면서 자신이 가진 정화된 힘을 이들에게 전하고자 하는 것이다.

또 5연에서 화자는 "벽돌집"의 "뜰"이 되고자 한다. 김종삼의 시에 등장하는 벽돌집은 선교사 건물을 형상화한 경우가 많다. '뾰죽집'으로도 묘사되는데 이 시의 "세모진 벽돌집"과 같은 형태이다. 그러나 "벽돌집"으로 표현한 것이 특정 종교의 사상이나 교리를 염두에 둔 것은 아니다. 널리 복음을 전파한다는 선교사의 일반화된 이미지를 참조한 것이라고 보아야 한다. 그런데 화자는 정작 벽돌집이 아니라 "뜰"이 되고자 한다. 건물은 문을 여는 절차를 거쳐야 들어갈 수 있다. 건물의 마당은 그보다 더 쉽게 오고 갈 수 있는 공간이다. 화자는 사람들을 마음껏 오갈 수 있게 하여 자신이 얻은 삶의 동력을 나누고자 "뜰"이 되려고 하는 것이다.

이제 이 시의 제목이면서 세 번이나 반복한 "라산스카"의 의미에 대해 살펴보고자 한다. 앞에서 말했듯 김종삼 시인에게 음악은 종교와 같은 정화력을 갖게 하는 대상이다. 그리고 음악은 작곡가, 곡명, 연주가, 음악 용어, 악기 등으로 시적 형상화 과정을 거친다. 라산스카는 미국에서 활동했던 소프라노 가수 '훌다 라산스카(Hulda Lashanska, 1893~1974)'이다.[15] 김종삼 시인은 목소리로 표현되는 성악곡보다 악기로 연주한 음악을 더 좋아했던 것 같다.[16] 그렇지만 라산스카의 노래만큼은 특별히 애정을 쏟은 것으로 보인다.[17] 라산스카의 개인사에 연민을 느꼈을 수도 있고 맑은 목소리에 매료되었을 수도 있다.[18] 그러나 김종삼 시인이 자신의 시에 "라산스카"를 호명한 것의 연원은 훌다 라산스카의 개인사보다 소프라노로서의 목소리와 노래에서 찾는 것이 바람직하다.

인간의 목소리는 가장 훌륭한 악기에 비견된다. 라산스카의 목소리는 2연의 오르간 음악 소리와 동일한 지위를 가진다. 즉 김종삼의 시에서 "라산스카"는 정화력을 갖게 하는 음악인 것이다. 위 시에서 1~3연이 아니라 4연과 5연의 첫 행에 "라산스카"를 배치한 것도 이

15 김인환, 『상상력의 원근법』, 문학과지성사, 1993, 105쪽.

16 전봉건, 「交友錄 피난살이 시름 잊게 한 金宗三」, 『동아일보』, 1984. 3. 21.

17 김종삼 시에 등장하는 성악가는 훌다 라산스카, 엘리자베스 슈만, 핏셔 디스카우, 롯테 레만이다. 이 중에서 훌다 라산스카는 8편에서 제목으로 나타나고 나머지는 각 1편에서만 나올 정도로 라산스카에 대한 애착이 컸다.

18 훌다 라산스카는 미국에서 태어난 러시아계 유대인 소프라노이다. 공식 음악 활동은 20년 정도이고 기품 있는 목소리라는 평가를 받으며 왕성하게 활동했다. 반면 결혼생활은 순탄치 않았다. 라산스카는 스무 살에 결혼한 후 헤어졌다가 남편과 재결합했는데 1926년에는 남편이 사망했다. 홍승진 외 3인 엮음, 앞의 책, 153쪽의 시어 풀이를 참조함.

러한 이유에서이다. 앞서 설명했듯이 이 시는 1~2연의 과정을 통해 형성한 정화력으로 인생을 살아갈 동력(3연의 "신발")을 획득하고 4~5연에서 세상으로 나아가 자기의 정화력을 전파하려는 구조를 갖추고 있다. 화자가 음악 통해 획득한 정화력의 요체가 "라산스카"이기 때문에 세상에 나아갈 때 비로소 "라산스카"를 외치게 되는 것이다.

악기로서의 "라산스카"는 세상을 향한 김종삼 시인의 목소리와 다르지 않다. 김종삼 시인은 라산스카(=음악)를 통해 자신의 시가 지향하는 바를 제시한 것이다. 즉 김종삼 시인은 자신의 시로써 시론에 가까운 사유를 펼쳐 보이고 시의 본질과 '시인'의 자질에 대해 성찰한 것이다. 한편 여기에서, 인간의 목소리를 포함하여 악기로 연주되는 음악 소리가 인생을 살게 하는 원천이면서 동시에 세상을 향해 자기의 생각을 전할 수 있는 동력이라는 시인의 인지체계를 확인할 수 있다.

도관 은유로 드러나는 이와 같은 시인의 인지체계는 관악기 이미지가 나타나는 시에서 더 두드러진다.

> 루—부시안느의 개인 길바닥.
> 한 노인이 부는 서투른
> 목관 소리가 멋던 날.
>
> 묵어 온 최후의 한 마음이
> 그치어도
> 라산스카

– 「라산스카」(1961년 발표) 부분[19]

위의 시에서 "루—부시안느"[20]는 실제 지역을 가리킨다기보다 예술가들이 사랑했던 장소를 은유적으로 표현한 것에 가깝다. 예술가들이 머물렀던 고장의 "한 노인"은 "목관 악기"를 서툴게 불었던 연주자이다. 그런데 2연에서 갑자기 "라산스카"가 호명된다. 앞에서 설명했듯이 김종삼 시인에게 라산스카는 음악을 통해 얻을 수 있는 정화력의 요체이면서 시를 쓸 수 있게 하는 동력에 해당한다. 김종삼의 인지체계에서 악기 연주는 시를 써서 세상에 목소리를 내는 것과 동일한 것이다. 그러니까 1연의 "한 노인"은 김종삼 시인 자신을 투사한 대상이라 할 수 있다. 연주하는 소리가 서툴고 언제 멈출지 몰라도 '라산스카'의 정신으로 최후의 순간까지 시를 써 나가겠다는 다짐을 보여준다.

김종삼 시인의 시 쓰기에 대한 다짐은 아래의 시들에서도 비슷하게 확인할 수 있다.

루—부시안느의 골목길 쪽./ 조곰도 進行됨이 없는/ 어느

19 김종삼, 「라산스카」, 홍승진 외 3인 엮음, 앞의 책, 179쪽.

20 프랑스 파리의 교외에 위치한 루브시엔느(Louveciennes) 지방을 뜻한다. 이곳은 19세기 인상주의 화가들이 머물렀던 곳으로 카미유 피사로, 알프레드 시슬레 등의 풍경화에 자주 등장하는 장소이다. 윤현주, 『지식갤러리:나를 뒤흔든 위대한 화가의 삶과 사랑, 그리고 그림과 만나는 미술사 여행』, 스타북스, 2008, 222~223쪽과 김귀대, 「피사로(Camille Pissarro)의 풍경화 속 공장 모티프의 사회적 함의: 프랑스의 공화주의적 민족 담론과 1870년대 인상주의 풍경화의 연관관계를 중심으로」, 홍익대 미술사학 석사 논문, 2021의 내용을 참조함.

畫室의 한 구석처럼/ 어제밤엔 팔리지 않은 한 娼婦의 다문 입처럼/ 오늘도 아침 나절부터 누가/ 배우노라고 부는/ 트럼펱.

– 「短母音」 부분[21]

알프스 넘어 나라의 이름이/ 스웨덴이라던가 노르웨이라던가//

그 중간에 높이 솟은/ 하얀 절벽 밑 조그마한/ 마을에선/ 누가 부는 오보의 느리고 야튼 音이

– 「오보의 야튼 音이」 부분[22]

시 「短母音」에서는 "트럼펱"으로, 시 「오보의 야튼 音이」에서는

21 김종삼, 「短母音」, 홍승진 외 3인 엮음, 앞의 책, 197쪽.

22 김종삼, 「오보의 야튼 音이」, 『母音』, 1965. 2, 6쪽. 이 시는 연구자 홍승진이 발굴하여 『김종삼 정집』에 실리게 되었다.(홍승진, 「1950~1960년대 김종삼 시 10편 발굴」, 『작가들』, 2018. 봄호.) 그런데 『김종삼 정집』에서의 시 전문(알프스 넘어 나라의 이름이/스웨덴이라던가 노르웨이라던가//**그것은 다시 지금의 손이 되어/고운 花瓣을 떠받들것을 期約한다./東洋의 美人 그 黃菊의 얼굴/아니면 이슬방울만한 金盞花 한포기라도/기어코 그 손은 이 地上위에 다시/떠받들것을 期約한다.//흙을 만지는 손/그 손은 언제나 그래서/이 地上에 永生할 것을 期約한다.**)은 잡지 『母音』의 같은 쪽에 실린 박성룡의 시 「흙을 만지는 손」(흙을 만지는 손/그 손은 벌써/흙속에 묻힐것은 覺悟한다./그러나 흙에 묻힌 손에서 뿌리가 뻗고/싹이 터 잎이 필 때,//**그것은 다시 지금의 손이 되어/고운 花瓣을 떠받들것을 期約한다./東洋의 美人 그 黃菊의 얼굴/아니면 이슬방울만한 金盞花 한포기라도/기어코** 그 손은 이 地上위에 다시/떠받들것을 期約한다.//흙을 만지는 손/그 손은 언제나 그래서/이 地上에 永生할 것을 期約한다.)을 김종삼의 작품으로 오인한 것이다. 정확하게는 1연을 제외한 나머지 부분이 전부 박성룡의 시에 해당한다. 『母音』의 같은 지면에 두 개의 시가 나란히 실려있는데 가운데의 구분 선을 잘못 파악한 것으로 보인다. 강조 표시는 인용자가 한 것임.

"오보의"로 모두 관악기의 이미지가 나타난다. 특히 「오보의 야튼 音이」에서는 "알프스", "스웨덴", "노르웨이"로 표상되는 중립국이 등장하는데 모두 분단의 현실을 염두에 둔 시어들이다. 이데올로기의 대립과 전쟁으로 어지러운 세상에 평화의 전령을 내리는 것이 오보에 소리인 것이다. 요컨대 김종삼 시인은 '시인'으로서 '세상을 향해 내어야 마땅한 메시지'를 음악 특히 관악기 이미지에 사상하여 제시했다.

결정짓기 어려웠던 구멍가게 하나를 내어 놓았다.

〈한푼어치도 팔리지 않았음은 물론이고〉

오늘에도 지나간 것은 분명 차 한대 밖에—

그새,
키 작고 현격한 간격의 바위들과 도토리나무들이

어두움을 타 들어앉고
꺼밋한 시공 뿐.

어느새,
선회되었던 차례의 아침이 설레이다.

—드빗시 산장 부근

-「드빗시 산장 부근」[23]

김종삼 시인은 자신이 시를 쓰는 행위를 음악가의 작곡이나 악기 연주에 자주 비유했다. 그런데 위의 작품에는 좀 더 복잡한 은유 구조가 있다. 먼저 이 시는 '시작' 행위를 '장사'에 사상한다. 즉 시를 써서 지면에 발표하는 행위는 "구멍가게 하나를 내어 놓"은 행위에 해당하는 것이다. 이러한 은유가 가능한 이유는 '시작'과 '장사'에 도관 이미지 도식이 공통으로 내재해 있기 때문이다. '시작'은 글쓰기에 속하므로 발신자와 수신자 사이에서 의미를 주고받는 도관 이미지 도식이 있고 '장사'는 파는 사람과 사는 사람 사이에서 물건을 주고받는 도관 이미지 도식이 있는 것이다.

그런데 시의 구멍가게는 "한푼어치도 팔리지 않"을 정도로 장사가 되지 않는다. 여기에서 주목할 점은 이를 이미 예상했다는 듯한 서술이다. "물론"이라고 표현한 데에서 이를 알 수 있는데, 그렇다면 화자는 안 팔릴 줄 알면서도 가게를 차렸다는 말이 된다. 그래서 이 결정을 "어려웠던" 것이라고 했다. 장사가 되지 않는 이유는 이곳이 하루에 차 한 대밖에 지나다니지 않을 정도로 외진 곳이기 때문이다.

김종삼 시인은 자신의 시가 "팔리지 않"을 시라고 예견했을 것이다.[24] 문단이나 독자의 주목을 받기 위해 시를 쓰는 것이 아니기 때

23 김종삼, 「드빗시 산장 부근」, 홍승진 외 3인 엮음, 앞의 책, 118쪽.

24 김종삼은 지인을 통해 잡지에 시를 추천받게 되었는데 심사위원의 눈에 들지 않는다고 거절당한 적이 있다. 특히 꽃과 이슬을 노래하지 않았고 지나치게 난해하다는 이유에서였다고 한다. (김현, 「김종삼을 찾아서」, 『상상력과 인간/시인을 찾아서』,

문이었다. 또 자신의 시가 당시의 시적 전통을 따른다고 생각하지 않았다. 이는 제목 「드빗시 산장 부근」에서 확인할 수 있다. 김종삼은 인적이 드문 곳에 차린 산장의 이름을 '드빗시'로 정하고 자신의 시가 어떤 것인지를 스스로 정의했다. 드뷔시[25]는 당시에는 볼 수 없었던 독창적인 음악으로 '인상주의'라는 새로운 사조를 만들었다. 이 때문에 그 당시에는 드뷔시의 음악에 거부 반응을 일으키는 경우가 많았다.[26] 그러나 드뷔시의 이러한 시도는 음악사를 구분하는 기점이 될 만큼 가치를 인정받게 된다. 김종삼은 드뷔시가 추구했던 새로운 음악의 분위기를 자신의 시적 영감으로 삼았던 것이다.

김종삼 시인은 드뷔시의 음악이 전 시대와는 다른 새로운 것임을 알고 있었다. 그리고 자신의 시 작품 역시 당시 시단의 분위기와는 다른 것임을 알고 있었다. 그래서 위의 시 「드빗시 산장 부근」을 통해 자신의 시를 스스로 규정했다. 이런 점에서 이 시를 단순히 자아와 세계의 불화로 해석해서는 안 된다. 당시의 시적 경향과는 상관없이 김종삼 시인 자신만의 시 세계를 구축한 것이 세계와의 불화로 인한 것은 아니기 때문이다. 4~6연은 이러한 맥락을 통해서 분

문학과 지성사, 1993, 400쪽.) 이러한 경험 때문에 자신의 시가 문단의 주류와는 맞지 않는다고 짐작했을 것이다.

25 클로드 드뷔시(Claude Achille Debussy, 1862~1918)는 20세기 음악의 기초를 확립한 프랑스 작곡가이다. 바그너와 상징파 시인의 영향으로 몽환의 경지를 그리는 인상파 음악을 창시하였다. 고도의 독창적인 화성 체계와 구조를 발전시켰으며, 가장 현저하게 음향 감각을 두드러지게 하고 시종 음향을 초월한 예술로 상징파 음악의 대표주자라 할 수 있다. 대표작으로 『베르가마스크 모음곡』 중 『달빛』, 『목신의 오후 전주곡』, 오페라 『펠레아스와 멜리장드』가 있다. (오카다 아케오, 이진주 역, 『서양 음악사』, 삼양미디어, 2009, 230쪽.)

26 조윤범, 『조윤범의 파워클래식』, 살림, 2008, 238~239쪽.

석해야 의미가 제대로 살아난다. 김종삼 시인은 자신의 시 세계가 조금씩 구축되어 간다는 것을 "바위"와 "도토리나무"로 표상했다. 아직은 작고 성근 것일지라도 자신의 신념에 맞는 시 세계를 조금씩 성장시키고 있다고 생각했기 때문에 "아침이 설레이다."라고 서술할 수 있는 것이다.

苹果 나무 소독이 있어
모기 새끼가 드믈다는 몇날후인
어느 날이 되었다.

며칠만의 한번만이라도 어진
말솜씨였던 그인데
오늘은 몇번째나 나에게 없어서는 않된다는 마련 되 있다
는 길을 기어히 가르켜 주고야 마는 것이다.

아직 이쪽에는 열리지 않는 果樹밭 사이인
수무나무가시 울타리
길 줄기를 버서나
그이가 말한대로 얼만가를 더 갔다.

구름 덩어리 얕은 언저리
植物이 풍기어 오는
유리 溫室이 있는
언덕쪽을 향하여 갔다.

안악과 周圍라면은 아무런 기척이 없고 무변(無邊) 하였
다. 안악 흙 바닥에는
떡갈 나무 잎사귀들의 언저리와
「뿌롱드」 빛갈의 果實들이 평탄하게
가득 차 있었다.

몇개째를 집어 보아도 놓이었던 자리가 썩어있지 않으면
벌레가 먹고 있었다.
그렇지 않은 것도 집기만 하면 썩어 갔다.

거기를 직힌다는 사람이 드러와
내가 하려던 말을 빼앗듯이 말했다.

당신아닌 사람이 집으면 그럴리가 없다고—.

– 「園丁」[27]

김종삼 시인의 대표작으로 널리 알려진 「園丁」은 '시인'의 자질에 대한 김종삼 시인의 지론을 확인할 수 있는 작품이다. 송현지의 지적대로 "시 전체를 시 작업에 대한 은유로 읽을 수 있을 만큼 풍부한 상징성"[28]을 띠고 있다. 한편 김종삼 시인은 자신의 시 쓰기를 '원정'에 비유하여 설명한 적이 있다. 릴케의 시론을 자신의 좌우명이

27 김종삼, 「園丁」, 홍승진 외 3인 엮음, 앞의 책, 34~35쪽.

28 송현지, 앞의 논문, 53쪽.

라고 언급하면서 "어린것들과 그들이 재잘거리는 세계에 꽃씨를 뿌리는 원정과도 같이 무엇인가 꿈꾸어 보는 것"[29]이라고 했다. 또 "무상이나 반유럽적인 허무와는 관계없이 나의 류의 의미를 사랑하면서 그것을 원정처럼 가꾸며 정신의 자외선을 그것들에게 비쳐주면서 죽는 날까지 이 작업을 계속하겠다는 것이 말하자면 나의 신조"[30]라고도 했다. 그러니까 원정은 '시인'으로서의 삶을 은유적으로 드러낸 표현이라고 할 수 있다. 김종삼 시인이 이 시의 제목을 "園丁"으로 삼은 것은 정원이나 과수원을 가꾸는 원정의 삶을 근원영역으로 하여, 시인으로서 자기의 삶이라는 목표영역을 드러내겠다는 의노가 반영된 것이다. 각 연의 내용을 살펴보겠다.

1연은 [일생은 일 년이다]라는 개념은유를 통해 의미를 파악할 수 있다. 생애 주기를 일 년의 계절 변화를 통해 이해하려는 것은 우리 문화에서 널리 통용되는 은유적 방법이다. 보통 봄은 유년기, 여름은 청년기, 가을은 장년기, 겨울은 노년기에 사상한다. 1연의 정황을 미루어 보면 이 시의 계절적 배경이 여름임을 확인할 수 있다. 즉 "모기"가 기승을 부려 "소독"이 필요하고 "苹果 나무"의 잎이 무성하게 자라는 상황을 통해 여름의 계절을 설명하고 있다. 여름은 청년기에 해당하므로 시인은 청년기에 수행해야 할 과업에 대해 깊이 성찰한다. 성찰이 거듭되는 "어느 날" 시인은 자신에게 "어진 말솜씨"로 조언을 아끼지 않던 "그"가 이끄는 곳으로 갔다.

2연의 "그"는 화자를 시인의 길로 인도하는 존재이다. 그러나 이

29 김종삼, 「의미의 백서」, 홍승진 외 3인 엮음, 앞의 책, 905쪽.

30 김종삼, 「의미의 백서」, 홍승진 외 3인 엮음, 위의 책, 906쪽.

는 시 내부의 특정 인물이라기보다, 김종삼 시인이 자기의 삶과 앞으로의 운명에 대해 고민하고 성찰한 내면의 목소리로 이해하는 것이 더 타당하다. "몇번째나 나에게 없어서는 않된다"는 말은 시인 자신을 성찰한 결과이다. 이는 앞에서 분석한 「드빗시 산장 부근」의 "결정짓기 어려웠던"이라는 구절과 상통한다. 김종삼 시인은 깊은 성찰 끝에 "기어히" '시인'으로서의 삶을 결정한 것이다.

3연은 시인의 길을 가기 시작했을 때의 상황을 드러낸다. "수무나무"는 스무나무로 불렸던 시무나무를 가리킨다. 시무나무는 5리마다 심었던 오리나무처럼 20리마다 심었다고 해서 스무나무로 불렸는데 과거 시험 길에 오른 선비들에게 이정표가 되었던 나무이다.[31] 화자는 가시가 무성한 시무나무 울타리를 지난다. 이는 시인의 길로 들어섰을 때의 어려움을 의미한다. 그러함에도 시무나무를 이정표 삼아 시인의 삶을 살아간다. "아직"은 "열리지 않는 果樹"는 시적 성과가 아직 나타나지 않은 것을 의미하는데, 이 부분은 [인간은 식물이다]라는 개념은유로 이해할 수 있다. 이는 식물이 땅에서 생장하여 열매를 맺는 과정을 통해 인생의 한 면을 인지하려는 것이다.

4연에서 화자는 "유리 溫室"이 있는 곳으로 간다. 이곳 또한 "植物"이 자라기 알맞은 환경이 조성되어 있다. 개념은유 [인간은 식물이다]를 통해 이해하면, 시인으로서의 삶을 살 수 있는 제반 환경이 갖추어진 상태임을 보여준다고 할 수 있다. 제반 환경이란 시를 발표할 수 있는 신문이나 잡지와 같은 인프라, 시에 대해 논의할 수 있는 문인들, 문학 담론을 형성하는 문단 등을 뜻한다. 그중 "溫室"은

31 강판권, 『역사와 문화로 읽는 나무사전』, 글항아리, 2010, 710쪽.

외부의 영향을 최소화하는 안전한 장소로서 시인으로서의 삶을 평탄하게 지켜주는 공간이다.

5연은 "溫室" 내부의 모습을 그리고 있다. "안악"은 안쪽을 뜻하는 시어이다.[32] 온실의 안쪽과 그 주위는 매우 안정되어 있고 끝이 없을 정도로 넓게 펼쳐져 있다. 온실의 중심인 "안악" 바닥엔 황금색의 열매가 가득 놓여 있다. 온실의 공간은 자연의 영향을 적게 받기 때문에 인간이 원하는 대로 환경을 조성해 식물을 가꿀 수 있다. 그러므로 계절과 상관없이 열매가 가득할 수 있다.

6연에는 이 시 전체를 지배하는 사건이 나타난다. 사건은 화자가 온실 안에 가득한 황금빛의 열매를 집어 들 때마다 발생한다. 사건은 세 가지로 나타난다. 첫째 열매가 놓였던 자리가 썩었거나, 둘째 벌레가 열매를 먹고 있거나, 셋째 열매 자체가 썩어 가는 것이다. 그런데 여기서 주의를 기울여 해석해야 할 점은 사건의 인과관계이다. 자칫 잘못하면 7~8연의 내용을 근거로 하여 화자에게 원죄가 있는 것으로 해석할 수 있다. 문제의 원인이 화자에게 있다는 것 즉 화자가 열매를 집어 들었기 때문에 어떠한 문제가 생겼다고 이해하기 쉽다. 그러나 이 시의 핵심이 되는 사건의 원인이 화자에게 있다고 보는 것은 다시 살펴야 하는 관점이다.

7~8연의 내용에는 화자가 집었기 때문에 열매가 썩었다는 표현

---

32 이 시는 1956년에 처음 발표된 이후 다른 지면에 여러 번 재수록되었는데 1967년 『현대한국문학전집』에는 "안악"이 "안쪽"으로 고쳐져 있음을 확인할 수 있다. 이후 시집 『십이음계』와 『평화롭게』에도 "안쪽"으로 쓰여 있다. 이를 미루어 보아 "안악"이 안쪽을 뜻하는 것임을 알 수 있다. 재수록 지면에 관한 사항은 홍승진 외 3인 엮음, 『김종삼 정집』, 북치는소년, 2018.을 참고한 것이다.

이 없다. 온실 내부를 지키는 사람이 화자를 원인으로 지목하고 화자 또한 자신을 의심하는 것처럼 보이나 이것으로 사건의 원인이 밝혀졌다고 단정하기는 어렵다. 마치 오비이락과 같은 상황을 연출하여 화자에게 원죄가 있는 것처럼 보이게 했으나 여기에는 숨겨진 다른 의도가 있다. 열매가 썩거나 벌레가 먹은 것이, 화자가 열매를 집어 든 순간부터가 아니라고 생각하면 이 시의 의미는 새롭게 전개된다. 온실의 열매는 화자가 집어 들기 전부터 이미 썩거나 벌레가 먹고 있었을 가능성이 있는 것이다. 그것을 이제 막 온실에 들어온 화자가 우연히 집어 들게 되었던 것이다.

화자가 집은 것들이 전부 썩었거나 벌레 먹고 있던 것이라면 그만큼 겉보기에만 그럴듯한 열매가 많았다는 의미가 된다. 겉으로 보기에는 전혀 문제가 없으나 가려진 곳에서 내부가 곪은 그런 문제 상황은 현실에서도 얼마든지 찾아볼 수 있다. 시인이 이러한 상황을 설정한 것이라면 그것은 어떤 의도에서였을까. 아마도 평탄하고 무탈해 보이는 곳에서 벌어지는 문제에 대해 예리한 감각으로 지적할 수 있어야 한다는 것을 보여주기 위해서였을 것이다. 온실처럼 안온해 보이는 곳에서는 문제가 될 만한 상황을 애초에 인식하는 것이 어렵기 때문에 더욱 경계해야 한다는 메시지를 주는 것이다.

이렇게 본다면, 화자가 썩어있는 열매를 골라낸 것은 우연한 결과라고 보기 어렵다. 화자는 원죄를 가진 인물이 아니라, 오히려 곪아 가는 부분을 예리하게 찾아내는 능력이 탁월한 인물로 보아야 할 것이다. 그리고 "거기를 직힌다는 사람"은 화자의 예리한 감각을 부정하면서 문제 상황을 감추려는 인물로 보아야 한다. 그렇기 때문에 마지막 연에서 화자에게 원죄를 씌우는 말을 한 것이다. 마지막 연의 내용을 화자의 발화로 바꾸면 '내가 아닌 사람이 집으면 이럴 리가 없다'가 되는데 이것은 '내가 집었기 때문에 이렇게 된 것이다' 라는 의미가 아니라 '내가 집은 것은 모두 문제가 있는 것들이고 이를 집어낸 사람은 나밖에 없다'라는 의미에 가깝다. 결론적으로 화자가 하려던 말과 온실을 지키는 사람이 한 말은 전혀 다른 의미와 의도를 내포한 것이다. 온실을 지키는 사람이 말을 빼앗아 먼저 한 것은 화자의 입을 막고 화자에게 원죄 프레임을 씌우기 위한 의도적인 행동이라고 보아야 한다.

김종삼 시인은 온실을 지키는 사람과 화자를 대비시켜 '시인'으로서의 삶의 지향성을 보여주고자 했다. 온실을 지키는 사람은 축어적 의미로 원정이라 할 수 있으나 '시인'의 자질을 가진 "園丁"은 되지 못한다. 김종삼 시인의 관념에서는 시의 화자처럼 부조리를 날카롭게 드러낼 수 있는 인물이 시인의 자질을 갖춘 "園丁"인 것이다. 최근의 연구에서 제기된 김종삼 시의 참여적 가능성[33]은 이런 지점에서 유효한 것이 될 수 있다.

이 절에서 살펴보았듯이 시로써 시의 본질을 성찰한 김종삼의 시들은 비윤리적 태도를 경계하고 현실의 문제들을 직관적으로 알아차리는 것이 시인의 소명이라고 말하는 것으로 귀결된다. 김종삼 시인의 인지체계에서 '시인'은 세상에 잠재한 부조리와 도덕적 해이를 직관적으로 감지하는 존재이면서 그것을 시로 형상화해야 하는 숙명을 부여받은 존재이기 때문이다. 아울러 이 절에서 분석한 시들

33 이와 관련한 연구는 홍승진, 「김종삼 시의 내재적 신성 연구-살아남는 이미지를 중심으로」, 서울대 박사 논문, 2019. 3장 1절을 참조하기 바람.

은 '시인' 의식에 대한 김종삼 시인의 인지체계가 도관 은유로 구조화되어 있음을 보여준다. 즉 도관 은유는 시가 언어 예술인 동시에 시인의 메시지로 기능한다는 김종삼의 인지체계를 드러내는 방법이다.

2. 중심-주변 도식과 주변 지향성

인간은 물리적 신체의 지각 경험에 의해 우리의 몸을 중심으로 해서 방사상으로 퍼져 있는 세계를 인지하게 된다. 당연히 세계 안에서의 지각의 중심은 '나'가 되고 중심인 '나'로부터 경계진 모든 대상은 주변이 된다. 이러한 물리적 신체 경험을 통해 우리는 중심-주변 도식을 자연스럽게 습득하게 된다. 중심-주변 도식은 독립적으로 경험되기보다 "다수의 다른 도식들이 이 도식에 덧씌워져서 나의 세계에 대한 나의 지향성(orientation)을 규정한다."[34] 예컨대 '원-근' 도식, '척도' 도식, '그릇' 도식, '안쪽-바깥쪽' 도식, '주관-대상' 도식, '자기-타인' 도식, '나의 것-너의 것' 도식은 중심-주변 도식과 함께 경험되는 것들이며 '나'를 중심으로 하여 물리적 대상에서 추상적 대상으로 인지 대상을 확장하는 특징을 보인다.[35] 그러나 자아에 대한 김종삼 시인의 인지 태도는 의도적으로 자신을 중심에서 분리하는 것으로 드러난다. 그리하여 주변에 머무르며 주변의 시선으로 사유하고 주변적 대상을 시적으로 형상화하는 것이다.

---

34 마크 존슨, 노양진 옮김, 『마음 속의 몸』, 철학과현실사, 2000, 245쪽.

35 위의 책, 같은 쪽.

나의 理想은 어느 寒村 驛같다.

간혹 크고 작은

길 나무의 굽어진 기인 눈길 같다.

가보진 못했던 다 파한 어느 시골 장거리의

저녁녘 같다.

나의 戀人은 다 파한 시골

장거리의 골목 안 한 귀퉁이 같다.

-「나」[36]

위의 시는 다양한 근원 영역을 동원하여 목표영역인 '나'를 이해하려는 것이 주된 내용이다. 특히 '나'의 이상과 연인에 대해 설명하는데, 둘 다 '나'가 지향하는 바를 규정한다. 일반적으로 '이상'은 '나'의 생각이 도달할 수 있는 완전한 상태를 뜻하므로 '나'의 관념의 구심점이라 할 수 있다. 또 '연인'은 '나'와 매우 밀접한 관계의 대상이기 때문에 '나'의 중심 영역에 들어와 있는 존재이다. 요컨대 "나의 理想"과 "나의 戀人"은 '나'를 형성하는 중심에 해당한다.

중심-주변 도식에 대한 경험은 그릇 도식, 안쪽-바깥쪽 도식과 함께 형성되어 인지체계에 관여한다. 중심과 주변의 경계를 기준으로 하여 중심이 그릇에 담기는 것으로 인지하고 또 그릇의 안쪽은 중심으로, 바깥쪽은 주변으로 인지하게 된다. 그런데 위 시는 '나'를 중심이 아닌 주변에 위치시킴으로써 중심과 주변이 인지적으로 전복되어 나타난다. 이는 김종삼 시인이 의도적으로 인지적 전복을 시

36 김종삼, 「나」, 홍승진 외 3인 엮음, 앞의 책, 236쪽.

도했음을 의미한다. 시의 내용에서 이를 확인해 보자.

"나의 理想"은 "寒村 驛", "눈길", "시골 장거리의 저녁녘"으로 사상된다. 전부 중심에서 벗어난 장소라는 공통점이 있다. 한촌은 가난하고 쓸쓸한 마을이다. 눈길은 "길 나무"와 나란히 난 길이고 눈이 굳어 쌓여 있는 곳이다. 모두 인적이 드물고 추운 이미지를 가지는 장소이다. 저녁녘의 시골 장거리는 "다 파한"이라는 수식 때문에 역시 인적이 드물고 을씨년스러운 이미지를 가진다. 요컨대 '나'가 지향하는 이상은 모두 주변부에 해당하는 것이다. 앞서 설명했듯 자아는 인지적으로 중심에 놓이는 것이 자연스럽다. 그런데 김종삼 시인은 자아를 의도적으로 주변에 배치하며 자아의 위치를 특별한 것으로 인지하게 한다. 여기에서 김종삼 시인만의 독특한 인지체계를 확인할 수 있는 것이다.

중심-주변에 관한 김종삼 시인의 인지체계는 현실 세계의 중심에 문명사회 혹은 문명을 이끌어가는 부류와 그들이 자리한 공간이 있다고 여긴다. 또 문명사회에 빠르게 편입하지 못하고 늘 주변부로 내몰리는 존재들이 있다고 여긴다. 시인은 세상의 중심에 놓인 문명이 인간을 병들게 하는 위험을 내포하고 있다고 생각한다. 이때 시인의 관심은 문명의 그늘에 놓인 주변부에 있다. 스스로 주변부가 되어 주변의 삶을 시로 보여주는 것이 '시인'의 숙명이자 마땅히 해야 할 일이라고 여기는 것이다.

그러나 시인이 자아를 주변부에 의도적으로 배치하는 것이 세계와의 완전한 단절을 뜻하는 것은 아니다. 왜냐하면 "驛", "길", "장거리"는 사람을 이어주는 장소이거나 적은 횟수라도 사람이 모이는 장소이기 때문이다. 또한 시인이 지향하는 주변부가 이상화된 공간인 것은 아니다. 이것은 문명의 위험성을 극복하면서 문명을 대체할 수 있는 대상으로 주변부를 제시하는 것이 아니라는 의미이다. 다만 문명의 발전이 거듭될수록 그 속도를 따라가지 못해 파생되는 문명의 이면 자체를 보여주고자 하는 것이다. 그러므로 위의 시에서 보여주는 장소는 세계와 단절된 환상의 공간이라고 할 수 없다. 결국 시인이 의도한 바는 주변부가 자리한 장소가 길과 거리로 연결된 '삶의 장소'임을 보여주는 것에 있다. 김종삼의 시에 끊임없이 소환되는 주변의 존재들은 이러한 맥락에서 이해할 수 있다. 그러므로 주변부에 위치한 이들은 시인에게 "戀人"이 된다.

> 나의 本籍은
> 몇 사람 밖에 아니되는 고장
> 겨울이 온 教會堂 한 모퉁이다.
> 나의 本籍은 人類의 짚신이고 맨발이다.
>
> -「나의 本籍」부분[37]

위의 시에서도 '나'가 지향하는 바는 중심에서 벗어난 인적이 드문 마을, 교회당의 모퉁이에 사상되어 있다. 주변부에 위치되어 있으나 거짓 없이 살아가는 사람들이 있는 곳이다. 그런 사람들을 시인은 "人類"로 형상화한다. 그리고 자신의 근원이 이들의 가장 아래에 놓인 "짚신"과 "맨발"이라고 말한다. 김종삼 시인이 자아의 위치를 중심이 아닌 주변부에 배치하는 것은 세계와 불화를 겪거나 소

37 김종삼, 「나의 本籍」, 홍승진 외 3인 엮음, 앞의 책, 199쪽.

외의식을 가져서가 아니다. 중심에서 밀려나 주변에 머무를 수밖에 없는 존재들의 현실적 상황을 부각하려는 의도이다. 폭력의 역사에서 희생되었거나 이를 피해 구석진 곳에서 삶을 꾸려야 했던 존재들을 조명하고자 한 것이다. 이들 존재를 진실하게 드러내기 위해서는 이들과 가장 가까운 곳에 있어야 한다고 시인은 생각했던 것이다. 김종삼 시인의 이러한 신념은 나아가 이들과의 연대를 통해 현실의 부조리를 타개하려는 시적 실천으로 이어진다.[38]

> 산 마루에서 한참 내려다 보이는
> 초가집
> 몇채
>
> 하늘이 너무 멀다.
>
> 얕은 소릴 내이는
> 초가집
> 몇채
> 가는 연기들이
>
> 지난 일들은 삶을 치르노라고
> 죽고 사는 일들이
> 지금은 죽은 듯이

38 주변 존재와의 연대를 모색하는 것은 2장 2절에서 구체적으로 논의할 것이다.

잊혀졌다는 듯이

얕은 소릴 내이는

초가집

몇채

가는 연기들이

—「소리」[39]

위 시는 김종삼 시인의 주변 지향적인 인지체계가 존재론적 은유와 맞물리며 시적 의미를 만드는 작품이다. 시에 나오는 "초가집"은 의인화를 기반으로 한 존재론적 은유로서 '주변의 삶' 자체를 드러내는 대상이다. 특히 초가집에서 새어 나오는 "가는 연기"를 초가집이 어떠한 '소리'를 내는 것으로 형상화한다. 이는 사람이 어떤 소리를 낼 때 폐에서 공기가 함께 나오는 물리적 경험을 초가집에 사상한 것이라 할 수 있다.

김종삼의 시에서 소리 이미지는 생명성을 드러내는 경우가 많다. 예컨대 「달구지 길」에서 달구지 길의 소리는 "벗들의 소리", "목숨의 소리"로 나타나고 「아우슈뷔츠 라게르」에서는 아이가 "모기 소리만 하게" 목소리를 내는 것으로 위태롭게 생존해 있는 모습을 보여준다. 위의 시에서도 소리 이미지는 '살아있음'을 드러내는 것이다.

위 시에서 화자는 산마루에 위치한 상태에서 지상을 내려다보고 있다. 화자는 지상의 여러 모습 중에 굳이 "초가집"에 초점을 맞춘

39 김종삼, 「소리」, 홍승신 외 3인 엮음, 앞의 책, 222쪽.

다. 초가집은 "하늘"의 은총과는 거리가 먼 곳에 자리하고 있다. 중심에서 한참이나 멀어져 있는 곳에 자리해 있으면서도, 초가집은 "가는 연기"와 함께 "얕은 소릴" 내며 삶을 증명한다.

여기에서 초가집이 내는 소리의 내용에 주목해야 한다. 초가집은 "지난 일들", "죽고 사는 일들"을 "죽은 듯이" 잊고 살고 있다고 말한다. 이로써 초가집이 겪었던 과거의 삶이 매우 험난하고 고통스러운 것이었음이 드러난다. "지금은" 삶 자체를 "치르노라고" 힘들었던 일들을 애써 외면하고 살고 있다고 한다. 그러나 생사의 길을 건너온 초가집의 현재는 과거의 고통을 말끔하게 이겨낸 것이 아니다. 초가집은 "하늘"의 돌봄에서도 소외된 채로 얕고 가늘게 삶을 이어가고 있는 것이다.

위의 시처럼 김종삼 시인은 주변부에 놓인 삶의 모습을 시로 형상화했다. 이때 화자의 위치나 시점은 주변부의 삶을 드러내는 방식과 밀접하게 연관된다. 위 시의 경우에서는 화자가 산마루에 위치하며 산 아래에 있는 초가집을 내려다보는 방식이 사용되었다. 이러한 시선은 관조에 해당한다. 관조에서는 화자의 위치와 시적 대상 사이에 일정한 미적 거리가 존재한다. 즉 "관조는 거리 조절을 통해 대상에 대해 몰입하는 특수한 방식을 의미한다."[40] 시인의 주관을 부각하여 있는 그대로 대상을 왜곡하지 않으면서도 대상에 완전히 몰입되어 이해의 주체를 무용하게 하지 않는 적절한 태도가 관조의 핵심이다. 김종삼 시인은 중심-주변 도식을 의도적으로 전복하는 인

40 문선영, 「관조를 통한 현대시 심미적 태도 교육 방향 연구」, 『문학교육학』63, 한국문학교육학회, 2019, 171쪽.

지체계를 통해 관조의 태도를 시적으로 실현한 것이다. 김종삼의 시가 약하고 소외된 사람들과 그들의 삶을 시적 대상으로 삼으면서도 감상적으로 흐르지 않는 것은 이러한 김종삼의 인지체계에서 비롯된 것이다.

四八세 男 交通事故
　　연고자 있음.
　　三日째 安置되어있음. 車主側과 妥協이 되어
　　있지 않음.

三一세 女 飮毒
　　연고자 없음.
　　이틀 전에 한 사람이 다녀갔다 함.

八세 病死
　　今日 入室되었다 함.
　　入棺된 順別임.

굵은 빗줄기의 室屋, 무더위—
바깥은 시앙鐵의 構造,
드럼통을 뚜드리는 소리는 연거푸 그치지 않았다. 他界에서의 屍體檢査를 進行하는 느낌.

四八세의 男子는 친구로서 以北出身의 基督人이다 ㅣ宇

架를 목에 건 機關銃 射手였다. 十九年前 士兵으로 除隊 最近에 結婚하였다 싱겁게 죽어갔다.

이름은 羅淳弼.

市立 無料病室엔 盲人이 된 四○세의 여동생이 十餘年間 寄居하고 있다 단 하나뿐인 血統으로서 週末마다 만났다 우리들은 當分間 알리지 않기로 合意되었다.

病室 머리맡엔 父親의 遺産인 聖經 한 卷이 備置되어있다
오빠가 갔을 때마다 몇句節씩 읽어주었다,
그녀에겐 그것만이 慰勞가 되었다
그녀는 하느님의 맨발이었다

우리들은 달리는 列車속에 앉아있었다. 할말이 남아있지 않았다 터널 속을 지나고 있었다

-「屍體室」[41]

위의 시는 익명의 죽음을 보고서 형식으로 보여준 작품이다. 특히 1~3연에서는 비교적 젊은 남녀와 어린아이의 죽음을 아무렇지 않은 듯이 제시한다. 이때 명사형으로 종결한 방식, 1행 이후의 행을 들여쓰기하여 1행과 직각이 되는 형태를 만든 행 배열 방식은 이들의 단명을 강조하고 죽음을 기계적으로 만드는 효과를 준다. 마치

41 김종삼, 「屍體室」, 홍승진 외 3인 엮음, 앞의 책, 268~269쪽.

시체실에 안치되어 있는 굳은 시신의 모습을 형상화한 것처럼 보이기까지 한다.

4연에서는 1~3연에서의 분위기를 강화하는 묘사가 이어져 나타난다. 비가 내리는 더운 여름날에 시체실 건물은 "시앙鐵"을 때리는 빗소리로 가득하다. 화자는 이를 "屍體檢査"를 진행하는 소리로 생각한다. "他界"의 누군가가 시체가 담긴 관을 "뚜드리"며 검사를 진행한다는 것이다. 이것은 시체실 자체를 하나의 '관'으로 확장한 것으로, 시체실 건물에 있는 모든 사람을 죽음 상태에 있는 것으로 이해하게 한다. 또 시어 "他界"는 맥락상 '다른 세계'를 뜻하는 것이지만 사람이 죽었다는 의미로 사용하는 '타계하다'의 어근이기도 하다. 건물의 구조와 관의 유사성, 시어의 중의성은 4연의 죽음 이미지를 더욱 강조하는 효과를 가져온다.

5~8연에는 1연에 제시했던 48세의 남자 사망자와 연관된 이야기가 전개된다. 먼저 5연에서는 화자의 친구인 "羅淳弼"의 인적 사항이 제시된다. 여기서 "十九年前 士兵으로 除隊"했다는 표현이 있는데 이 시가 발표된 1967년을 기준으로 하면 십구 년 전은 1948년인 분단 시기가 된다. 나순필은 북에서 건너와 분단기부터 최근까지 군에서 사병으로 복무했다는 것이다.[42] 그런데 "基督人"이면서 "十字架"를 걸고 있었다는 점은 그가 오랫동안 기관총 사수였다는 점과 묘한 대립감을 준다. 또 제대한 지 얼마 지나지 않아 최근 결혼했다

42 본문에 인용한 시에서 "十九年前 士兵으로 除隊"라고 된 구절은 1969년에 "十九年前 士兵으로 入隊. 三年 前에 除隊."로 개작되어 발표된다. 본문에서는 개작된 내용을 바탕으로 해석하였다.

는 점과 이내 교통사고로 죽어버렸다는 점도 대립감을 일으키는 상황이다. 이는 이름처럼, 순박하고 베풀 줄 아는 사람이 황망한 일로 "싱겁게" 죽어버린 사태를 비극적으로 제시하기 위한 것이다.

6연과 7연은 나순필의 여동생에 관한 이야기가 전개된다. 그녀는 십여 년 동안 병실에 기거하는 상황에 놓여 있다. 맹자인 그녀를 유일한 혈육인 나순필이 주말마다 챙겼던 것 같다. 특히 오빠가 성경 구절을 읽어주는 일에 평소 큰 위안을 얻었다. 그런데 이제는 삶의 유일한 위로를 받을 수 없게 된 것이다. 이것은 그녀에게 삶의 의미가 없어진 것이나 다름없는 일이다. 화자를 포함한 "우리들"이 나순필의 죽음을 여동생에게 알리지 않기로 한 것은 그녀 또한 현재 죽은 것이나 다름없는 처지가 되었기 때문이다.

마지막 연에서는 "우리들"이 처한 상황이 나온다. 친구였던 나순필이 안치되었던 시체실에서처럼 "우리들"도 커다란 시체실에 있는 것인지도 모른다는 것이다. 이는 저마다의 이유로 힘든 삶을 살다가 맥없이 죽고, 시신의 처리마저 공장의 기계처럼 진행되는 현대에서 "우리"는 모두 살아있지만 죽어있는 상태임을 보여주는 것이다. "달리는 列車"에는 [삶은 움직이는 것]이라는 개념은유가 깔려 있다. 분명 "우리들"은 살아 움직이고 있는 존재들이지만 현재 "할말"을 잃은 채 "터널"을 지나고 있다.

이 작품은 현대를 살아가는 사람들의 비극적인 죽음과 삶을 시종일관 담담한 태도로 진술한 시이다. 김종삼 시인의 실제 경험일 가능성이 높은 이 이야기[43]는 시적 자아를 이들의 삶과 밀접한 위치에

43 이 시가 발표될 당시 김종삼 시인은 47세였다. 시에서 화자의 친구인 '나순필'은

놓음으로써 진실성을 획득하게 된다. 특히 기계적이라 할 만큼 무심한 듯한 진술 태도 이면에 현대의 소외된 죽음과 삶이라는 엄중한 메시지를 담고 있는 점은 앞 절에서 분석했던 김종삼 시인의 시적 성찰과도 밀접한 관련이 있다.

그러나 주변부의 삶 자체에 항상 절망만 있는 것은 아니다. 절망스러운 현실 상황에서도 희망을 보여주는 시편은 김종삼 시인이 주변 지향적 인지체계를 통해 최종적으로 도달하고자 하는 바를 확인하게 해준다.

> 언제 생긴지는 모르는
> 앉은뱅이 집과
> 앉은뱅이 굴뚝과
> 앉은뱅이 돌울타리우에
> 한 줄기
> 넝쿨의 기럭지가 조금씩
> 자라 가고 있었다
>
> 사나운 소릴 내는 꿩이
> 몇 차례 집웅윌 지나 갔다.
> 사팔띠기 망아지가 서 있는것 같았고.

48세로 사망했기 때문에 김종삼 시인과 비슷한 연배였고, 이북 출신이라는 공통점이 있었다

애기 꼽추가 가재를 잡아

하늘쪽으로 치키어 올린다.

-「한 줄기 넝쿨의 기럭지랑」[44]

위의 「한 줄기 넝쿨의 기럭지랑」은 주변부의 삶 중에서도 가장 소외되었다고 할 수 있는 장애인의 삶을 형상화한 시이다. 그런데 장애를 갖고 있는 것으로 보이는 대상은 사람뿐만이 아니다. 시에 등장하는 "애기 꼽추"뿐만 아니라 그가 사는 "집"과 "굴뚝", "돌울타리" 그리고 가축으로 보이는 "망아지"까지 모두 장애가 있는 것들이다. 이들은 장애의 의미를 확장하여 가족적 유사성[45]을 통해 '소외된 주변부의 삶'이라는 카테고리로 묶여 의미의 계열을 형성한다.

장애를 가졌지만 "애기 꼽추"를 둘러싼 환경과 동식물은 한데 어우러져 공존하는 모습으로 그려진다. 제목으로도 쓰인 "한 줄기 넝쿨"이 집, 굴뚝, 울타리를 가로질러 자라고 있고, 날짐승인 꿩과 가축인 망아지가 집 주위에 어우러져 있다. 또 "애기 꼽추"는 물가에 살면서 가재잡이에 즐거워하는 모습을 보인다. 이들은 세상에 적응

44 김종삼, 「한 줄기 넝쿨의 기럭지랑」, 홍승진 외 3인 엮음, 앞의 책, 220쪽.

45 가족적 유사성(family resemblance)은 단어의 의미 범주를 설정할 때 전통적 언어관과는 달리 인지적으로 단어 간의 유사성에 근거하여 범주화가 이루어진다는 비트겐슈타인의 용어이다. 예컨대 올림픽, 야구, 바둑 등 전통적 언어관으로 보았을 때 한데 묶기 어려운 개념들을 우리는 '게임'으로 지칭하며 하나의 범주로 보는데, 이는 이들의 모든 요소가 본질적으로 공통적 특성을 가지기 때문이 아니라 인지적 차원에서 가족의 구성원처럼 닮은 점이 있기 때문이다. 가족적 유사성은 인지시학의 분석 틀 중 하나로 시에서 의미의 계열을 형성하는 시어들을 범주화하는 데에 유용하게 사용된다. 가족적 유사성에 대한 설명은 G.레이코프, 이기우 역, 『인지의미론』, 한국문화사, 1994, 17쪽과 양병호, 앞의 책, 27~28쪽을 참조했다.

하기 어려운 모습으로 태어났지만 넝쿨의 길이가 조금씩 자라듯이 서로 조화를 이루며 삶을 꾸려간다. 제목에 쓰인 조사 '~랑'은 '~와'의 구어체로서 '함께'라는 의미를 함축하고 있다. 이는 이들의 공존을 단적으로 표현하는 어휘라 할 수 있다.

고아원 마당에서 풀을 뽑고 있었다
선교사가 심었던 수十년 되는 나무가 많았다

아직
허리는 쑤시지 않았다

잘 먹이지도 입히지도 못하지만
잠깨이는 아침마다 오늘 아침에도
어린것들은 행복한 얼굴을
지었다

-「평화」[46]

위 시에서는 화자 자체가 주변부에서 살아가는 인물로 설정되어 있다. 화자는 "고아원"에서 "어린것들"을 돌보는 사람이다. 이 고아원은 원래 "선교사"들이 머물던 공간으로 보인다. 오래된 "나무"들은 과거 선교사들이 복음을 진파하듯이 심었던 나무들이다. 묘목이 수십 년을 거쳐 울창하게 성장한 것처럼 선교사들이 있었던 이곳에

46 김종삼, 「평화」, 홍승진 외 3인 엮음, 앞의 책, 219쪽.

는 이제 어린아이들이 "행복한" 모습으로 성장해 가고 있다. 화자는 고아원에서 아이들을 보살피는 데에 헌신하는 인물이다. 매일 고아원 마당의 풀을 뽑고 아이들을 먹이고 입히는 데 몸을 아끼지 않는다. "아직"이라는 표현에서, 화자는 몸이 성하다면 언제까지라도 고아원의 어린것들을 돌볼 생각임을 알 수 있다.

여기서 "선교사"는 기독교적 복음을 전파하는 대상으로 특정하기보다 세상에 평화와 이로움을 가져다주는 일반화된 개념으로 보는 것이 타당할 것이다. 같은 맥락에서 화자 또한 종교적 신념을 가진 인물이라기보다 희망적인 미래를 위해 아이들에게 헌신하는 인물에 가깝다고 보아야 한다.

이 시는 고아원에 헌신하는 인물을 묘사하며 주변부의 삶을 보여준다. 화자가 처한 일상은 "잘 먹이지도 입히지도 못"할 만큼 궁핍한 생활의 연속이다. 그러나 매일 아침 서로 "행복한 얼굴"을 마주하는 삶이 세상에서 가장 "평화"로운 모습임을 역설적으로 제시한다.

이 절에서 살펴보았듯이 김종삼 시인은 주변을 지향하는 인지체계를 바탕으로 하여 주변부에 있는 사람들의 어려움, 고통, 죽음 등을 시로 형상화했다. 김종삼 시인이 주변부에 놓인 삶의 이야기를 통해 추구했던 것은 '함께하는 삶'에 대한 생각이었다. 함께하는 삶이야말로 인간을 가장 인간답게 하는 것이며 이것이 구현된 세계가 가장 평화로운 세상의 모습이라고 생각한 것이다. 김종삼 시인의 이러한 주변 지향성은 자신을 포함한 주변부의 삶을 통해 인생의 의미를 성찰하는 데로 이어지고 또 주변에 있으면서도 삶을 긍정하고 거짓 없이 착하게 살아가는 사람들에 대한 사유로 확장되기도 한다.

김종삼 시인의 주변 지향성은 중심-주변의 인지 도식을 의도적으로 전복하고 자아를 주변에 배치하는 데에서 비롯된 것이었다.

3. 순환 도식과 삶의 긍정

김종삼 시인은 자아와 주변의 존재에 대한 성찰을 토대로 인생에 대한 인지체계를 형성해 갔다. 6.25전쟁을 직접 겪고 피란살이를 거치면서 인간의 삶과 죽음에 대해 천착했다. 김종삼의 시에는 전쟁 체험 노는 부병 생활과 관련하여 죽음과 친연성을 갖는 것으로 보이는 작품이 여러 편 있다. 자칫 살못하면 죽음에 대한 의식과 허무의식을 결부하여 김종삼의 시 세계를 어둡고 공허한 것으로 해석할 수도 있다. 그러나 이 책은 김종삼 시의 죽음 이미지가 오히려 삶을 긍정하는 바탕에서 형성된다고 볼 것이다. 삶과 죽음에 대한 김종삼 시인의 인지체계는 자연 질서를 바탕으로 한 순환 도식을 통해서 형성되었고 그렇기 때문에 죽음만큼 삶을 비중 있게 다루고 있음을 논구할 것이다. 그리하여 김종삼의 시가 죽음을 형상화하면서도 삶의 의지를 함께 보여주고, 죽음이 가까이 다가온 상황에서도 앞으로의 삶을 예비하는 태도를 보이는 것을 인생에 대한 긍정으로 해석하려 한다.

廣漠한地帶이다기울기
시작했다잠시꺼밋했다
十幸型의칼이바로꼽혔
다堅固하고자그마했다

흰옷포기가포겨놓였다

돌담이무너졌다다시쌓
았다쌓았다쌓았다돌각
담이쌓이고바람이자고
틈을타凍昏이잦아들었
다포겨놓이든세번째가
비었다

-「돌」[47]

위 시의 "돌담"은 돌로 된 무덤을 가리킨다.[48] 무덤이 환기하는 이미지는 죽음이다. "廣漠", "기울다", "꺼밋", "十字型", "칼", "흰옷", "무너졌다", "바람이자다", "凍昏", "잦아들었다", "비었다" 등은 무덤과 함께 죽음의 이미지를 떠올리게 한다. 이 시어들을 죽음이라는 하나의 카테고리로 이해하는 과정은 인지시학의 범주화 이론을 따른 것이다. 즉 이들 시어는 죽음을 원형으로 하여 가족 유사성에 의해 하나의 카테고리를 형성한다.[49] 이로써 '죽음'은 이 시의 주요한

---

47 김종삼, 「돌」, 홍승진 외 3인 엮음, 앞의 책, 18쪽. 3행의 "十幸型"은 "十字型"으로 수정되어 시집에 재수록되었다.

48 서범석, 『비평의 빈자리와 존재 현실』, 박문사, 2013, 181쪽.; 권명옥, 「적망과 환영 - 끼인 시간대의 노래」(전집의 작품해설), 『김종삼 전집』, 나남출판, 2005, 338쪽.

49 '원형'은 해당 범주를 대표할 만한 가장 전형적이고 중심적이고 이상적인 좋은 보기를 말한다. 원형이론에서 범주는 필요충분조건이 아닌, 원형이나 구성원들 간의 가족 유사성 관계에 의해 정의된다. 인지언어학에서 범주화 방식은 이러한 '원형이

정서 중 하나가 된다.

그러나 이 시는 죽음을 형상화하면서도 삶을 예비하는 모습을 담는다. 무덤을 만드는 과정은 대체로 십자가가 '꽂히고' 흰옷이 '놓이는' 것과 같이 피동형으로 서술된다. 그러나 돌담이 무너지면 쌓는 행위를 능동적으로 반복한다. 즉 "다시쌓았다"에서 드러나는 주체의 행위는 죽음에 대응하는 삶의 의지에 해당한다. 이 능동성과 반복성에는 죽음과 삶에 대한 순환적인 도식이 인지체계로 관여되어 있다.

이 시를 논의한 선행 연구자들은 이 시에 대해 김종삼의 '죽음 체험'[50]이나 '피란길에 겪은 참담'[51]한 경험의 증언이라고 지적한 바 있다. 특히 김종삼이 남긴 몇 안 되는 산문 중 「피란길」의 내용을 들며, 이 시가 피란 당시의 직접적인 체험을 바탕으로 구상한 시임을 밝히고 있기도 하다.[52] 그러나 시 「돌」을 죽음 의식으로만 단순히 해석하는 것은 이 시를 온전히 이해하는 것이 아니다. 무덤으로 구축된 돌무더기는 피란 중에 목격한 죽음의 표상임과 동시에, 그 죽음을 기리며 생의 의지를 이어가고자 하는 행위의 표상이기 때문이다. 다시 말해 '쌓기' 행위의 원인은 죽음으로 촉발된 것이지만 그 주체는 생존자이기 때문에 「돌」의 초점은 결국 죽음 추모와 생의 의지로

론'으로 설명된다. 원형이론과 가족 유사성에 대한 자세한 논의는 김동환, 『인지언어학과 개념적 혼성 이론』, 박이정, 2013, 82~114쪽을 참조한다.

50 권명옥, 앞의 글, 337쪽.

51 서범석, 앞의 책, 182쪽.

52 노춘기, 「김종삼 시의 시간의식 - 전쟁 체험의 형상화 방식을 중심으로」, 『한국근대문학연구』32, 한국근대문학회, 2015, 349쪽.

집약되는 것이다.

보통 무덤 만들기는 지면의 아래로 향하는 '파기'와 지면 위로의 '쌓기'가 순차적으로 진행되는 작업이다. 여기에는 위-아래의 지향적 은유가 내재해 있다. 즉 이 시에 나타난 무덤 만들기는 [삶은 위, 죽음은 아래][53] 라는 지향적 은유로 이해할 수 있다. 「돌」은 특히 '쌓기'를 두드러지게 드러내면서 상승을 지향하는 도식을 환기하고 이를 근원영역으로 삼아 삶이라는 목표영역에 사상하는 의미 발현의 구조를 지니게 된다.

「돌」은 전쟁 체험을 다루고 있다는 점과 무수한 죽음을 무덤으로 상징한 데에서 전쟁에 내재한 근원적인 폭력성[54]을 짐작하게 한다. 그러는 한편 돌로 무덤을 쌓아 만들고, 자그마하더라도 견고한 십자형 칼을 무덤의 표식으로 꽂고, 흰옷 포기를 포개어 놓은 데에선 추모와 애도의 분위기까지 읽을 수 있다. 전쟁이 무참한 죽음을 만들어 가더라도, 그리고 죽음을 피해 표지가 없는 지대를 헤매더라도 생존한 사람은 인간으로서의 생명과 인간성을 지키고자 했다는 것이다.

> 사면은 잡초만 우거진 무인지경이다
> 자그마한 판자집 안에선 어린 코끼리가
> 옆으로 누운 채 곤히 잠들어 있다

---

53 조지 레이코프·마크 존슨, 노양진·나익주 역, 앞의 책, 40쪽.

54 여기에서 제시하는 폭력성은 철학적이거나 사회학적인 담론으로서의 폭력이 아니라 '죽음'을 최종적 결과로 이끄는 물리적인 폭력을 말한다. 그러한 의미에서 전쟁을 근원적 폭력성으로 보았다.

자세히 보았다
15년 전에 죽은 반가운 동생이다
더 자라고 둬 두자
먹을 게 없을까

―「虛空」[55]

위 시의 말미에는 「피란길」이라는 산문이 첨부되어 있다. 위 시가 김종삼 시인의 피란 상황을 배경으로 하고 있음을 보여주는 내용이다. 전쟁이 발발한 다음 날 가족과 헤어져서 남쪽으로 노숙하며 무작정 걸었다는 경험을 생생하게 전하고 있다. 걷다가 지쳐 잠들고 다시 깨어났을 때 캄캄한 주위를 보며 시 「돌」을 구상했다고도 밝혔다. 그러니까 위의 시 「虛空」은 앞서 분석한 「돌」과 창작 배경이 동일한 것이다. 「돌」에서도 살폈듯이 위 시에도 죽음 이미지와 삶의 의지가 함께 나타나는 특징이 있다.

「虛空」의 화자는 "무인지경"에서 "어린 코끼리"를 만난다. 아마도 화자가 피란길에서 쓰러져 잠든 후 꿈에서 보았던 내용을 묘사하는 듯하다. 코끼리는 무리 생활을 하고 지능이 높은 동물로 알려져 있다. 김종삼의 시에 나오는 동물은 코끼리나 사자처럼 무리 생활을 한다든가 인간과 친화력이 높은 경우가 많은데 위 시의 코끼리도 이런 맥락에서 이해할 수 있다. 화자가 꿈에서 만난 어린 코끼리는 평화로운 모습으로 곤히 잠들어 있다. 이내 화자는 이 코끼리가 오래전에 죽은 동생의 모습이라고 확인한다. 김종삼 시인은 실제로 어

55 김종삼, 「虛空」, 홍승진 외 3인 엮음, 앞의 책, 421쪽.

렸을 때, 동생 '종수'의 죽음을 겪었다. 평소 그리워했던 죽은 동생을 본다면 "반가운" 마음에 금방이라도 깨워 일으켜야 할 것 같지만 시인은 동생의 잠을 방해하지 않는다. 대신 동생을 보살피기 위해 먹을 것을 찾는다.

꿈인 듯이 서술되어 있으나 죽은 동생을 떠올리는 것은 시인 자신이 놓인 상황이 죽음에 가까운 것이라는 의미이다. 그러나 이때 먹을 것을 찾으며 삶의 의지를 놓지 않는 것은 김종삼 시의 '죽음' 이미지가 허무 의식으로 나아가지 않는다는 것을 보여주는 장치이다. 꿈속에서는 죽었던 동생을 만나 삶의 의지를 보이고, 꿈을 깬 현실에서는 죽을 위기에 놓인 자신을 마주한다. 꿈과 현실을 오가며 삶과 죽음의 경계를 모호한 상태로 인지하는 것은 삶과 죽음 자체가 자연 질서 안에서 끊임없이 순환하는 현상이기 때문이다. 삶과 죽음을 순환 도식으로 인지하여 꿈과 현실, 삶과 죽음의 경계를 지운 상태는 제목인 "虛空"으로도 잘 드러난다. 그러니까 "虛空"은 죽음에 놓인 상황의 절망을 상징하는 것이 아니라 앞날을 예비하기 위해 마련한 탈경계의 공간을 상징하는 것이다. 요컨대 이 시는 죽음에 이르는 피란의 상황에서도 먹을 것을 찾으며 삶의 의지를 보여주는 작품이다. 또 순환적 자연 질서 속에서 삶과 죽음이라는 인생 자체를 긍정하고 있음을 확인할 수 있는 작품이다.

연인의 信號처럼
동틀 때마다
동트는 곳에서 들려오는
가늘고 鮮明한

樂器의 소리

그 사나이는 遊牧民처럼
그런 세월을 오래오래 살았다
날마다 바뀌어지는 地平線에서

-「동트는 地平線」[56]

위 시는 순환 도식을 통해 시간을 인지하고, 반복하는 시간을 통해 어떠한 인물의 삶을 이해하려는 작품이다. 시간의 흐름은 원래 분절할 수 없다. 그러나 인간은 해와 달이 뜨고 지는 현상, 계절이 변화하고 환경 조건이 달라지는 현상을 물리적으로 경험하며 시간에 대한 개념을 축적한다. 그래서 대체로 시간은 일정한 단위로 순환하는 것이라고 인지한다. 위 시에 등장하는 인물인 "사나이"의 삶은 순환 도식에 따른 시간 인지를 바탕으로 규정된다.

이 시에는 [일생은 하루]라는 개념은유가 전체적으로 관여되어 있다. 특히 하루가 시작되는 때의 상황을 자세하게 묘사하며 삶에 대해 진술하는 것이 특징이다. 1연의 시간 표지인 "동틀 때"는 삶의 시작을 은유한다. 그런데 동이 틀 때마다 "樂器의 소리"가 들려온다. 이 소리는 가늘지만 "鮮明"하다. 김종삼 시에서는 인간의 삶을 '악기'로 표현한 경우가 많다. 이 시에서도 인간의 단생을 알리는 첫울음처럼 "樂器의 소리"는 삶이 시작되었음을 알리는 소리이다.

2연에는 "그 사나이"의 삶에 관한 내용이 전개된다. 사나이는 매

56 김종삼, 「동트는 地平線」, 홍승진 외 3인 엮음, 앞의 책, 457쪽.

일 달라지는 "地平線"에서 살아가는 인물이다. 지평선이 매일 바뀌었다는 것은 장소가 달라졌다기보다 사나이가 살아가는 곳의 상황이 변화했음을 의미한다. 예컨대 인간관계의 변화라든가 그가 속한 환경의 변화일 수 있다. 그러므로 "遊牧民처럼"이라고 표현한 것이다. 유목민은 정처 없이 떠도는 사람들이 아니라, 생존을 위해 달라진 환경에 적응하고 삶의 자리를 옮기는 존재이기 때문이다. 그런데 "그런 세월을 오래오래 살았다"는 구절을 참조하면 "그 사나이"는 오랜 시간의 흐름에서, 계속해서 탄생을 반복하는 뭇사람의 집합으로 해석할 수 있다. 그러니까 지평선이 바뀌는 것이 아니라 지평선 안에서 살아가는 각각의 사람들이 오랜 세월을 거쳐 달라져 왔음을 뜻하는 것이다.

시에 등장하는 "그 사나이"는 변화하는 삶의 환경에서도 "연인"이 보내오는 "신호"와 같은 "樂器의 소리"와 함께 새로운 삶을 시작한다. 이를 확장하면 한 사람의 탄생과 일생은 자연의 순환과 함께 다른 시간의 "지평선"을 공유하며 삶의 무리를 형성한다고 볼 수 있다. 김종삼의 시에서 발견되는 허무의 분위기는 이 시가 보여주는 순환 도식의 인지체계에 의해 반복되는 삶의 한 과정으로 수렴된다. 그렇기 때문에 김종삼 시의 허무는 퇴폐주의나 패배 의식으로 귀결되는 것이 아니라 오히려 인간을 구성하는 요소 중 하나로서 자연스럽게 긍정적인 삶의 모습으로 수렴되는 것이다.

바닷가에 매어둔
작은 고깃배
날마다 출렁거린다

풍랑에 뒤집힐 때도 있다
화사한 날을 기다리고 있다
머얼리 노를 저어나가서
헤밍웨이의 바다와 老人이 되어서
중얼거리려고

살아온 기적이 살아갈 기적이 된다고
사노라면
많은 기쁨이 있다고

–「漁夫」[57]

시 「漁夫」는 헤밍웨이의 소설 『노인과 바다』를 모티프로 삼은 작품이다. 소설의 줄거리는 어부인 노인이 먼바다에 나가 사흘 동안 큰 청새치와 사투를 벌인 후 결국 청새치를 잡는다는 내용이다. 비록 집으로 돌아올 때는 청새치의 뼈만 남겨진 채였으나 노인은 역경을 극복하고 인간의 존엄을 지켜낸다는 것이 소설의 주요 내용이다.

헤밍웨이의 소설과 위 시 「漁夫」에는 삶에 대한 깨달음이 순환 도식을 바탕으로 형상화된다. 먼저 바다는 삶의 공간에 사상된다. 여기에는 [인생은 항해이다]라는 개념은 유기 관여한다. 항해에는 출항과 입항의 과정이 있고 기항하는 일이 생길 수도 있다. 항해에는 배가 반드시 동원되므로 배를 운전하는 것과 관련한 프레임 또

57 김종삼, 「漁夫」, 홍승신 외 3인 엮음, 앞의 책, 424쪽.

한 [인생은 항해이다]에 연결되어 있다. 항해의 목적 또한 중요한 요소인데 이동을 위한 것, 고기를 잡기 위한 것, 유람을 위한 것 등이 있다. 또 [인생은 여행이다]처럼 중간에 장애물을 만나 어려움을 겪을 수 있고 항해를 함께하는 동반자가 있을 수 있다.

시에서 화자는 바다를 삶의 터전으로 삼은 어부이다. 화사한 날을 맞아 출항할 때가 있고 험한 날씨를 만나 배가 뒤집힐 때도 있다. 이것이 모두 어부로서의 삶의 일부인 것이다. 항해에서 일어날 수 있는 크고 작은 역경은 항해가 종료될 때까지 늘 반복되는 일이다. 그렇기 때문에 삶을 지속한다는 것은 지금까지의 고난을 모두 극복했다는 의미이고, 삶을 계속한다면 다가올 고난 또한 헤쳐 나갈 수 있다는 것이다. 요컨대 항해에서의 고난과 역경이 항해 동안 순환·반복되는 것처럼, 인생에서의 고난도 사는 동안 반복되기 때문에 고난을 이겨내고 살아가는 것이 인간 삶의 순리적인 모습이라는 것이다.

2연의 "살아온 기적이 살아갈 기적이 된다"는 위와 같은 맥락에서 이해할 수 있다. 고난을 이겨내고 살아온 과거가 미래의 고난을 헤쳐갈 힘이 된다는 것을 "기적"이라는 표현을 통해 극적으로 제시한다. 이 시의 백미는 2연에 있다고 할 수 있는데 2연의 1행뿐만 아니라 2~3행도 시의 메시지를 명확하게 보여주는 핵심 부분이다. 시인은 "사노라면"과 "많은 기쁨"을 연결하여, 고난을 극복하고 결국 인생을 살아갈 만한 이유가 여기에 있다고 말한다.

삶은, 시 「漁夫」에서 보여준 어부의 삶처럼 이런 날, 저런 날로 구성되는 집합체이다. 김종삼 시인은 이 시를 통해 고난과 기쁨이 삶에서 순환되는 요소 중 일부라고 말한다. 그래서 "사노라면" 고난을 이기고 기쁨을 만나는 “기적”을 계속해서 일으킬 수 있음을 보여 준다.

> 나는 지금 살아있다 건재하다
> 다시 말해
> 누구보다도 더 힘차게 살아가고 있다
> 그러나 언제 죽을지 모른다
> 그러므로 생각이 흩어지기 전
> 거기에 對備
> 무엇인가를 감지해 내야만 하겠다.
>
> –「前程」[58]

> 끝없이 펼치어진
> 荒野가 되었을 때
> 하늘과 땅 사이에
> 밝은 화살이 박힐 때
> 나는 坐客이 되었다
> 신발만은 잘 간수해야겠다
> 큰 비가 나릴 것 같다
>
> –「鬪病記·2」[59]

---

58 김종삼, 「前程」, 홍승진 외 3인 엮음, 앞의 책, 616쪽.

59 김종삼, 「鬪病記」, 홍승진 외 3인 엮음, 위의 책, 408쪽.

위 두 작품은 김종삼 시인이 만성 간 질환으로 투병 생활을 하게 된 1970년 중반 이후의 시이다. 「前程」에서는 죽음의 시간이 임박한 자신의 상황을 객관적으로 인지하고 오히려 살아있는 "지금"에 온 정신을 집중한다. 그리고 "거기에 對備"하여 "무언가를 감지"하기 위해 노력한다. 즉 죽음에 대한 예비로서 현재의 삶에서 생각을 갈무리하며 앞으로 나아갈 길인 전정(前程)을 마련하는 것이다.

「鬪病記·2」는 김종삼 시인이 피란했던 당시의 상황을 재현한 시이다. 끝이 없는 "荒野"는 방향을 잃고 무작정 걷기만 했던 위태로운 피란의 현장을 비유한 것이다. "하늘과 땅 사이에" 박히는 "밝은 화살"은 살상 무기를 가리키는 표현이다. 화자는 화살처럼 쏟아지는 총알과 폭탄의 아수라장 속에서 한 발짝도 움직일 수 없는 "坐客"이 되고 말았다고 진술한다. 그런데 화자는 좌객에게 더는 쓸모가 없는 "신발"을 가장 먼저 챙겨야 한다고 다짐한다. 이러한 상황적 아이러니를 발생시킨 까닭은 무엇인가.

이 시는 제목인 "鬪病記"를 참조해야만 화자의 상황과 시의 의미를 제대로 이해할 수 있다. 시인은 자신의 투병 생활과 피란 생활을 개념적으로 혼성하여 전정을 대비한다는 새로운 의미를 발현시킨 것이다. 병마와 싸우는 것은 피란 때 죽음에 직면한 상황을 타개한 것에 사상된다. 이때 '싸움' 혹은 '전쟁'의 프레임이 함께 생성된다.

전쟁의 프레임에는 전쟁터와 상대가 있고 공격과 방어가 번갈아 일어나며 무기가 있다. 이 시에서 전쟁터는 황야로서, 병원에 사상되고 무기에 해당하는 화살은 병마의 고통에 사상된다. 화자는 좌객이 되는 부상을 당했는데 이는 병마로 입원한 상태에 놓인 것에 사상된다. 공격을 당한 화자가 현재 할 수 있는 방어는 신발을 잘 간수하는 것으로, 이는 또 있을 공격("큰 비")에 대비한 행동이자 생존에 대한 의지이다. 김종삼 시인은 죽음에 직면했던 두 경험을 일 대 일로 사상하면서 삶의 의지를 시로 형상화했다.

그렇다면 김종삼의 시가 죽음의 상황과 함께 삶의 의지를 드러내며 인생을 긍정적으로 드러낸 이유가 무엇인지 생각해 보아야 한다.

> 하루를 살아도
> 온 세상이 평화롭게
> 이틀을 살더라도
> 사흘을 살더라도 평화롭게
>
> 그런 날들이
> 그날들이
> 영원토록 평화롭게-
>
> -「평화롭게」[60]

김종삼 시인은 "온 세상"의 평화를 갈망했다. "온 세상"에는 시인 자신의 삶을 비롯해 뭇사람의 삶이 포함된다. 삶과 죽음에 대한 김종삼 시인의 인지체계는 누구든, 잠깐을 살더라도 소외나 차별, 아픔과 폭력이 없는 세상을 살다 가는 것이 인간으로서 누려야 할 참된 삶이라고 생각했다. 김종삼 시인이 시에서 죽음과 함께 삶을 긍정적으로 그려낸 것은 그것이 인간으로서 누려야 할 당연한 권리임

---

60 김종삼, 「평화롭게」, 홍승진 외 3인 엮음, 앞의 책, 662쪽.

을 역설하기 위함이었다. 이러한 김종삼 시인의 시 정신과 인지체계는, 인간으로서 누려야 할 당연한 권리가 너무 쉽게 강탈되어 버리는 현실의 부조리를 인지하는 것으로 확장하기에 이른다.

이 절에서는 김종삼 시인이 자아와 주변 존재에 대한 성찰을 바탕으로 인간 존재의 삶과 죽음에 대해서도 성찰을 이어왔음을 분석하였다. 김종삼 시인은 인간의 존재가 계속하여 삶과 죽음을 반복한다는 점을 제시했다. 이는 자연적 질서에 의해 내면화한 순환 도식을 통해 시로 형상화되었다. 삶과 죽음을 순환 도식으로 인지한 거시적 관념은 김종삼 시인 스스로 하여금 죽음에 직면한 상황에서도 삶의 의지를 보이며 앞날을 예비하는 태도를 지니게 했다. 또한 죽음과 삶 모두를 긍정하는 것으로 인생에 대한 성찰을 보여주었다.

제 2 장 / 세상을 향한 시인의 목소리

○

제 2 장 세상을 향한 시인의 목소리

1. 현실을 통찰하는 시대 의식

1장에서 분석했던 김종삼 시인의 시적 성찰은 현실에 대한 통찰과 동반되는 특성을 보인다. 현실에 대한 통찰은 시적 형상화를 거치면서 시대의 문제에 관한 진단을 시의 심층에 배치한다. 이 절에서는 시대 문제에 관한 김종삼의 시 정신을 '시대 의식'으로 명명하고 이를 드러내는 작품을 분석하고자 한다. 이를 통해 김종삼 시인의 현실 인식과 시대 의식이 시적 성찰과 더불어 인지적으로 체계화되어 있음을 제시할 것이다.

김종삼 시인의 시대 의식은 시를 발표하기 시작한 1950년대 중반부터 이미 형성되어 있었다.

> 터전 〈白山〉과 그리고 청량리 아침 몇군데 되었던 안테나와
> 危殆로웠던 安全帶아, 꼭 같아오던 몇해전의 꿈의 連累인,
> 오늘의 현실이라 하였던,
>
> 하늘밑에는 오전이 있다 하였다.
> 몰이어 드는 사람들의 食事간은 近郊인 部落의 領地이기

도 했다.

오동나무가 많은
그중에 하나는 그 以前 이야기 이기도 했다.

제법 끈까지 달린
갓을 쓰고 온 學童인 것이다.

部落민들은 반기었고
그사람들이 마지하는 오동나무가 많은 부락엔 食器가 많았다.

현실〈朝刊〉에서는
그중에 하나는 발가벗기어 발바닥에서 몸둥아리
그리고 머리에 까지
감기어 온 얼룩간 少年의 붕帶가 왔다 하였다.
荷物로써 취급되어 오기 쉬었다는
몇군데인, 안테나인, 아침인, 청량리가 있었다.

出勤簿의 部落民들은 누구나
僥倖이란 말이 서투러 있다기 보다 말들을 더듬었다는 것이다.

몇나절이나 달구지 길이 덜그덕 거렸다.

더위를 먹지 않고 지났다.

그자리 머무는 하루살이떼〈日氣〉가 머무는 벌거숭이 흙
떼미〈旱魃〉이었고

길〈右岸〉이 서투렀다는 증인의 말이 많았고.

좀처럼

있음직 하였던 夕陽이 다시 가버리는 結論이 갔다.

터전 〈白山〉을

내려가야만 했던 착한것과 스콥프와 살아 온 죽은 나의
동생과 애인과 현실의 夕間…….

-「現實의 夕刊」[1]

인용한 시 「現實의 夕刊」은 우리 민족의 역사에 관한 김종삼 시인의 의식을 확인할 수 있는 작품이다. 제목인 "現實"은 우리의 역사에서 '지금'에 해당하는 상황을 제시하는 표현이다. 또 "夕刊"은 저녁에 발간하는 신문으로서 당면한 우리의 현실이 어떠한 문제로 인해 저물어 가고 있음을 드러낸 시적 표현에 해당한다. 제목과 더불어서 이 시의 전체 내용을 보면 이 시가 우리의 역사를 아침과 저녁으로 표상되는 하루에 사상하고 있음을 살펴볼 수 있다

역사는 인간의 삶을 바탕으로 한다. 즉 인생들이 겹치고, 한데 모이

1 김종삼, 「現實의 夕刊」, 홍승진·김재현·홍승희·이민호 엮음, 『김종삼정집』, 북치는 소년, 2018, 46~47쪽.

고 쌓여 역사라는 거대한 흐름을 만들어 내는 것이다. 역사가 반복된다는 명제는 인생이 줄지어 반복되는 현상을 전제로 한다. 그래서 우리의 개념 체계는 반복되는 현상을 일정한 질서로 인식하여 개념화하고 이를 언어로 드러낸다. 예컨대 [인생은 하루이다][2]라는 개념 은유를 들 수 있다. 하루는 해가 뜨고 저물어 밤이 되는 과정을 거친다. 해를 기준으로 하여, 해가 나타나면 하루가 시작되는 것으로, 해가 사라지면 하루가 끝난 것으로 인식한다. 이 과정의 유사성을 토대로 하여 한 인간이 태어나고 죽는 과정을 하루의 여정으로 사상하게 되는 것이다.

김종삼 시인은 우리 민족이 처해 있는 현재의 역사를 '오늘 하루'에 사상하여 시적으로 형상화했다. 그리고 이를 신문을 발간하는 행위로 구조화한다. 이를 구체적으로 살펴보자. 먼저 살펴볼 것은 이 시의 중심인 "사람들"이다. 이들은 신문 기사의 내용이 되는 대상이면서 동시에 그 기사를 쓰는 사람이다. 또 신문을 발간하는 주체이기도 하다. 그러니까 이 "사람들"의 삶 자체가 각각의 기사 내용인데 제3 자의 기자가 있지 않기 때문에 스스로가 기자이기도 한 것이다. 또 이들이 모여 있는 공동체는 하나의 신문사가 되는 것이다.

1연과 마지막 연에 등장하는 "터전 〈白山〉"은 시에서도 명시한 바와 같이 우리 민족의 삶의 터전을 뜻한다.[3] 이곳은 또 다른 터전인

2 조지 레이코프·마크 터너, 이기우·양병호 역, 『시와 인지』, 한국문화사, 1996, 17~19쪽.

3 이 시를 이 책과 같이 우리 민족의 역사를 하루로 압축하여 보여준 것이라고 해석한 기존 연구가 있다. 다만 해당 연구에서는 김종삼 시인에게 잠재해 있던 동학적 사상의 시적 효과로 이 시를 분석했다. 특히 시어 "〈白山〉"의 의미를 동학이나 천도교와 같은 한국 고유의 종교적 관념에 근거하여 설명하고 〈白山〉이 하늘님과 소통하는 장소라고 보았다. (홍승진, 「김종삼 시의 내재적 신성 연구-살아남는 이미지를 중심으

"청량리", "안테나"가 있는 곳, "安全帶" 그리고 2연의 "部落의 領地"와 함께 "하늘밑"에 존재한다. 원래 우리 민족의 터전은 하늘 아래에 존재하는 무수한 장소였던 것이다. 그리고 여기에서 "사람들"이 살아가는 모습이 여러 "이야기"로 펼쳐진다. 즉 우리 민족의 삶의 터전은 신문의 지면처럼 이야기가 자리하는 공간인 것이다. "食事"는 이곳에 모인 사람들의 주요한 '일'이면서 신문의 주요 기사가 된다.

그런데 각기 다른 공간에서 살던 사람들은 어떤 "危殆로웠던" 사건으로 말미암아 "오동나무가 많은 부락"에 모여든다. 이 공간에는 여러 부류의 사람들이 있다. 먼저 와서 "部落民"이 된 사람들은 "以前" 시대의 모습을 한 "갓을 쓰고 온 學童"을 반기어 공동체의 일원으로 삼는다. 또 붕대를 휘감은 "少年"도 있다. 소년은 1연에서 말한 위태로웠던 지대에서 왔을 것이다. 이들은 모두 "청량리"와 같은 부락에 모여 사는 사람들이다.

청량리는 우리나라에서 전차가 처음으로 도입된 역사적 공간이다. 최인영의 논의에 따르면 청량리 선은 당시 동대문 밖에 있던 홍릉으로 참배하러 가기 위한 수단으로 많이 이용되었다고 한다. 그렇기 때문에 청량리의 전차 운행은 도심과 교외를 연결하는 근대적 교통의 역할뿐만 아니라 당시 백성들의 반일 의식을 형성하는 기제이기도 했다.[4] 물론 이 시의 부락민들이 반일 의식 같은 어떤 사상을 공유했는지는 알 수 없으나 그보다는 청량리가 역사적으로 중요한

로」, 서울대 박사 논문, 2019, 43~49쪽) 그러나 이 글은 이 시의 공간적 배경이 우리 민족의 터전을 제유적으로 보여준 것이라고 한정한다.

4 최인영, 「동대문 밖 전차의 도입과 역할-청량리선과 왕십리선을 중심으로」, 『서울학연구』37, 서울시립대학교 서울학연구소, 2009, 85쪽.

지리적 위치를 차지한 곳이라는 점은 강조할 만하다.

부락민들의 이야기가 신문의 기사가 되는가 하면 신문의 한쪽에는 "〈日氣〉"를 알려주기도 하고 "夕陽"에 대해 논평("結論")하기도 한다. 마지막 연에서는 신문지상에 기사를 올릴 수 없는 사람들이 등장하는데 이들은 터전을 내려간 사람으로 형상화된다. 요컨대 이 시는 터전에서 살아가는 사람들의 이야기를 신문 발행의 관점에서 형상화하면서 동시에 우리 민족의 역사를 하루로 압축하여 보여주는 작품이다. 이를 개념 혼성 이론으로 도식화하면 [그림 1]과 같다.

[그림 1]에서 입력공간1은 신문 발행에 관한 요소들인데 시 「現實의 夕刊」이 발표될 당시의 신문 발행 방식이 프레임으로 작용한다. 여기는 신문을 발행하는 주체와 발행의 시간, 주기 그리고 신문의 내용과 내용을 기록하는 주체를 포함한다. 또 기사가 새겨지는 신문지 자체도 입력공간1의 주요 요소이다. 입력공간2는 인간의 삶을 둘러싼 환경에 관한 요소들 즉 인간이 살아가는 공간과 시간, 각각의 삶의 내용, 삶의 주체, 사람들이 모인 공동체 등을 포함한다. 입력공간1과 입력공간2의 요소는 공간횡단 사상에 의해 대응된다. 그리고 각각의 요소들은 혼성공간에 투사되어 입력공간에는 없었던 새로운 의미 발현구조가 생성된다. [그림 1]의 혼성공간에서 네모 상자에 있는 내용은 입력공간에서 투사되지 않은 새로운 요소에 해당한다. 신문 발행과 인간의 삶이라는 각각의 입력공간에서는 생각할 수 없었던 요소가 두 공간을 혼성함으로써 새롭게 나타난 것인데 이는 전적으로 김종삼 시인의 시적 상상력에 의한 것이다.

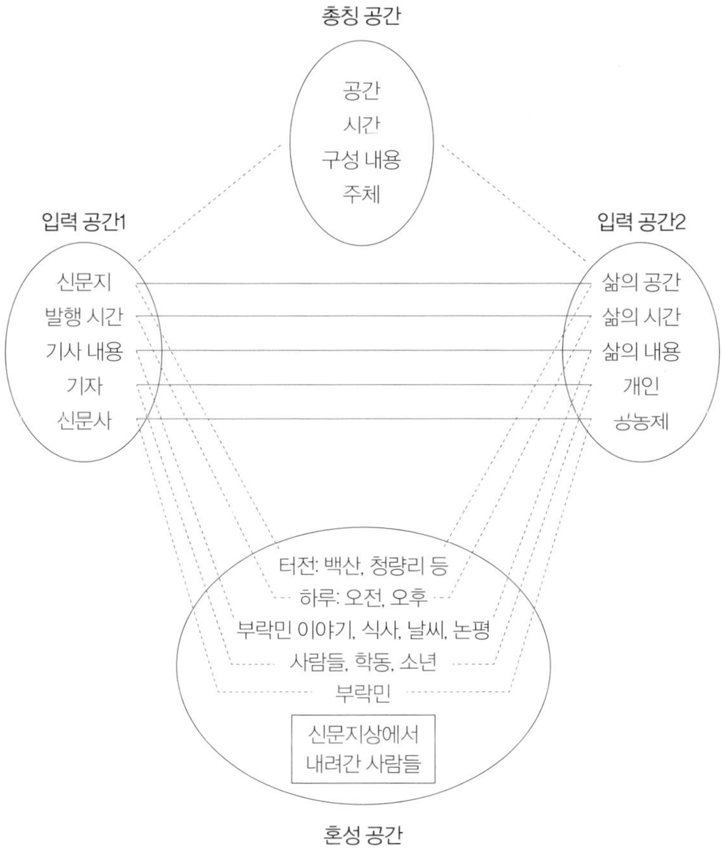

그림 1. 시 「現實의 夕刊」의 개념 혼성

새롭게 발현된 혼성공간의 구조를 염두에 두면 "出勤簿의 部落民"이라는 표현도 쉽게 이해가 된다. 부락민의 하루는 신문 발행의 주체로서 마치 신문사에 출근하듯이 살아간다는 의미이다. 살아서 출근부에 도장을 찍었다면 삶은 계속될 것이고 그렇지 못하면 마감된다. 그렇기에 출근부에 이름을 올릴 수 없는 이들은 터전을 내려간다고 표현할 수 있는 것이다. 또 이들은 신문을 발행할 수 없으므로 "夕間"의 시간에 놓인 사람들이 된다. "현실〈朝刊〉"의 내용이 이러하므로 부락민들은 하루의 삶을 "僥倖"으로 여길 수밖에 없다. 사설의 한 구절인 "夕陽"이 가 버렸다는 논평 또한 현재 상황을 암울하게 인식한 것이다.

그러나 이 시는 현실의 암울함을 제시하는 것으로 끝나지 않는다. 왜냐하면 이 시에는 터전과 사람들이 존재하는 한 삶은 이어진다는 역사적 사실이 내포되어 있기 때문이다. 하루는 오늘과 내일로 반복되는 시간이다. 신문 또한 조간과 석간을 반복하며 매일 발행될 수 있다. 김종삼 시인은 이러한 삶의 영속을 시의 심층에 마련해 두었다. 우리의 역사적 현재는 "〈旱魃〉"을 만난 듯 어려운 상황이지만 오동나무가 많은 부락[5]에 쌓인 "食器"처럼 함께 살아가려는 사람들이 있다면 삶은 계속되고 상황은 나아질 수 있다고 본 것이다. 같은 맥락에서 시인은 우리의 역사를 만들어 가는 사람들은 공동체적 삶을 소중하게 생각하는 일반인이어야 한다고 규정한다. 신문지상에 이름을 올리는 권력자, 지배자, 유명인이 아니라 하루를 귀중하게 살아내는 평범한 사람들이 역사를 만드는 주체라고 생각한 것이다.

역사를 만드는 주체가 일반적인 인간이라는 시인의 생각은 다음의 시에서도 살펴볼 수 있다.

---

5 이곳의 모습은 시 「오동나무가 많은 부락입니다」를 통해서 확인할 수 있다. "누구나,/모진 서름을 잊는 이로서, (중략) 구속이란 죄를 면치 못하는/이라면 오시어도 좋은/오동나무가 많은 부락입니다."에서 보듯 오동나무가 많은 부락은 인류애가 작동하는 공동체로서의 속성을 가진 공간이다.

토끼똥이 알알이 흩어진
가장자리에 토끼란 놈이 뛰어 놀고 있다.

쉬고 있다.

피어 오르는 아지랑이의 체온은 성자처럼
인간을 어차피 동심으로 흘러가게 한다.

그리고 나서는 참혹 속에서
바뀌어지었던 역사위에 다시 시초의
여러 꽃을 피운다고,

매말라버리기 쉬운 인간 〈성자〉들의 시초인 사랑의 움이
트인다고,

토끼란 놈이 맘놓은채
쉬고 있다.

-「토끼똥·꽃」[6]

위의 시는 발표 시기[7]와 특정 시어를 근거로 하여 김종삼 시인의 시대 의식을 가늠할 수 있는 작품이다. 이 시는 수미상응의 형태로

6 김종삼, 「토끼똥·꽃」, 홍승진 외 3인 엮음, 앞의 책, 135쪽.

7 이 시는 4. 19혁명 직후인 1960년 5월에 발표되었다.

이루어진 1, 2연과 5연의 내용을 3, 4연이 뒷받침하는 구조를 갖추고 있다. 우선 1, 2연과 5연에서는 토끼가 맘 놓고 쉬고 있는 상황을 제시한다. 특히 토끼의 똥이 알알이 흩어져 있는 모습을 구체적으로 제시하고 있다.

토끼는 우리 문화에서 다양한 상징성을 보이는 존재이다. 우리나라에서 토끼의 이미지는 구토 설화를 원형으로 삼아 형상화되었다. 이 설화를 바탕으로 판소리 '수궁가'와 고소설 '토끼전', 개화기의 소설인 '토의 간' 등이 만들어진 만큼 구토 설화는 우리 민족에게 토끼에 대한 이미지를 각인시킨 이야기이다. 여기에서 토끼의 이미지는 지배 권력에 의해 생명을 빼앗길 뻔했으나 특유의 지혜로움으로 위기를 벗어난 존재로 그려진다. 고소설 '토끼전'에 대해 최혜진은 "용왕의 득병이라는 국가적이고 이념적인 문제에 대항하여 토끼가 지략으로 탈출하고 승리하는 과정을 통해 개인의 삶이 지배 이념에 귀속될 수 없음"[8]을 보여준 이야기라고 논평했다.

토끼는 달과도 관련이 깊다. 우리 문화에서는 예전부터 달에 토끼가 산다고 믿었기 때문이다. 그래서 토끼는 "달 또는 월궁, 달의 精 또는 달의 신으로 상징될 뿐만 아니라, 영속하는 생명 내지 부활·재생의 상징"[9]이 되기도 한다. 달이 일정한 주기로 차고 기우는 과정을 반복하는 속성을 지니고 있기 때문에 달과 동일시되는 토끼 또한 그러한 속성을 가진 존재로 생각하는 것이다. 이러한 점을 미

8 최혜진, 「판소리계 소설의 골계적 기반과 서사적 전개 양상」, 숙명여대 박사 논문, 1999, 141쪽.

9 김리숙, 「토끼띠의 民俗과 象徵」, 『중앙민속학』6, 중앙대학교 한국문화유산연구소, 1994, 124쪽.

루어 보았을 때 이 시는 마음껏 뛰어노는 토끼의 모습을 통해 더는 지배 권력에 유린당하지 않는 존재, 영속하는 생명성을 지닌 존재를 보여주고자 한 것으로 보인다.

3연과 4연에는 토끼와 같은 존재를 드러낸 이유를 가늠해 볼 수 있는 대목이 나온다. 바로 꽃을 피워내기 위해서이다. 여기서 꽃은 "참혹"했던 역사를 넘어서 다시 시작하는 새로운 역사를 뜻한다. 김종삼 시인의 의식에서 새로운 역사란 토끼의 상징적 의미처럼 지배 권력에 유린당하지 않으면서 단단한 생명력으로 "사랑의 움"을 틔우는, "인간"에 의해 시작되는 역사이다. 다시 말해 새로운 역사와도 같은 그 "꽃"은 "토끼똥"을 거름으로 하여 뿌리를 내리고 인간에게 내재한 "사랑"을 양분으로 삼아 움을 틔울 수 있는 것이다.

김종삼 시인이 4. 19혁명을 염두에 두고 이 시를 쓴 것인지는 확인할 수 없으나 비단 4. 19혁명만을 생각하고 쓴 것은 아닐 것이다. 김종삼 시인은 시를 처음 발표했던 1950년대부터 꾸준히 현실의 사건에 관심을 두고 있었고 세련된 시적 문법을 동원하여 이를 드러냈기 때문이다. 그러면서 끊임없이 역사적 현실과 시대 문제에 대해 사유하고 인간과 인간성에 대해 치열하게 고민해 왔다.

김종삼 시인의 시대 의식은 전쟁에 관한 시편에서 극명하게 드러난다. 김종삼 시인이 체험한 전쟁은 6. 25전쟁이다. 잘 알려져 있듯이 김종삼 시인은 황해도 은율에서 유년을 보냈고 분단과 6. 25전쟁을 겪으면서 남한으로 왔다. 당시 피란의 경험은 김종삼 시인에게 트라우마가 될 정도의 충격적 체험이었고 시를 쓰기 시작한 것도 이를 겪은 후부터였다.

마지막 담너머서 총맞은 족제비가 빠르다.

〈집과 마당이 띠엄 띠엄, 다듬이 소리가 나던 洞口〉

하늘은 바른 마음을 가진 사람들이 있다고 대낮을 펴고
있었다.

군데 군데 재떠머니는 아무렇지도않았다.
못볼것을 본 어린것의 손목을 잡고 섰던 할머니의 황혼마
저 학살 되었던 僻地이다.
그 곳은 아직까지 빈사의 독수리가 그칠사이 없이 선회하
고 있었다.

원한이 뼈무더기로 쌓인 고혼의 이름들과 神의 이름을 빌
려 號哭하는것은 「洞天江」邊 의 갈대뿐인가.

-「어두움속에서 온 소리」[10]

이 시는 "6. 25전쟁 중 발생한 양민 학살 사건을 다룬 것이고, 4. 19 정국에서 이루어진 전쟁 진상 조사에 대한 시적효과"[11]이다. 시에 쓰인 "洞天江"은 1951년 2월에 일어난 산청·함양 민간인 학살을

10 김종삼, 「어두움속에서 온 소리」, 홍승진 외 3인 엮음, 앞의 책, 138쪽.

11 임지연, 「김종삼 시의 수치심 연구」, 『한국문학이론과 비평』68, 한국문학이론과 비평학회, 2015, 296쪽.

가리키는 결정적인 시어이다.[12] 김종삼 시인은 전후 회복을 외치는 당시의 사회적 분위기와 4. 19혁명이라는 역사적 사건을 거치면서 잠시 어둠에 묻혔던 전쟁의 참상을 민간인 학살이라는 이 시의 사건을 통해 생생하게 되살리게 된다. 전쟁의 폭력성과 참상은 시간이 지난다고 잊힐 수 있는 것이 아님을 뼈아프게 인식했을 것이다.

그런데 김종삼 시인은 이 시를 발표한 이후, 제2차 세계대전에서 벌어진 홀로코스트에 대한 시를 연달아 발표한다. 「아우슈뷔치」(1963년), 「終着驛 아우슈뷔치」(1964년), 지대(1966년), 「아우슈비츠 라게르」(1977년), 「實錄」(1977년)이 그것이다. 시인의 의식에서 "아우슈비츠로 환유되는 홀로코스트는 우리 민족이 겪은 민간인 학살과 동일시된다. 즉 '동천강'은 우리의 아우슈비츠인 셈이다"[13] 김종삼 시인의 시대 의식에는, 우리 민족이 겪은 전쟁과 세계대전이 무고한

12 1960년 5월부터 거창 민간인 학살 사건을 비롯해 6. 25전쟁 중에 일어난 민간인 학살 사건이 대대적으로 보도된다. 특히 「壓力받고 여태까지쉬쉬」, 동아일보, 1960년 5월 18일의 기사에는 동천강변에서의 학살 사건 경위를 매우 자세하게 보도하고 있다. 내용은 다음과 같다. "현지의 주둔군은 주민들이 베푼 명절의 대접을 받은 것도 아랑곳없이 八四년(단기 4284년, 서기 1951년-본 저자가 덧붙임) 음력 정월 二일 아침 일찍 今西면 내의 花溪 부락 등 四개 부락민 四백여 명을 洞天江으로 피난가라고 명령했다. (중략) 이 강은 山淸군과 咸陽군의 경계선이다. 이때는 백설이 내려 산천을 뒤덮었고 강물은 얼어붙었었다. 죽음의 길인 줄도 모르고 이들 주민들은 꽁꽁 얼어붙은 洞天강을 건너 강변의 西州 부락 언덕에 다달았다. 넓은 개천가에 모인 이들에게 대대장은 무려 세 시간 동안이나 앉혀 눈을 감게 하고 정보 장교 입회하에 지서 주임 宋孝祥 경사 등 경찰관들로 하여금 군인 가족과 경찰 가족 공무원 가족 등을 추려내게 한 다음 나머지 一六명의 남녀노유를 미리파헤쳐 둔 구렁텅이 속에 넣고 기관총을 발사하는 한편 수류탄을 던져 학살을 감행하였다는 것이다."

13 신지원, 「김종삼의 전쟁 시편에 나타난 개념적 혼성과 의미 연구」, 『건지인문학』 19, 전북대학교 인문학연구소, 2017, 117쪽.

생명을 유린했다는 차원에서 본질적으로 같은 것이라는 인식이 있다. 이를 개념적 혼성으로 구조화하면 [그림 2]와 같다.

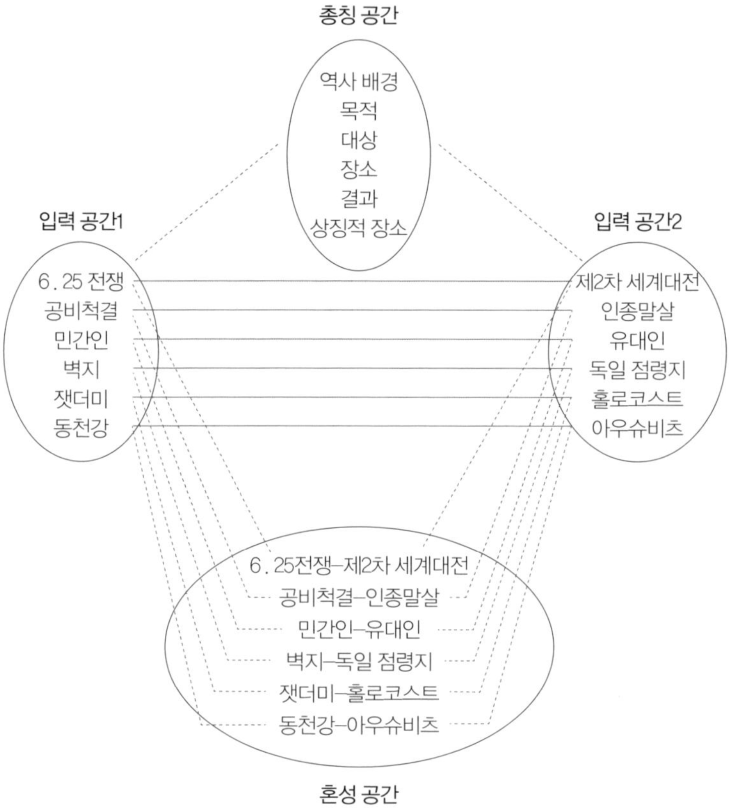

그림 2. 시 「어두움속에서 온 소리」와 아우슈비츠의 개념 혼성[14]

전쟁에 관한 김종삼 시인의 시대 의식은 아우슈비츠를 소환하면

---

14 신지원, 앞의 논문, 117쪽의 [그림 3]을 수정한 것임.

서 60년대와 70년대에 꾸준히 시로 형상화된다.

어린 校門이 가까이 보이고 있었다.
한 기슭엔
如前 雜草가,
校門에서 뛰어나온 學童이 學父兄을 반기는 그림 처럼
바둑 강아지가 그 뒤에서 조고마게 쳐다 보고 있었다.
아우슈뷔치 收容所 鐵條網 기슭엔 雜草가 무성해 가고 있었다.

-「아우슈뷔치」 2연[15]

위 시에는 "校門"으로 상징되는 학교 공간이 등장한다. 그러나 학교는 이내 "收容所"로 치환되고 "어린 校門"의 실체는 "鐵條網"으로 밝혀진다. 푸코에 의해 널리 알려져 있듯이 학교는 감옥과 매우 유사한 규율과 훈육의 체계를 가지고 있다.[16] 푸코의 사유를 직접 참조하지 않고도 김종삼 시인의 예리한 감각은 "雜草"를 통해 아우슈비츠의 수용소 철조망과 인적이 끊긴 학교 교문을 연결하는 시적 미학에 이른다. 물론 학교의 체계에 대한 문제의식보다는 학교에서 보여야 할 당연한 장면이 "그림"으로밖에 존재하지 않는 현실을 제시하는 데에 시의 중심이 놓여 있다. 한편 "鐵條網"은 우리의 분단

15 김종삼, 「아우슈뷔치」, 홍승진 외 3인 엮음, 앞의 책, 195쪽.

16 미셸 푸코, 오생근 역, 『감시와 처벌-감옥의 역사』, 나남, 2003. (특히 '제3부 규율' 부분을 참고하였다.)

역사에서 38선에 세워진 경계 철조망을 떠올리게 한다. 시인의 의식에는 우리 민족의 역사와 아우슈비츠가 개념적으로 혼성되어 자리하고 있는 것이다.

아우슈비츠에 관한 시는 1977년에 발표한 「實錄」으로 마무리가 된다. 그런데 이 시는 시적 미학의 완성보다는 나치의 잔인함을 사실적으로 고발하는 데에 치중한 작품이다. 그래서 다소 난해하고 다양한 해석을 가능하게 하는 대부분의 김종삼 시에 비해 상대적으로 분명한 의미를 지닌다. 작품의 제목을 「實錄」이라고 한 것도 이러한 이유에서였을 것이다. 현실을 그리되, 있는 그대로 "복사"[17]하지 않는다는 시인의 지론을 고려하면 시인에게 아우슈비츠는 다시 "몇 줄 추리지 않을 수 없"(「實錄」 1행)었을 정도로 극악한 사건임이 틀림없다.

김종삼 시인이 아우슈비츠에 대해 이 정도의 관심을 기울인 것은 앞서 말했듯이 우리 민족이 겪은 역사적 사건과 개념적 혼성을 이룬 시인의 의식 때문이다.

> 1947년 봄
> 深夜
> 黃海道 海州의 바다
> 以南과 以北의 境界線 용당浦.

---

17 김종삼 시인은 한 산문을 통해 "사진사처럼 그러한 아무도 봐주지 않는 토막풍경들의 「샷터」를 눌러서 마구 팔아먹는" 시인들의 행태를 비판했다. 그러한 시인들을 "자연을 복사해 버리는 낡은 사진사"라고 여겼다. 김종삼, 「의미의 백서」, 홍승진 외 3인 엮음, 앞의 책, 903쪽.

사공은 조심 조심 노를 저어가고 있었다 기침도 금지되어 있었다 十餘名이 타고 있었다

울음을 터뜨린 한 嬰兒를 삼킨 곳.
스무몇해나 지나서도 누구나 그 水深을 모른다

-「民間人」[18]

해방 이듬 이듬해 봄
10時~11時
솔밭 속을 기어가고 있음
멀리 똥개가 짖고 있음
달뜨기 전 넘어야 한다 함
경계선이 가까워진다 함

엉덩이가 들린다고 쥐어박히고 있음
개미가 짖고 있음
기어가고 있음, 달뜨기 전 넘었음

빈 마을 빈 집들 있음
그런 데를 피해가고 있음
시간이 지났음

18 김종삼, 「民間人」, 홍승진 외 3인 엮음, 앞의 책, 371쪽.

경계선이 다시 나타남
총기 다루는 소리 마구 보임
시야에
노란
붉은
검은 빛발침
개새끼들 아직 이북 警備隊임

간간 遠近의 고함이
캄캄한 拘置所 전체가 벼룩떼임
순찰 한 놈이 다녀갔음 벽 한 군데 거적떼길 들추어보았음 굵은 삭장귀 네 個가 가로질린 살창임
합세하여 잡아당기고 있음 흙덩어리 떨어진 소리가 오래가고 있음

짐작 時計
2時 빠져나갈 구멍이 뚫리고 있음
腦波 일고 있음
현재 罪目, 反動 및 破壞分子

3時~4時 아직 순찰 없음
두 다리부터 빠져나와 있음

허연 달 밑

기어가기 시작함 엉덩이가 들린다고 쥐어박히고 있음
달 지는 쪽 西쪽과 南쪽 파악하였음
엉덩이가 다시 높아지고 있음

-「달 뜰 때까지」[19]

인용한 위 두 작품은 해방 정국에서 38선 경계를 넘나드는 민간인의 모습을 공통적인 소재로 한 시이다. 당시 38선 부근에는 미군 사령관 하지(John R. Hodge)의 지시로 20여 개의 도로 차단벽이 설치되었다. 또 경계선 표지판(Parallel Marker:PM)이 설치된 주요 간선도로 및 통행로 등에 소대 혹은 분대급 병력을 상주시켰다. 소련도 38선을 따라 경비초소를 설립했는데 1947년에는 총 43개소의 북한 경비초소가 존재했을 정도로 북한경비대가 38선 경비의 실제적 임무를 담당하고 있었다. 미소 양군은 진주 직후에는 비교적 자유로웠던 38선 통행을 여러 가지 이유로 점차 제약했고 소련군은 월경자들에게 약탈과 총격을 서슴지 않았다. 콜레라가 만연한다는 이유로 38선 통행을 법적으로 봉쇄한 이후 1946년 5월에는 완전히 단절시켰다. 38선 봉쇄에도 정치·사회적 이유로 월남한 사람이 많았는데 이들을 제외하면 일반 농민들이 가장 많이 월남했다. 한편 하지는 진주 직후부터 미소 간에 38선의 정확한 위치에 대한 합의 부재가 여러 문제를 일으킨다고 판단하였다. 예를 들어 미소 진영은 해주 남단에 있는 용당포 항이 38선 이남인지 이북인지에 대해 논쟁을 벌인 것이다.[20]

---

19 김종삼, 「달 뜰 때까지」, 홍승진 외 3인 엮음, 잎의 책, 410~411쪽.

해방 정국에서 미소는 38선 월경을 엄격히 제한했지만, 경계선을 따라 띄엄띄엄 세워진 경계선 표지판이나 경비초소만으로 모든 교통을 차단할 수는 없었다. 이들 초소 및 표식 사이에는 어디서 남한이 끝나고 북한이 시작되는지 알 방법이 없었기 때문이다. 이러한 상황에서 38선을 침범·위반하는 여러 사건이 줄지어 일어났는데 경계선을 위반한 '범인'은 남북한의 민간인이 대부분이었다.[21]

인용한 시들은 이와 같은 해방 정국의 상황에서 경계를 넘는 장면을 생생하게 그린다.「民間人」은 김종삼 시인의 대표작이라 할 수 있는데, 구체적인 시간과 장소를 특정하여 당시의 상황을 섬세하게 표현한 것이 특징이라 하겠다. 특히 용당포는 사령관 하지가 관심을 두고 있던 만큼 지리적으로 중요한 38선 경계 지역인데 이 때문에 경비 또한 삼엄했을 것으로 추정할 수 있다. 목숨을 내건 월경의 상황에서 가장 약한 존재의 비참한 희생은 알 수 없는 "水深"만큼 수면 아래에 묻히기 십상이다. 또 영아를 유기하면서까지 그 시간을 견뎌냈던 남은 사람들에게 사건의 책임을 추궁하는 것은 온당한 것이 아니다. 시인의 시대 의식은 거대한 이념의 쟁투 아래에서 이렇게 숨죽이며 살아야만 했던 보통의 사람들에게 초점을 맞추며 역설적으로 현실의 문제를 부각한다.

시「달 뜰 때까지」는「民間人」과 동일한 시간적 배경을 가졌는데 연도뿐만 아니라 깊은 밤이라는 시간까지 일치한다. 이는 남과 북의

20 정병준,「1945~48년 미소의 38선 정책과 남북갈등의 기원」,『중소연구』27(4), 한양대학교 아태지역연구센터, 2004, 181~186쪽.

21 정병준, 위의 논문, 193쪽.

경계를 넘는 일 자체가 매우 모험적이고 적발되면 생존을 위협받을 수 있는 위험한 일이었음을 드러내는 것이기도 하다. 시 「달 뜰 때까지」에서는 화자 일행이 38선 경계를 넘어가는 과정이 시간의 순서에 따라 자세히 묘사된다. 시의 내용을 간추리면 다음과 같다.

화자 일행은 달 뜨기 전 앞이 보이지 않는 어둠 속에서 움직이고 있기 때문에 자신들의 위치가 어디인지 확신하지 못한 채 경계를 지나고 있다. 경계를 넘었다고 생각했지만 기어간 곳은 다시 경계선이었다. 그래서 경비대의 총격을 받기도 했고 순찰하는 군인에게 들킬 뻔한 위기를 넘기기도 했다. 경비대에게 잡히기라도 하면 남과 북 어느 쪽의 경비대라도 화자 일행의 죄목은 "反動 및 破壞分子"가 된다. 몇 시간을 기다린 화자 일행은 달의 위치를 보고 자신들이 가야 할 방향을 가늠하면서 다시 경계로 움직이고 있다.

화자 일행의 행동과 동선, 시각적인 효과와 청각적 효과음은 마치 영화의 시나리오처럼 보이기까지 한다. 특히 시에 등장하는 소리 이미지는 시적 사건을 매우 효과적으로 형상화하도록 치밀하게 설계되어 있다. 예컨대 1연에서는 개가 짖는 소리가 "멀리"서 들린다고 했고 2연에서는 "개미"가 짖는다고 했다. 사실 인간의 귀에 개미의 소리가 들릴 리가 없다. 이는 화자 일행이 "솔밭"에 몸을 최대한 밀착한 채 기어가는 모습을 개미 소리를 듣는다는 것으로 치환하여 서술한 시인의 감각적 기법이다. 게다가 "개"라는 음가를 지닌 시어를 같은 방식으로 소리 이미지와 연결하면서 리듬을 맞추는 효과도 생기게 했다. 멀리서 나는 소리와 가까운 소리를 배치한 것은 화자 일행을 중심으로 한 배경에 원근감을 부여한다. 4연에서는 더 독특한 효과를 보여주는데 "총기 다루는 소리 마구 보인"이 그것이다.

이 표현을 통해서 발포되는 총소리와 빗발치는 섬광들을 동시에 느낄 수 있고 "遠近의 고함"이라는 표현과 함께 화자 일행이 처한 긴박한 상황을 생생하게 재현할 수 있게 된다.

시의 사건과 상황을 눈앞에서 보는 것처럼 생생하게 구현하면서 시인이 획득하고자 한 것은 무엇일까. 이 시가 발표된 것은 1974년 겨울이다. 무려 27년 정도의 시간이 흘렀으나 시인이 의식에는 세월이 무색할 만큼 당시의 상황을 선명하게 기억하고 있다는 의미일 것이다. 그리고 27년이 지났지만 1974년의 현실도 해방 정국과 분단 그리고 전쟁의 어지러움과 다르지 않다는 시인의 생각을 드러내는 것이다. 그렇기 때문에 김종삼 시인에게 현실은 "지금도 흔들리는 달구지길"(「달구지 길」)이며 "하늬바람"이 부는 "상쾌"한 장소에서도 "이곳도 전쟁이 스치어 갔으리라."(「서시」)고 되뇔 수밖에 없는 현재형의 역사로 인식된다.

한 離散가족의 경우를 보았다.

다 늙고 가난과 질병과 상흔에 찌들린
서로의 참담한 모습이 畫面에 비치자,
울부짖다가
부축을 받는
흔들림을
보았다.
그렇다.
죽음만이 참사가 아니다.

-「이산(離散)가족」[22]

이세상 모두가 부드럽다면
얼마나 좋을까
(중략)
高電壓 地帶에서 여러번 죽었다가
살아나서처럼
누구나 축복받은 사람들처럼

(중략)
나는 이세상에
계속해 온 참상들을
보려고 온 사람이 아니다.[23]

인용한 시 「이산(離散)가족」은 김종삼 시인이 작고한 1984년에 발표되었고 바로 위에 인용한 제목이 없는 시는 1985년에 발표된 시로 유고 시 중의 하나이다. 시인은 병마와 싸우던 인생의 마지막 시간에서도 우리가 겪어온 역사적 사건을 현재형으로 반추했다. "죽음만이 참사가 아니"라는 것은 분단과 전쟁의 참상이 생존한 사람의 인생에도 크나큰 영향을 끼치고 평생 회복할 수 없는 상처가 됨을

22 김종삼, 「이산(離散)가족」, 홍승진 외 3인 엮음, 앞의 책, 711쪽.

23 이 시는 김종삼 사후에 발표된 유고 시 중 하나로 제목이 따로 있지 않다. 인용한 부분은 1연의 일부와 3연이다. 홍승진 외 3인 엮음, 위의 책, 887쪽.

다시 확인하는 말이다.

인용한 유고 시에서는 "高電壓 地帶"에서 살아남은 것을 "축복"으로 표현하고 있다. 고전압 지대는 아우슈비츠의 수용소 철조망과 38선 경계의 일대를 동시에 떠오르게 한다. 동아일보의 기획 연재 기사였던 「鐵의 帳幕 三八線 踏査」의 내용에 따르면 1947년 10월 무렵 38선의 접경에는 공가만 즐비하고 주인 없는 집 마당과 임자 없는 무덤에는 잡초가 무성했다고 한다.[24] 또 황해도 일대의 38선을 제일 위험한 지대라고 설명하면서 오천 볼트의 고압전기를 통할 수 있는 전기 철조망이 경찰서 주위를 둘러싸고 있다고 보도했다.[25]

앞서 분석한 시 「아우슈뷔치」에서의 잡초 그리고 위에 인용한 유고 시에서의 "高電壓 地帶"는 모두 우리의 역사를 내면화한 시인의 시대 의식에서 뿜어져 나온 상징들이다. 시인은 작고할 무렵까지 "이세상"의 현실을 문제시했다. 시인의 표현처럼 "참상"은 "계속해온" 현실의 문제인 것이다.

김종삼 시인의 시대 의식은 1970년대 우리나라에서 발생한 사회적, 군사적 사건에 기민하게 반응하였는데 아래의 시가 이를 잘 보여준다.

조용한 바다와
한가한 精米所와
敎會堂과

24 「鐵의 帳幕 三八線 踏査」(6), 동아일보, 1947. 09. 28.

25 「鐵의 帳幕 三八線 踏査」(7), 동아일보, 1947. 10. 02.

앉은방이 낡은 石塔과 같은 어머니와 어진 사람들이 사는 洞里지만 嚴冬이다.

얼마전 아버지가 묻혔다.
한달만에 어머니가 묻히었다.
十여년전 海軍에 가 있던 동생은 火葬하였다고 한다.
가난한 친구의 아내와 얘기하다 본즉 西山이다.

-「六七年一月」[26]

인용한 위의 시는 1967년 1월에 연달아 일어난 두 건의 해상 관련 사건을 다루고 있다. 첫 번째는 1월 14일에 발생한 이른바 '한일호 침몰 사건'이다. 이 사건은 당시 동아일보에서 호외로 가장 먼저 다루었는데 사건의 요지는 다음과 같다.

> 14일 밤 9시 53분 南海加德島 부근 해상에서 해군 韓國함대 소속 호위 구축함(DE) 73호 忠南함과 麗水를 떠나 釜山으로 가던 麗水天洋汽船 소속 麗水~釜山 간 정기 여객선 韓一號가 충돌, 韓一號는 10분 후에 침몰하고 타고 있던 1백 17명 가운데 15일 낮 현재 12명이 구조되고 나머지 1백여 명이 실종됐는데 이들은 거의 생존 가망이 없는 것으로

26 김종삼, 「六七年一月」, 홍승진 외 3인 엮음, 앞의 책, 368쪽. 이 시는 기존의 연구에서 전혀 분석하지 않았던 작품이다. 특히 당시에 일어난 해상 사건과 관련지어 분석한 것은 본 저자가 처음이다. 이는 김종삼 시인을 탁월한 순수시인으로 규정한 탓에 시대적 사건과 관련하여서는 상대적으로 연구가 미진했기 때문이다.

보고 있다.[27]

한일호 침몰 사건은 충남함과의 충돌이 침몰의 일차적 원인이었으나 한일호의 엔진이 1953년에 침몰했던 창경호의 엔진을 재사용한 것이었고 정원을 초과하여 승객을 실은 것뿐만 아니라 안전 장비도 제대로 갖추지 않은 것 등의 여객선 관리 부실이 낳은 인재였다.[28] 두 번째는 1월 19일에 일어난 것으로 해군 함정이 북한군에게 기습적으로 피격 당한 사건이다. 이 사건의 요지는 다음과 같다.

> 40년 전 북의 도발로 피격·침몰한 해군 56함 사건은 세간에 잘 알려지지 않았다. (중략) 1967년 1월 19일 오후 1시 3분쯤, 북한지역 수원단(水源端) 동남쪽 4.5마일 해점(海点), 동해안 명태잡이 어선 보호 작전 중이던 해군 PCE 56함(당포함, 650톤, 승무원 79명, 함장 김승배 중령)이 북한 육상포대에서 쏜 포탄에 맞아 선체가 크게 동요했다. 함장 김 중령은 즉각 응사 명령을 내려 20여 분간 교전을 벌인다. 그러나 역부족. 적의 2탄이 56함 기관실에 명중하는 바람에 엔진이 꺼져 함정이 항진하지 못했다. 이 틈을 노려 북 포대는 다시 포격해 56함 통신실과 포대 등에 8발이 작렬했다. 교전 1시간 만에 해군 56함은 침몰하기 시작했다. 함장은 퇴함 명령

27 「旅客船·海軍護衛驅逐艦충돌 百餘名死亡한듯」, 동아일보, 1967. 1. 15.

28 김창일, 「바다가 기억하는 세 번의 아픔-김창일의 갯마을 탐구(50)」, 동아일보, 2020. 9. 11.

을 내릴 수밖에 없었다. 이 전투에서 56함 승무원 79명 중 39명이 수몰, 전사하는 참변을 당했다.[29]

이 사건 역시 동아일보에서 호외[30]로 가장 먼저 보도했고 이후 1월 21일까지 100건 가까이 관련 기사가 이어졌을 만큼 당시에는 매우 잘 알려진 사건에 해당한다. 특히 해군 장병의 상당수가 포탄에 전사한 사실은 매우 안타까운 일로 기록되었다.[31]

김종삼 시인은 1967년 1월에 일어난 두 건의 해상 사고를 단순한 사회적, 군사적 사건으로 생각하지 않았다. 평화로운 삶을 무너뜨리고 지속할 수 없게 만든 인재이자 폭력이라고 여겼다. 나아가 인간을 무기력하게 만드는 이러한 사건은 6. 25전쟁뿐만 아니라 어느 시대, 어느 장소에서도 끊임없이 이어지고 있음을 인식했다. 시의 내용을 살펴보자.

먼저 이 시는 "바다" 근처의 한 마을을 배경으로 하고 있다. "정미소", "교회당"이 있고 "어진 사람들"이 살고 있지만 시절은 "엄동"이다. 평화로운 이 마을에 어떠한 일이 벌어졌음을 알 수 있다. 그 일은 2연에서 확인할 수 있는데 부모와 동생이 연달아 사망한 일이 그것이다. 특히 동생의 신분인 "해군"과 사망의 단서인 "화장"은 앞서 말한 '해군 56함 피격' 사건을 떠올리게 하는 시어들이다. 다음으로 이 시는 평소 마을의 분위기와 사건이 벌어진 67년 1월의 분위기를

29 이두석, 「사건기자 '못다 한 푸념'」, 『관훈저널』121, 관훈클럽, 2011, 100~101쪽.

30 「海軍警備艦 北傀에 被擊沈沒」, 동아일보, 1967. 1. 19.

31 「失踪者戰死한 듯」, 동아일보, 1967. 1. 20.

상반되게 만들어 사안의 비극성을 강조한다. 가족적 유사성에 의해 단일한 의미의 계열을 지닌 "조용한", "한가한", "어진" 등의 수식어는 고요하고 화평한 분위기를 불러일으킨다. 이에 비해 "엄동", "서산"은 얼어붙은 이미지, 해가 기우는 이미지를 가진 시어들로서 죽음과 파국의 분위기를 만든다. 이러한 대립적 분위기는 부모가 연달아 사망하고 동생까지 전사하게 되어 한 가정이 몰락하는 사건을 비극적으로 강조하는 효과를 가져온다.

한편 이 두 사건을 모두 겪은 한 가족의 실제 이야기를 다룬 기사가 눈에 띈다. 1월 23일 동아일보 사회면에 실린 기사인데 내용은 다음과 같다.

> 이곳 시내 老松동 560번지 崔明奎 씨 집은 지난 14일 韓一호 침몰 사건과 19일의 56함 침몰 사건을 함께 겪어 韓一호 침몰 사건으로는 형 宗奎 씨를 잃고 슬픔에 젖어 있을 때 19일에는 56함 기관장인 아우 崔八奎 대위가 살았다는 소식에 희비가 엇갈렸다. 불과 5일 동안에 두 해상 사고를 겪은 崔明奎 씨는 (중략) 우리 집의 얄궂은 운명을 말해주는 것 같다고 말했다.[32]

위 기사의 내용은 공교롭게도 시 「六七年一月」이 형상화한 한 가족의 이야기와 매우 닮아있다. 김종삼 시인이 위 기사의 내용을 직

---

32 「韓一號·56艦 사고 한 家族 生과 死 南海서 兄 잃고 東海서 살아 달려 온 아우」, 동아일보, 1967. 1. 23.

접 참조했는지는 알 수 없으나 1967년에 일어난 두 사건이 평범한 가족의 삶을 어떻게 무너뜨릴 수 있는지를 실질적으로 확인할 수 있는 사례인 것은 분명하다. 김종삼 시인에게 이러한 사건은 인간의 삶을 무력하게 한다는 측면에서 6. 25전쟁의 연장선으로 인식된다. 그리하여 결코 사라질 수 없는 전쟁의 트라우마를 살아가는 내내 상기하고 시로 기록한 것이다.

김종삼 시인의 시대 의식은 6. 25전쟁에서 비롯하여 국내외에서 벌어지는 크고 작은 사건을 기억하는 데에서 형성되었다. 「六七年 一月」이 발표된 1970년에도 마찬가지였다. 요컨대 김종삼 시인은 무고하게 희생된 평범한 사람들의 이야기를 시로 기록하여 오래도록 상기했고 이는 김종삼 시인의 시대 의식을 보여주는 시적 효과이기도 하다.

그렇다면 김종삼 시인의 시대 의식은 해방 이후의 역사적 현실을 통해서만 형성된 것일까. 1982년에 발표한 시 「女囚」를 참고하면 해방 전의 현실에 대해서도 깊이 사유했음을 확인할 수 있다.

다섯살인가 되던 해
보모를 따라가고 있었다.

자혜병원이라는 앞문이
멀어 보이었다.
며칠 전에 자동차가 이 길을
어디론가 지나갔다 한다.

길이 꼬부라지는 담장 옆에
높다랗고 네모진 자동차가
서 있었다.
얼굴이 가려씨워진 팽가지들을 본 것은
그 날이 아닌 것처럼 女囚라고 하였던
들은 말도 그 전이 아니면 그 후였다.

느린 박자 올갠이 빤 하였다
소학교 교정이 말끔하게 비어 있었다
길 끝으로 어린 兒孩가 어린 兒孩를
업고 가는 모습이었다.

보모가 간 집은 얕은 울타리
나무가 많은 벽돌집이었다
가늘고 오뚝한 窓門이 낯설었다
해가 들지않는 아뜨리에 같은데서
두 女人이 만났다. 커다란 두 손과
두 손이 연거퍼 쥐어졌다
두부파는 종이 땡가당거렸다

돌아올 때엔 작은 손에
커다란 배 한 알이 쥐어졌다.
맞이한 여인의 손이
커다란 손이었다.

-「女囚」[33]

위의 시에는 "다섯살" 때의 일을 회상하는 화자가 등장한다. 화자가 김종삼 시인이라고 가정한다면 회상의 내용은 1925년 즈음의 일이 된다. 화자는 일제강점기의 어느 날 보모와 외출을 하고 목적지에 가는 과정에서 본 것을 서술한다. 이 시는 화자의 눈에 들어온 대상을 중심으로 내용이 옴니버스처럼 구성되는 특징이 있다. 각각의 이야기는 "올갠"과 "종"의 소리 이미지를 배치하여 전환한다.

1연은 회상하려는 과거의 시점이 언제인지 서술한다. 2연과 3연에는 제목인 「女囚」가 등장하는 과정을 서술한다. 화자는 먼저 "자혜병원"을 발견한다. 이어서 담장 근처에 세워진 "자동차"를 보게 된다. 그리고 이 자동차가 자혜병원이 바라다보이는 "이 길"을 "며칠 전"에 지나갔다는 얘기를 듣는다. 화자는 자동차를 보면서 "팽가지"[34]를 보았던 것을 또 떠올린다. 그 팽가지들이 "女囚"라는 말도 듣게 된다.

그런데 2연과 3연에는 독특한 시간 구성이 나타난다. 화자가 다섯 살 때 보모와 외출하던 중 그 길에서 본 "자동차"가 자혜병원이 보이는 길 어딘가를 지났다는 것은 과거의 시점에서 또 과거의 이야기이다. 또 "팽가지"를 본 것이 외출하던 그날인지 아닌지 분명하지 않고 "女囚"라고 들은 것도 그날 이전인지 이후인지 확실하지 않다.

33 김종삼, 「女囚」, 홍승진 외 3인 엮음, 앞의 책, 677~678쪽.

34 "팽가지"는 맥락상 죄수의 머리에 씌우는 용수 같은 것을 뜻하는 것으로 보인다.

시인은 이렇게 시간 구성을 명료하게 배치하지 않음으로써 화자가 기억하는 대상을 외출한 그날만 발생했던 어떤 특수한 사건을 가리키는 것이 아닌 것으로 만든다. 달리 말해 시간 구성의 범위를 확장함으로써 당시에 빈번히 일어났던 비슷한 사건이 있었음을 떠올리게 한다는 것이다. 한편 외출하던 그날과 그로부터 며칠 전에도 보았던 "자동차"는 죄수를 연행하는 차량이었다고 볼 수 있다.[35] 이를 종합하면 2, 3연에서 시의 화자는 당시에 빈번히 일어났던 죄수 호송 장면을 비교적 객관적인 시선으로 연출하고 있는 것이 된다.

그렇다면 당시 화자의 눈에 목격되었고 반세기가 지난 시점에서도 기억하고 있을 만한 사건은 무엇인가. 아마도 독립운동을 하다가 일경에게 잡혀 형무소로 호송하던 일을 가리킬 가능성이 높다. 이렇게 보면 어린 화자가 기억하고 있던 "자혜병원" 역시 독립운동과 관련 있는 것으로 해석할 수 있다. 일제강점기 독립운동에 참여했던 간호인에 대한 연구 자료에 따르면 1914년부터 1945년 사이에 38명의 여성 간호인이 서울과 평양에 자리 잡은 동대문병원, 세브란스병원, 자혜병원, 조선총독부 부속병원, 기홀 병원 등의 소속 병원을 거점으로 군자금 모집, 적십자 활동, 민중 계몽 운동, 무장 투쟁 활동 등의 활동을 했다고 한다.[36] 특히 황해도 해주 도립 자혜병원 간호부에 소속되었던 김온순에 대한 증언[37]이 주목할 만하다. 김

35 근대 문화유산에 관한 조사 보고서에 따르면 특수 차량으로서 죄수 호송차는 1920년대 중엽부터 등장했다. 문화재청 편, 『근대문화유산 교통 [자동차] 분야 목록화 조사 보고서』, 문화재청 근대문화재과, 2007, 50쪽.

36 김려화·김미영, 「일제 강점기 여성 간호인의 독립운동에 관한 역사연구」, 『간호행정학회지』20(4), 간호행정학회, 2014, 466쪽.

종삼 시인은 어린 시절을 고향인 황해도 은율에서 보낸 것으로 알려져 있는데 그곳은 해주와 그리 멀지 않다.

5연에서는 "女囚"였던 여인과 "보모"를 가리키는 것으로 보이는 여인이 만나는 장면이 등장하는데 이때 "두부"가 등장한다. 이는 보모가 만나러 간 여인이 앞서 말한 "女囚"임을 암시하는 시적 장치이다.[38] 아마도 "女囚"가 감옥에서 풀려난 지 얼마 안 된 시점에 "벽돌집"으로 형상화된 안전 가옥 같은 데에서 두 여인이 만나 서로의 안전을 다행히 여기고 반기는 모습을 어린 화자의 눈에 들어오는 대로 그린 것으로 보인다.

한편 이 시에는 과거의 시점인 1920년대 학교에 관한 장면이 등장한다. 보모를 따라 외출하던 날 화자는 "소학교" 근처를 지난다. 그런데 교정이 전부 비어 있다. 이는 3. 1운동 후 전국 각지에서 활발하게 일어났던 동맹휴학을 떠올리게 한다. 맹휴라고도 표현하는 동맹휴학은 3. 1운동이 얼마 지나지 않은 시기에 보통학교를 포함한 일선 학교에서 전국적으로 시행되었고 항일투쟁의 한 가지 수단으로 활용되었다.[39] 그래서 학교에서 수업받고 있어야 할 "어린 兒

---

37 김려화·김미영, 앞의 논문, 458쪽.

38 출소한 후 두부를 먹는 관습의 유래는 여러 가지 설로만 전해져서 정확한 출처를 확인하기 어렵다. 다만 관재수(官災數)가 낀 사람이 정월대보름에 생두부의 한 귀퉁이를 잘라서 먹으면 액운(厄運)이 사라진다고 하는 믿음이 있었는데(국립문화재연구소 편, 『충청남도 세시풍속』, 서울: 국립문화재연구소, 2002. 참조) 이 풍속을 출소자의 두부 먹기 관습의 유래로 추정을 할 수 있다. 이 관습은 일제강점기에도 있었던 것으로 생각된다.

39 김기주, 「광주학생운동 이전 동맹휴학의 성격」, 『한국 독립운동사연구』35, 한국독립운동사연구소, 11쪽.

孩"가 자기보다 더 어린아이를 업고 학교가 아닌 어딘가로 향하게 된 것이다. 그날 어린 화자의 눈에 띈 일련의 대상들 즉 "자혜병원", "자동차", "팽가지", "소학교" 등은 모두 1920년대 당시의 항일운동의 모습과 관련이 있다.

> 그때는 형무소가 아니면
> 가막소로 불렸다.
> 十二月 二十五日 새벽이면
> 교인들의 새벽송 소리가
> 여기도 지나다녔다
> 그런 때면 나도 묻어다니길
> 좋아했다
> 가막소 정문 앞 기인
> 담장 앞을 지나야
> 학교에 갈 수 있었고,
> 집으로 돌아갈 수도 있었다
> 먹을거 파는 장수가 몇 군데 있었다
> 지나가니다 사먹길 좋아했다
> 자동차에 실려오는 죄수들을 보면서
> 군고구마를 사먹고 있었다
>
> 몇 해 후 고등보통학교에 들어가서
> 조금 철이 들었다
> 연인이 생겼으나 잘 만나주지

않았다.

계절마다 잿더미의 저녁녘은
더 쌓이지도 줄지도 않았다.

-「잿더미가 있던 마을」[40]

위에 인용한 시 「잿더미가 있던 마을」은 앞서 인용한 「女囚」와 함께 읽었을 때 의미가 살아난다. 「잿더미가 있던 마을」의 화자도 과거를 회상하는 것으로 시를 시작한다. 화자가 학교를 오고 갈 때 지났던 "형무소" 혹은 "가막소"에 대한 이야기가 서술되어 있다. 여기에서도 "자동차"에 호송되는 "죄수"가 등장한다. 문제시되는 시어는 "잿더미"인데 형무소에서 사형이 집행 후 화장된 죄수들의 유골을 뜻할 수도 있고, 군고구마를 구웠던 땔감의 재를 가리킬 수도 있다. 아니면 가막소 죄수들의 모습과 군고구마를 사 먹던 자기의 모습을 시간이 흐른 후에도 잊히지 않는 잿더미 이미지로 기억하는 것을 뜻할 수도 있다.

이 시는 독특한 시적 문법을 가지고 있는데 시의 화자가 서술하는 대상에 대한 거리감이 그것이다. 표면적으로 시의 초점은 화자의 감정과 행동이다. 성탄절 새벽송을 좋아했다는 것, 군고구마를 사 먹은 일, 철이 든 후 연인을 만난 일이 그것이다. 그런데 이러한 일련의 내용과 나란하게 가막소와 죄수와 잿더미가 배치되어 있다. 일

40 김종삼, 「잿더미가 있던 마을」, 홍승진 외 3인 엮음, 앞의 책, 309~310쪽. 밑줄은 본 지자가 표시함.

견 성장한 과정의 이야기를 그린 것처럼 보이나, 그 사이 사이에 시대적 분위기를 느낄 수 있는 결정적인 대상들을 배치하면서 이 시를 문제작으로 읽게 한다. 화자의 생각이나 행동은 화자가 본 것들과 객관적 거리를 유지하며 제시되는데 이러한 기법 때문에 이 시를 현실의 문제와 쉽게 연결할 수 없게 한다. 이것은 아마도 김종삼 시인의 의도였을 것이다. 유년의 이야기를 하는 듯하면서 시대적 의식을 시의 심층에 숨겨놓은 것이다. "잿더미"가 "더 쌓이지도 줄지도 않았다."는 것은 시간이 흘러도 그 당시의 이야기가 사라지지 않은 채 그대로 현재화된다는 의미이다. 이 역시 김종삼 시인이 현실에 관한 시를 쓸 때 자주 사용하던 시적 표현이다.

김종삼 시인은 식민과 분단 그리고 전쟁을 겪으면서 평범하게 사는 사람들의 삶이 무너지는 장면을 목격했다. 그리고 그 일들은 시인의 생전에 계속해서 반복되었던 일이었다. 시인은 그 참상을 기억하고 기록하는 것이 자신의 소임임을 직관적으로 생각했다. 우리 민족의 역사를 체험하며 현실에서 계속되는 여러 문제에 대해 사유한 시인은 깊어 가는 문명과 자본에 대해 피력하기에 이른다.

> 石膏를 뒤집어 쓴 얼굴은 어두운 晝間.
> 旱魃을 만난 구름일수록 움직이는 角.
> 나의 하루살이떼들의 市場.
> 집은 煙氣가 나는 싸르뜨르의 뒷간.
> 주검 一步直前에 無辜한 마네킹들이 化粧한 陳列窓.
> 死産.

소리 나지 않는 完璧.

-「十二音階의 層層臺」[41]

「十二音階의 層層臺」는 1960년에 처음 발표된 후 여러 번의 개작을 거쳐 재발표된다. 1961년 발표작에선 4행의 "집은"이 "짙은"으로, 5행의 "주검"이 "죽음"으로, "마네킹들이"가 "「마네킹」들의"로 바뀐다. 1969년 발표작에선 1행을 1, 2행으로 나누었고 2행의 "角"을 없애고 구절을 이어 붙여서 "움직이는 나의 하루살이떼들의 市場."으로 바꾸었다. 또 "싸르뜨르의"도 없앤다. 그리고 5행을 원래대로 살려 "주검 一步直前에 無辜한 마네킹들이 化粧한 陳列窓."으로 복구한다. 1984년 발표작은 직전 발표했던 그대로 수록했다.

여러 번의 개작을 거쳤다는 점, 길지 않은 시형임에도 단어와 조사 등을 섬세하게 다듬었다는 점으로 보면 김종삼 시인이 개작 전후의 미묘하고 섬세한 차이에 매우 신경을 쓴 시라고 할 수 있다. 그렇기 때문에 이 시는 좀 더 세밀한 분석이 요구된다.

제목에서 보이는 '십이음계'는 20세기 초에 쇤베르크와 그의 제자들이 창안한 '12음 기법'을 가리킨다. 이 작곡 기법은 산술적으로 화음을 피하는 방식으로 음을 배치하는 기법이다. 조성이 있는 음악은 으뜸음이 이끄는 화음을 만들면서 곡의 분위기를 잡는다. 이와는 달리 12음 기법을 사용한 음악에는 조성이 생기지 않는다. 한 옥타브 안에 포함된 12음 전부를 겹치지 않고 균등하게 사용하려고 하기 때

41 김종삼, 「十二音階의 層層臺」, 홍승신 외 3인 엮음, 앞의 책, 140쪽.

문이다. 이러한 음악을 '무조 음악'이라고 한다.[42] 요컨대 무조 음악의 바탕이 되는 12음 기법은 한 옥타브 내의 반음 관계에 있는 12개의 음을 산술적으로 배치하여 완벽한 불협화음의 음악을 작곡하는 기법이다.

김종삼은 협화음을 추구하던 기존의 조성 음악의 바탕에서 화음을 철저하게 비껴가는 방식으로 작곡하는 12음 기법을 통해 조화로움이 완벽히 깨져 있는 시대 현실을 보여주고자 했다. 또 십이음계가 "층층계"의 형태로 매트릭스를 이루고 있음을 제목으로 제시하면서 완벽한 불협화음의 상태가 여러 겹으로 쌓인 현실의 층위를 보여준다. 이와 관련하여 홍승진은 이 시를 "인간성을 훼손시킨 시대 현실의 풍경을 마치 데스마스크와 같이 시 속에 본떠 놓은 작품"[43]으로 설명한 바 있는데 이 책의 논의와 맥을 같이하는 주장이다.

불협화음의 핵심은 홍승진의 지적대로 문명에 의한 '인간성 훼손'에 있다. 이는 첫 행의 이미지를 통해 강렬하게 드러난다. "어두운 晝間"에서 보듯이 현대인은 빛 아래에서도 어두운 모습이다. "旱魃"은 가뭄을 뜻하기도 하고 가뭄을 몰고 오는 귀신을 가리키기도 하는데 이는 현대 문명의 메마른 모습을 비유한다. 생명력 없는 현대인은 "하루살이떼"와 다르지 않다. 이들은 자본이 이끄는 시장 논리에서 내일을 기약하지 못하고 현실을 견딘다. 4행은 앞서 말했

---

42 오카다 아케오, 이진주 역, 『서양 음악사』, 삼양미디어, 2009, 262~264쪽.; 조윤범, 『조윤범의 파워클래식』, 살림, 2008, 359~361쪽.

43 홍승진, 「김종삼 시의 내재적 신성 연구-살아남는 이미지를 중심으로」, 서울대 박사 논문, 2019, 105쪽.

듯 개작이 많이 이루어진 행인데 마지막 개작에서는 "짙은 煙氣가 나는 뒷간."으로 바뀌었다. 짙은 연기는 산업혁명에서의 공장을 떠올리게 한다. 그리고 공장의 노동 환경은 뒷간처럼 열악한 것이다. 5행은 1행의 연장인데 메마르고 생명력이 없지만 겉만 그럴듯하게 "化粧"해 놓은 "마네킹"의 모습을 통해 상품화된 현대인을 형상화한다. 6행의 "死産"은 현대 문명의 결과치로서 말 그대로 죽음을 낳는 문명의 시스템을 강조하고 있다. 마지막 행은 이 시의 백미인데 "完璧"함의 이면에 있는 무생명성을 역설적으로 드러낸 행이다. 현대 문명은 "死産"된 것이기 때문에 세상에 나왔어도 소리를 낼 수 없다. 쇤베르크의 12음 기법을 통해 나온 무조 음악은 화음을 완벽하게 없앤 새로운 형태의 음악이지만 불협화음이기 때문에 조화롭고 자연스러운 소리가 나지 않는 반어적 완벽의 음악인 것이다. 여기에는 이성적으로 완벽하게 제작되어 음악의 탈을 쓰고 있으나 그러함에도 아름답고 조화롭게 들리지 않는 음악은 죽은 것과 같다는 시인의 사유가 반영되어 있다.

이렇게 김종삼은 음악적 상상력을 시 쓰기에 연결하는 시도를 했는데 이 작품이 단적인 예라고 할 수 있다. 위에서 살펴본 것처럼 이 시에서는 불협화음을 추구하는 음악과 자연스러움이 사라진 현실의 모습에 대한 김종삼 시인의 개념적 혼성이 드러나면서 독특한 시적 의미가 발현된다. 이를 도식화하면 [그림 3]과 같다.

[그림 3]의 입력공간1은 쇤베르크가 완성한 12음 기법의 각 요소가 배치된다. 입력공간2는 현대의 문명에 관한 프레임이 작동되는 공간이다. 김종삼 시인은 두 정신공간을 개념적으로 혼성하여 시 「十二音階의 層層臺」를 제작하게 된 것이다. 혼성공간의 시각형은

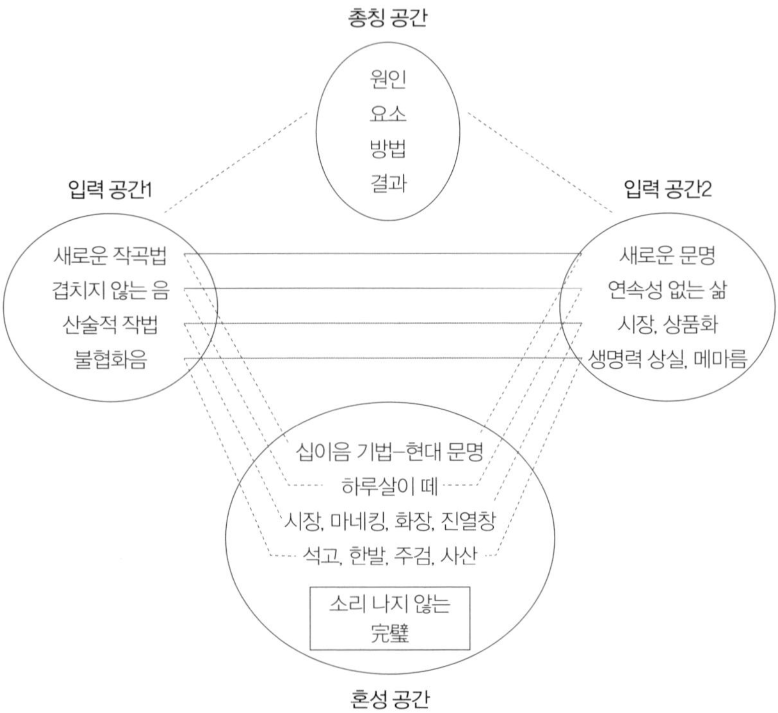

그림 3. '12음 기법'과 현대 문명에 관한 개념 혼성

입력공간에서 투사되지 않았던 새로운 의미가 발현되는 부분을 표시한 것인데 시인의 개념적 혼성이 시적으로 가장 크게 효과를 발휘한 부분이라고 할 수 있겠다.

「十二音階의 層層臺」처럼 시 「破片-金春洙에게」에도 문학, 음악 등의 예술과 현대 문명에 대한 개념적 혼성을 일부 적용하고 있다. 「破片-金春洙에게」는 현대 문명에서 점차 가치를 잃어가는 '시'를 파편의 이미지로 제시한다. 그리고 "詩 破片"은 "宇宙船"과 함께 "軌道"를 이탈하여 "宇宙迷兒"가 되는데 그래도 "毅然"하게 "아름다운

和音"을 내기도 한다. 여기에는 시를 음악에 사상하는 개념적 혼성과 이를 다시 현대 문명과 연결 짓는 개념적 혼성이 함께 드러난다.

김종삼 시인은 현대 문명의 여러 모습 중 자본과 시장의 원리로 돌아가는 시스템과 그 사이에 놓인 사람들이 자연스러움과 인간다움을 잃어가는 것을 가장 경계한다.

> 天井에 붙어 있는
> 흰 헝겊이 한꺼풀씩
> 가벼이 내리는 無人境인 아침의 사이,
> 아스팔트의
> 넓이는 山길이 뒷받침하여지는 湖水쪽,
> 푸른 제비의 行動이었다.
>
> 마치 人工의 靈魂인 사이는
> 아스팔트 길에는 時速違反의 올훼가 타고 빵소니 치는 競技用 자전거의 사이였다.
> 休息은 無限한 푸름이었다.
>
> -「올훼의 유니폼」[44]

1960년 4월에 발표된 위 인용 시는 그리스 신화의 '오르페우스'를 모티프로 한다. 김종삼 시에서 오르페우스의 이미지는 이 작품 외에도 「검은 올페」(1962년 발표), 「올페」(1973년 발표), 「올페」(1975년

44 김종삼, 「올훼의 유니폼」, 홍승진 외 3인 엮음, 앞의 책, 133쪽.

발표)에서 등장한다. 오르페우스는 신화의 내용을 바탕으로 하여 대개 시인의 대명사로 거론된다. 김종삼의 오르페우스 관련 시편에서도 마찬가지이다. 다만 기존 연구에서 김종삼 시의 오르페우스는 "삶과 죽음, 시와 비시, 이 세계와 다른 세계를 교통하는 자이자 그 사이에서 부유하는 경계자"[45]로, "역사의 폭력에 의하여 희생된 인간의 영혼과 그에 관한 기억을 불러오는 예술적 실천"[46]으로 논의되었다. 또 김종삼이 "시를 통해 올페와 같은 구원을 시도"[47]한 것으로 오르페우스 시편이 논의된 바 있다. 이들 연구는 연구의 시각을 조금씩 달리하며 김종삼 시인이 오르페우스를 어떠한 의미로 전유하고 있는지를 분석한 것이다. 이들의 논의를 일부 수용하되 이 책에서는 시 「올훼의 유니폼」에 한정하여, 오르페우스 이미지가 현대 문명 안에서 변용되어 나타나는 점을 김종삼의 시대 의식과 연결하여 분석하고자 한다.

「올훼의 유니폼」에서 나타나는 오르페우스의 이미지는 그리스 신화에서 보여준 음유시인의 모습과는 사뭇 다르다. 제목에서부터 오르페우스는 "유니폼"을 착용한 이미지로 등장한다. 유니폼의 착용은 "각자의 조직에서 자신의 소속과 역할을 밝히면서 집단적 소속감을 주고, 한편으로는 전체에서 이탈되지 않도록 감시의 대상이 되

---

45 강은진, 「김종삼의 「올페」 시편에 나타난 오르피즘 예술의 유산」, 『비교한국학』 26(1), 국제비교한국학회, 2018, 216쪽.

46 홍승진, 「1960년대 김종삼 메타시와 '참여'의 문제-말라르메와 사르트르의 영향을 중심으로」, 『비교문학』70, 한국비교문학회, 2016, 273쪽.

47 송현지, 「김종삼 시의 올페 표상과 구원의 시쓰기 연구」, 『우리어문연구』61, 우리어문학회, 2018, 8쪽.

는 수단으로서 작용"[48]한다. 특히 규율의 관점에서 유니폼은 통제 메커니즘으로서 검열의 수단이면서 복식 착용자에게 중요한 표현과 선택의 자유를 억압하고, 신체에 대한 미시적 권력의 행사로 이용되기 때문에 개성이 사라지는 것은 물론이고 전체주의 요소를 갖기까지 한다.[49]

유니폼에 내재한 이러한 함의를 전제하고 오르페우스가 시인의 대명사라는 점을 고려한다면 "올훼의 유니폼"은 시인으로서의 본분을 상실하고 자본 문명에 순응하는 직업 예술가를 뜻하는 말이 된다. 이렇게 제목에서 드러난 문명과 시인에 대한 김종삼의 의식은 본문에서 좀 더 구체적으로 드러난다.

1연은 제시된 시간과 공간에 주목해야 한다. 3행의 "아침"은 시대의 새로운 모습을 뜻한다. "無人境"에서 확인할 수 있듯이 새로운 모습으로 시작되는 "아침"은 사람이 있지 않은 곳의 시간 배경이다. 또 "無人境"의 그곳은 "아스팔트"이기도 하다. 그런데 그곳에서는 "天井"에서 "흰 헝겊"이 뜯어져 내리고 있다. 매우 난해해 보이는 이 구절은 "아스팔트"가 주는 이미지인 인공적인 모습을 염두에 두면, 자연의 현실에서는 있을 법하지 않은 시공간을 설명하는 것으로 이해할 수 있다. 아스팔트 위에 자리한 천연의 하늘이 아니라 인공의 힘을 빌린 가짜 하늘인 천장이 한 겹씩 벗겨지며 자연과 인공의 사이와 경계를 만드는 것이다. 자연과 인공의 사이는 5행에서도 드러

---

48 안선경, 「한국적 복식문화의 현대성에 나타난 미국화와 규율권력」, 숙명여대 의류학 박사논문, 2001, 98쪽.

49 안선경, 위의 논문, 77~78쪽.

난다. 인공물인 아스팔트는 "山길"과 "湖水쪽"에 맞닿은 경계의 장소이기 때문이다. 새로운 모습이 시작되는 시간에 자연과 인공의 경계를 만든 주체는 "푸른 제비"이다. "푸른 제비"가 정확히 어떤 것을 뜻하는 것인지 특정할 수는 없으나 시의 맥락상 인공물을 만들 수 있도록 한 기반을 이곳에 가져온 존재를 가리킨다고 생각할 수 있다. 다만 이 지점에서 이 시가 발표된 1960년의 사회·경제적 상황을 살펴보면 제비의 행동이 무엇을 의미하는 것인지 가늠할 수 있을 것 같다.

1960년까지의 우리 역사는 해방과 분단, 전쟁을 거쳤고 전후에는 미국의 원조를 받으며 사회의 안정화를 시도했다. 미국의 원조는 이승만 정권에 물적 기반을 제공하고 한국 사회를 자본주의 사회로 정착하게 하는 데에 토대를 마련했다. 또 전후 신흥자본가층이 자본을 축적할 수 있는 원천을 제공했는데 이들은 미국의 이해를 대변하는 예속적 지배계급으로 성장하게 된다.[50] 인도적·구호적 목적을 표방한 미국의 원조 이면에는 세계자본주의 체제를 수호하고 미국 내의 경제적 축적 과정에서 나타난 과잉 생산물을 해소하려는 목적도 있었던 것이다.[51] 제비가 철새이고 매우 빠른 비행을 한다는 특성을 고려하면 "푸른 제비의 行動"은 전후의 사회 복구에서 아스팔트로 상징되는 인공물을 빠른 속도로 만들어 나가는 모습을 형상화한 것이라고 여겨진다.

---

50 한공택, 「전후 한국의 세계자본주의체제 편입과 미국의 대한원조」, 『부산정치학회보』8(1), 21세기정치학회, 1998, 226쪽.

51 한공택, 위의 논문, 210쪽.

이 시의 핵심은 2연에 있다. 전후 현실에 대한 김종삼 시인의 의식은 빠르게 변하는 시대의 시공간에서 '시인'마저 "人工"의 사이에 매몰되는 상황을 경계한다. 즉 "올훼"로 상징되는 시인이 "競技用 자전거"를 타면서까지 속도 경쟁에 뛰어드는 현실을 경계하는 것이다. 게다가 "時速違反"과 "뺑소니"라는 법적·도덕적 문제를 저지르면서까지 경쟁에 휩쓸리는 상황을 심각하게 여긴 것이다. 신속과 효율을 최고의 경제가치로 여기는 미국식 세계자본주의는 전후의 사회 복구에 매진했던 당시에는 유효한 수단이었겠으나 그것의 폐해를 제대로 인식하지 않은 채 수용된 측면도 있다. 김종삼 시인은 '시인'이 그러한 폐해를 진단해야 한다고 의식했다. 속도 경쟁에서 한발 물러나 유니폼을 벗고 "休息"을 취하며 시대를 진단하는 것이 '시인'의 소명이라고 본 것이다. 또는 "休息"이 시인 "올훼"가 입어야 마땅한 "유니폼"이라고 본 것이다.

김종삼 시인이 경계했던 대상과 이에 대한 의식은 1971년에 발표한 시 「고장난 機體」에서도 등장한다. 시인은 "현대는 더 便利하다고 하지만 人命들이 값어치 없이 더 많이 죽어가고 있다"며 문명의 편리에 대한 가치를 인정하지 않는다. 또 "자그만 돈놀이라도 하지 않으면 延命할 수 없는 敎人들도 있다"고 하면서 미국식 자본 논리의 어두운 면을 지적한다. 시인의 이러한 생각은 일제강점기를 배경으로 한 시에서도 나타난다.

조선 총독부가 있을 때

청계川邊 十錢均一床밥집 문턱엔

거지 소녀가 거지 장님 어버이를

이끌고 와 서 있었다
주인 영감이 소리를 질렀으나
태연 하였다
어린 소녀는 어버이의 생일이라고
十錢짜리 두 개를 보였다.

-「掌篇」[52]

시에서 보여주는 장면은 명확하다. 사회적 계급으로 보자면 가장 낮은 쪽에 있는 "거지"와 거지이면서 장애인인 "어버이"가 등장한다. 밥집 주인 입장에서는 가게 근처에 거지가 있는 것도 못마땅할 테지만 이들은 가게의 문턱에까지 와 있다. 주인은 소리쳐 이들을 쫓아내려 한다. 그러나 거지 소녀는 매우 당당한 태도를 보인다. 밥값을 치르는 데 딱 맞는 돈이 있기 때문이다. 여기에서 아이러니가 발생한다. 시장 자본의 논리는 거지 소녀의 행동을 당연하게 만든다. 그런데 같은 논리로 밥집 주인의 행동도 합리적인 것처럼 보인다. 거지 손님을 들이면 다른 손님들이 불편할 수 있고 이는 가게의 이미지와 매출에 영향을 줄 수 있기 때문이다. 돈을 버는 것이 목적인 가게 주인에게 거지 소녀의 돈은 가게를 망하게 하는 돈과 다르지 않다. 자본 논리의 불합리에 대한 시인의 예리한 직관은 이 시에서 전 시대의 한 장면을 보여줌으로써 현시대의 불합리를 고발하기에 이르렀다.

자본에 대한 김종삼 시인의 의식은 1980년에 발표한 「내가 재벌

---

52 김종삼, 「掌篇」, 홍승진 외 3인 엮음, 앞의 책, 426쪽.

이라면」에서도 여실히 드러난다. 자신이 재벌이라면 "양로원"과 "고아원"의 뜰을 푸르게 하고 "참담한 나날을 사는 그 사람들"과 "어린 것들"을 이끄는 데 돈을 사용하겠다고 하면서 자본 논리의 그늘에 놓은 사람들을 부각한다. 동시에 그 시대의 자본가가 어떠했는지도 짐작하게 한다.

김종삼의 시에는 시대의 문제를 짚어 내고 이를 타개할 방안을 모색하는 태도가 나타난다. 다만 이러한 태도가 1960년대 참여시가 보여준 것만큼의 실천 의지로 확장되는 것은 아니다. 확실히 김수영이나 신동엽의 참여시와 같은 전위적 저항 의식을 읽어낼 수는 없다. 그러나 이러한 점이 김종삼 시의 참여적 한계로 지적되어서는 안 된다. 오히려 김종삼 시인만의 방식으로 시대를 통찰하고 시로 형상화하기를 고민한 지점에서 참여의 가능성을 논해야 할 것이다. 김종삼은 시가 가지는 본연의 가치를 잃지 않으려고 했다. 현실을 드러내면서도 이미지, 객관적 시선, 묘사 등에 천착한 것은 그러한 가치관이 반영된 것이라 할 수 있다. 말을 잘할 줄 모르는 김종삼 시인의 기질처럼 시 또한 길게 말하지 않는 것이 시의 미덕이라고 생각했던 것이다.

이 절에서는 일제강점기, 분단, 전쟁, 자본 문명이라는 일련의 시대적 상황을 김종삼 시인이 어떻게 인지하고 시로 형상화했는지를 살펴보았다. 특히 이 절에서 분석한 내용은 상대적으로 주목받지 못했던 김종삼 시인의 시대 인식을 전면에 부각한 것이다. 김종삼 시인은 시대적 상황에 내재한 여러 문제들에 대해 통찰하고 이를 독특한 방식으로 형상화했다. 이에 이 책은, 시를 통해 시대의 문제를 제시하는 김종삼 시인의 방식을 개념 혼성 이론을 통해 분석하고 의미가 발현된 과정을 분석하였다. 이를 통해 김종삼 시인이 시가 가져야 하는 미학적 요소를 효과적으로 보여주면서도 현실에 대한 통찰을 예리하게 제시하였음을 확인하였다.

2. '착한 사람들'과 정서의 연대

김종삼 시인은 1장에서 분석했던 '시인' 의식과 주변 지향성을 다양한 인물군에 투사하여 이들의 삶을 집중적으로 조명한다. 김종삼 시인은 시대의 문제가 인간성의 상실에 있으며 이를 해결하기 위해서는 현실의 고단함을 견디면서 착실히 삶을 살아낸 인물들을 부각하는 데서 시작한다고 보았다. 나아가 이들과 정서적인 연대를 꾀하면서 시대 문제에 대한 해결을 모색하였다.

연대의 대상은 세 갈래로 드러나는데 첫째는 김종삼 시인과 직접 관계되지 않았으나 실존했던 예술인, 둘째는 김종삼 시인과 직접적으로 관련된 실존 인물, 셋째는 실존 인물로 특정되지는 않으나 김종삼 시인이 관심을 가진 주변적 존재에 해당한다.

김종삼 시인은 이들의 삶에 깊이 공감하며 인간으로서 본성을 지키며 최선을 다해 살고자 했던 모습에 정서적인 유대감을 가진다. 특히 주변부에서 가난하게 살면서도 삶 자체를 거부하거나 현실을 부정하지 않고 거짓 없이 살아가는 사람들과 일종의 연대감을 형성하고자 했다. 김종삼 시인은 이러한 정서적 연대가 시대의 문제를 해결할 하나의 방법이라고 생각했던 것이다. 이러한 맥락에서 이 책은 어려운 환경에서도 거짓 없이 삶을 지탱하려는 이들을 '착한 사람들'로 명명하고자 한다. 그리고 이들에게 진정한 시 정신이 내재해 있음을 보여주고자 했던 김종삼 시인의 인지체계를 개념 혼성을 통해 분석하고자 한다.

먼저 실존했던 예술인에 관한 시를 살펴보겠다.

> 나의 無知는 어제속에 잠든 亡骸 쎄자아르 프랑크가 살던 寺院 주변에 머물렀다.
>
> 나의 無知는 스떼판 말라르메가 살던 本家에 머물었다.
>
> 그가 태던 곰방댈 훔쳐 내었다
> 훔쳐낸 곰방댈 물고서
> 나의 하잘것이 없는 無知는
> 방 고호가 다니던 가을의 近郊 길 바닥에 머물었다.
> 그의 발바닥만한 낙엽이 흩어졌다.
> 어느 곳은 쌓이었다.
>
> 나의 하잘것이 없는 無知는 쟝 뽈 싸르트르가 經營하는 煉炭工場의 職工이 되었다.
> 罷免되었다.
>
> -「앙포르멜」[53]

김종삼 시인의 대표작 중 하나로 알려진 위의 인용 시는 시 쓰기

53 김종삼, 「앙포르멜」, 홍승진 외 3인 엮음, 앞의 책, 334쪽.

에 대한 시 즉 '메타시'이면서 자신의 시적 바탕을 제시한 시라고 할 수 있다. 김종삼 시인은 이 작품을 "마음에 찬다"[54]고 산문 「먼 '시인(詩人)의 영역(領域)'」을 통해 술회한 바 있다. 자신의 시 작품에 대해 그리 넉넉한 평을 하지 않는 김종삼 시인의 성정으로 보았을 때 이 시가 시인에게 특별한 의미가 있는 것은 분명하다. 한편 같은 산문에서 시인은 시작의 뮤즈를 꼽기도 했는데 바로 위 인용 시에 등장하는 네 인물이 이에 해당한다. 그러니까 이 시는 메타시로 기능하며, 시론에 해당하는 글을 거의 쓰지 않은 김종삼 시인의 시론을 가늠할 수 있는 중요한 작품이 되는 것이다.

> 명곡(名曲) 〈목신의 오후(午後)〉의 작사자인 스테판 말라르메의 준엄한 채찍질 화가(畫家) 반 고호의 광기(狂氣)어린, 열정(熱情), 불란서의 건달 장폴 사르트르의 풍자와 아이러니칼한 요설(饒舌), 프랑스악단(樂團)의 세자르 프랑크의 고전적(古典的) 체취-이들이 곧 나를 도취시키고, 고무하고, 채찍질하고, 시(詩)를 사랑하게 하고, 쓰게 하는 힘이다.
>
> 스테판 말라르메가 그러했듯이 시(詩)는 소박하고, 더 부룩해야 하고 또 무엇보다도 거짓말이 끼여들지 않아야겠다.[55]

굳이 시의 본문을 해석하지 않아도 될 만큼 위의 산문은 시 「앙포

---

54 김종삼, 「먼 '시인(詩人)의 영역(領域)'」, 홍승진 외 3인 엮음, 앞의 책, 916쪽.

55 위의 책, 같은 쪽.

르멜」을 이해하는 데에 충분한 단서가 된다. 특히 스테판 말라르메의 말을 인용하면서 시의 본질에 관한 생각을 드러내는 부분은 주목할 만하다. 김종삼 시인이 생각하는 시는 거짓 없이 소박하면서 더부룩해야 한다는 것이다. 거짓이 없어야 한다는 것과 소박해야 한다는 것은 쉽게 이해가 되나 더부룩해야 한다는 것은 어떤 의미인가. 아마도 쉽게 소화가 되는 시가 아니라 여러 번 읽게 만드는 시, 읽은 후에도 다양한 생각을 갖게 하는 시, 불편하고 외면하고 싶은 현실의 문제를 보여주면서도 직설적인 것이 아니어서 의미를 곱씹게 만드는 시를 뜻하는 말일 것이다. 그리고 김종삼의 시는 실제로 그렇게 읽힌다.

위에 인용한 「앙포르멜」은 시인이 거론했던 네 뮤즈에 대한 화자의 생각을 장소로 형상화한 점이 가장 특징적이다. "쎄자아르 프랑크"는 김종삼의 다른 시에도 자주 등장하는 음악가이다.[56] 김종삼 시인은 서양의 음악에 심취했는데 그 이유를 "종교적이라 할만한 정화력"[57]이 있기 때문이라고 했다. 그래서 세자르 프랑크의 장소를 "寺院"으로 비유했다. "스떼판 말라르메"에 대해서는 "本家"[58]로 표

56 세자르 프랑크(Cesar Franck, 1822~1890): 벨기에에서 태어난 독일계 사람으로, 일찍부터 프랑스에서 공부하고 활동한 작곡가이자 오르간 연주자이다. 1886년에 만든 바이올린 소나타나 아주 유명한 복음 성가인 '생명의 양식(Panis Angelicus)'을 비롯한 몇 작품이 유명하다. 오카다 아케오, 이진주 역, 앞의 책, 231쪽.

57 한국일보, 「시인 김종삼」, 홍승진 외 3인 엮음, 앞의 책, 1007쪽.

58 이후에 "本家"로 수정된다. 시 「앙포르멜」은 첫 발표 후 다른 지면에 네 번 더 재수록된 작품인데 세 번째부터 "木家"를 "本家"로 수정하였다. 처음의 "木家"는 동음이의어인 "牧歌"와 관련된 것이 아닌가 하는 생각을 갖게 하지만 의미 차이가 크기 때문에 수정된 "本家"를 처음부터 잘못 표기한 것으로 추정할 수 있다.

현했는데 앞서 말한 산문의 내용을 참고하면 말라르메의 지론이 김종삼 시인의 시적 원천인 것으로 생각할 수 있다. 다음은 "방 고호"에 대하여 "길 바닥"으로 표현한 내용인데 앞의 두 뮤즈에 대해 표현한 것과는 다른 정서를 느끼게 한다. 앞선 두 뮤즈가 김종삼의 시적 정서에 매우 강한 영향을 준 것으로 느껴지는 데 비해 반 고흐에 대해서는 그의 작품과 발자취를 따라 누비는 듯한 모습으로 형상화된다. 또 마지막 연에 제시된 "쟝 뽈 싸르트르"에 대해서는 "煉炭工場"으로 표현되는데 화자는 이곳의 "職工"이었다가 "罷免"된 것으로 서술된다. 사르트르의 사상에 심취한 시인은 그의 풍자와 아이러니에서 깊은 시적 영감을 받게 되나 사르트르의 앙가주망과 시의 언어에 관한 주장[59]을 근거로 사르트르로부터 "罷免"되었다고 얘기한 것으로 보인다.

김종삼 시인은 이상의 뮤즈를 거론하면서 자신의 시적 영감에 이러한 예술가 및 사상가의 역할을 상기시켰다. 이 책은 이를 김종삼 시인이 예술가, 사상가와 정서적으로 연대하려는 시적 의식을 가진 것으로 본다. 그러면서 이들의 생애와 사유를 시적으로 전유하여 결과적으로는 김종삼 시의 지향을 보여준 것이라고 본다. 여기에는 [그림 4]와 같은 개념 혼성이 바탕을 이루고 있다.

[그림 4]에서 입력공간1은 김종삼 시인이 시를 쓸 때 중요하게 생각하는 요소들이다. 이미지와 시어 선택에 대해서도 매우 심혈을

59 사르트르는 시인에 대해 "도구로서의 언어와 인연을 끊은 사람", "말을 기호로서가 아니라 사물로 본다는 시적 태도를 단호하게 선택한 사람"으로 표현했다. 장 폴 사르트르, 정명환 역, 『문학이란 무엇인가』, 민음사, 2000, 18쪽.

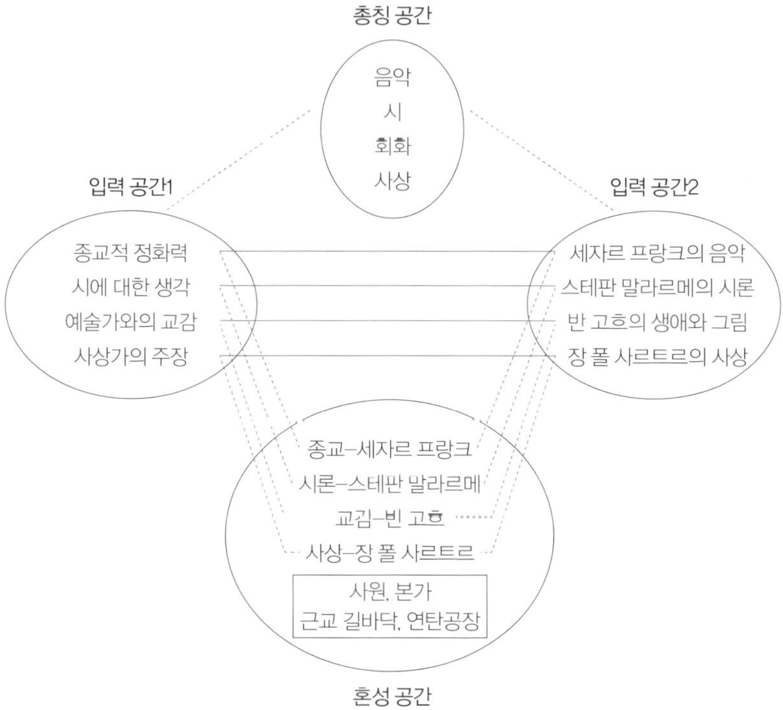

그림 4. 김종삼의 시적 원천과 인물에 대한 개념 혼성

으로 서술했다. 입력공간2는 김종삼의 시적 원천의 실제 대상들이다. 음악, 시, 회화, 사상을 대표하는 네 인물이 제시되어 있다. 혼성공간에는 이것이 투사되어 있는데 네모에서 보듯이 이들을 장소로 형상화한 새로운 시적 효과가 발휘되고 있는 점이 특징이다.

김종삼은 이러한 방식의 개념적 혼성을 확장하여 여러 예술가들과의 정서적 연대를 꾀한다. 위의 네 인물은 물론이고 국내외의 예술가와 사상가들의 실명이 시에 자주 언급된다. 이는 단순히 김종삼의 지적·예술적 스펙트럼을 보여주는 것을 넘어서 김종삼 시인이 이들에게 정서적 교감을 느낀다는 특성을 보여준다.

검푸른 잎새 나무가지
몇 마리의 새가 가지런히
앉아 지저 귀는 쪽을
귀머거리가 되었으므로
올려다 보았다.

他界에서 들리어 오는
色彩바른 쪽 超自然속의
아지 못할 새들의 지저귐도
들리지 않는 넓은 音域을
吟遊하면서

루드비히는 餘生토록 가슴에
이름모를 꽃이 지었느니라.

– 「音」[60]

그는 田園交響曲을 쓰고 있을 때이다.
귀가 멀어져
새들의 지저귐도
듣지 못할 때이다.

---

60 김종삼, 「音」, 홍승진 외 3인 엮음, 앞의 책, 190쪽.

-「實記」6~9행[61]

김종삼의 작품에는 음악가 특히 서양의 음악사에서 중요하게 다루는 작곡가가 많이 등장한다. 가장 많이 등장한 음악가는 모차르트와 바흐인데 각각 여섯 편에서 언급되었다.[62] 베토벤도 이들에 이어서 총 다섯 차례에 걸쳐 시에 등장한다.[63] 그만큼 김종삼의 작품에서 중요한 음악가 중 한 명인 것이다. 김종삼은 유년 시절 음악을 처음 듣기 시작했을 때 베토벤에 심취했다가 모차르트를 들으면서부터는 베토벤의 음악이 가슴에 닿지 않았다고 한다.[64] 베토벤의 낭만주의 음악에 대해서는 그러했을지도 모른다. 그러나 베토벤의 생애에 대해서는 "심리적 감염"[65] 상태가 오래도록 계속되었던 듯하다. 베토벤을 언급한 다른 시와 마찬가지로 위에 인용한 두 편의 시에 이러한 특성이 잘 나타나 있다.

잘 알려진 대로 베토벤은 청력을 상실했음에도 음악사에 남을 걸작을 작곡했다. 청력에 문제가 있음을 알고 한적한 하일리겐슈타트로 거처를 옮겨 그곳에서 산책을 하며 전원교향곡을 썼다.[66] 인용한

61 김종삼,「實記」, 홍승진 외 3인 엮음, 앞의 책, 880쪽.

62 신지원,「김종삼 시에 나타난 '소리'의 양상과 특성 연구」,『건지인문학』24, 2019, 233쪽.

63 「音」(1963),「아뜨리에 幻想」(1969),「園丁」(1975),「연수회」(1982),「實記」(1984)에서 베토벤이 언급되었다.

64 강석경,「문명의 배에서 침몰하는 토끼」, 장석주 편,『김종삼 전집』, 청하, 1988, 284~285쪽.

65 강석경, 위의 글, 285쪽.

66 오가나 아케오, 이신수 역, 앞의 책, 131쪽.

위의 두 작품은 그때의 한 장면을 시적 상상력을 동원하여 그리고 있다. 「實記」에서는 제목에 걸맞게 베토벤에 관한 전기적 사실을 담담하게 서술하는 구조를 갖추면서 베토벤이 처했던 청각 장애의 상황에 초점을 맞춘다. 베토벤이 남긴 작품의 위대함보다는 한 인간으로서 견뎌야 했던 고난에 주목하는 것이다.

이것은 시 「音」에서 좀 더 구체적으로 드러난다. 1연에는 베토벤이 청각보다는 시각에 의존하여 숲의 정경을 살피는 장면이 나온다. 베토벤이 청각을 상실한 것에 관한 상황을 제시한 부분이다. 2연은 베토벤이 청력을 잃었음에도 오히려 예술적 영감을 부여받는 상황이 묘사된다. "色彩바른 쪽 超自然속"인 "他界"에서 들리는 "지저귐"이 그것이다. 들리지 않지만 오히려 더 "넓은 音域"에서 영감을 받는 것이다. 김종삼은 이 부분에서 베토벤을 '시인'과 연결한다. 즉 "音域을 吟遊"한다는 시적 표현은 음악가의 작곡을 시인의 시작에 사상한 개념적 혼성에서 나온 것이다.

[그림 5]에서 보듯 김종삼 시인은 베토벤의 음악을 한 편의 시로 인지한다. 베토벤의 교향곡은 김종삼 시인에게 이러한 방식으로, 의미를 지닌 언어가 되는 것이다. 이렇게 사유한 이유는 악성(樂聖) 베토벤의 명성보다 한 인간이 자신의 결함을 안고도 예술혼을 불태웠다는 점 때문이다. 베토벤의 음악이 감동을 주는 것 또한 이러한 이유에서라고 본 것이다. 여기에는 베토벤에 대한 김종삼 시인의 동일시가 관여되어 있다. 김종삼 시인은 전쟁 체험에서 받은 정신적 외상에 오랫동안 시달려 왔고 포화 속에서 시 쓰기를 시작했다. 그렇기에 예술가의 위대한 업적보다는 내면에 자리한 인간적인 시름과 고통에 깊이 공감하였을 것이다.

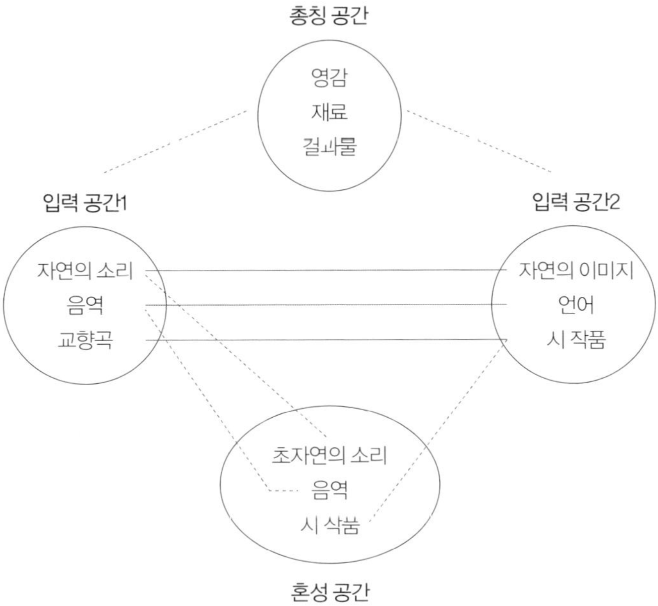

그림 5. "音域을 吟遊하면서"의 개념적 혼성

두 사람의 생애는 너무 비참하였다. 그러므로 그들에겐 신에게서 베풀어지는 기적으로 하여 살아갔다 한다. 때로는 살아갈 만한 희열도 있었다 한다. 환희도 있었다 한다. 영원 불멸의 인간다운 아름다움의 내면세계도 있었다 한다. 딴따라처럼 둔갑하는 지휘자가 우스꽝스럽다. 후란츠 슈베르트·루드비히 반 베토벤

-「연주회」[67]

67 김종삼, 「音」, 홍승진 외 3인 엮음, 앞의 책, 600쪽.

위의 시에서도 예술가의 생애에 대한 김종삼 시인의 공감을 비교적 쉽게 확인할 수 있다. 유명한 것에 비해 생애가 비참했던 슈베르트와 베토벤을 언급하면서 그들의 고통에 깊이 관여하여 정서적인 연대를 꾀하는 것이다. 특히 슈베르트는 생전 가난한 생활을 면치 못했고 병에 걸려 31세의 나이에 요절한 것으로 알려져 있다. 평소 존경했던 베토벤과 인접한 동네에 살고 있었음에도 낯가림이 심해서 베토벤이 죽기 일주일 전에 잠깐 만난 것이 전부였다고 한다.[68] 김종삼 시인은 이들이 남긴 작품 못지않게 이들의 인간으로서의 삶에 깊이 경도되었던 것이다. 그렇기 때문에 "딴따라처럼 둔갑하는 지휘자가 우스꽝스럽다"고 표현할 수 있었다. 두 예술가가 겪어낸 삶의 고락을 생각하면 음악을 연주하는 것에만 골몰하는 지휘자의 과장된 행동이 의미 없는 퍼포먼스로 보일 수 있기 때문이다.

> 나의 막역한 친구
> 볼프강 아마데우스 모짜르트가
> 병고를 치르다가 죽었다 향년 32세
> 장의비가 없었다
> 동네에서 비용을 거두었다.
> 부인이 보이지 않았다.

68 민은기, 『서양음악사 피타고라스에서 재즈까지』, 음악세계, 2007, 412쪽.; 울리히 룰레, 강혜경 역, 『음악에 미쳐서』, 비룡소, 2004, 327~328쪽.; 조윤범, 앞의 책, 98~99쪽.

묘지로 운구 도중
비바람이 번지고 있었다
점점 심해지고 있었다
하나 하나 도망치기 시작했다
한 사람도 남지않고 다 도망치고 말았다

볼프강 아마데우스 모짜르트.

-「實記」[69]

예술가에 대한 김종삼 시인의 연대 의식은 모차르트를 언급한 작품에서도 확인할 수 있다. 위의 인용 시는 앞서 인용했던 베토벤에 대한 시 「實記」와 제목이 동일하다. 고전음악의 대표 격인 두 사람을 같은 제목으로 기록하면서 이들에 대해 정서적 연대를 이룬 것이다. 위의 시는 모차르트의 장례를 배경으로 한다. 즉 "진눈깨비가 몰아치는 추운 겨울 빈민 공동묘지에 외롭게 묻히고 유해를 마지막까지 따라간 사람이 없어 그 무덤조차 알지 못한다"[70]고 알려진 정황을 시적으로 형상화한 것이다. 물론 여러 연구를 통해 모차르트의 장례 절차가 당시의 칙령을 준수하여 거행된 것이라는 실상이 밝혀져 모차르트의 장례식 일화는 "낭만적 윤색"[71]을 거친 이야기가 되

69 김종삼, 「實記」, 홍승진 외 3인 엮음, 앞의 책, 607쪽.

70 김경임, 「모차르트수용관의 다양성: 낭만주의적 시각과 그에 대한 반론, 재반론을 중심으로」, 『음악과 문화』15, 세계음악학회, 2006, 12쪽.

71 김경임, 위의 논문, 13쪽.

었다. 그러나 김종삼 시인은 모차르트의 인간적 외로움과 쓸쓸함을 장례식의 풍경을 통해 밝히면서 이에 깊은 연민을 가진다. 위대해 보이는 인물의 내면에 보편적인 인간으로서의 고민과 아픔이 자리한다는 것과 그것에 먼저 공감하고자 하는 시인의 의식이 드러난 것이다. 김종삼 시인의 이러한 의식은 슈베르트나 모차르트처럼 짧은 생을 살다 간 예술가에 대한 추모로 이어진다.

작곡가 尹龍河씨는
언제나 찬연한 꽃 나라
언제나 자비스런 나라
언제나 인정이 넘치는 나라
음악의 나라 기쁨의 나라에서
살고 있을 것입니다.

遺品이라곤 遺産이라곤
五線紙 몇 장이었읍니다
허름한 등산모자 하나였읍니다
허름한 이부자리 한 채였읍니다
몇 권의 책이었읍니다
날마다 추모 합니다.

-「추모합니다」[72]

72 김종삼, 「추모합니다」, 홍승진 외 3인 엮음, 앞의 책, 568쪽.

무척이나 먼
언제나 먼
스티븐 포스터의 나라를 찾아가 보았다
조그마한 통나무집들과
초목들도 정답다 애틋하다
스티븐을 찾아다니고 있었다
같이 한잔하려고.

-「꿈의 나라」[73]

위의 두 인용 시에 등장하는 '윤용하', '스티븐 포스터'는 모두 젊은 나이에 사망한 예술가라는 공통점이 있다. 시 「추모합니다」에 등장하는 작곡가 윤용하는 김종삼 시인과 비슷한 연배이고 고향도 같다.[74] 둘 사이에 교류가 있었는지에 대해서는 확인할 수 있는 자료가 없으나 6. 25전쟁 후 여러 문인의 단골 대폿집이었던 '은성'의 주인인 '이명숙' 씨의 부고 기사에 단골로서 여러 예술인들과 함께 두 사람의 이름도 실려있다.[75] 단골 술집을 오가며 서로 안면이 있었을 가능성은 높다. 윤용하의 생전 삶도 그러했지만 윤용하가 작고한 후에 남긴 것도 매우 단출했다. 김종삼 시인은 윤용하의 가난한 생활과 단명한 인생에 대해 깊은 연민을 가지고 그를 추모한 것이다.

---

73 김종삼, 「꿈의 나라」, 홍승진 외 3인 엮음, 위의 책, 709쪽.

74 작곡가 윤용하(尹龍河)는 1922년 황해도 은율에서 태어났다. 가곡 「보리밭」을 작곡했다. 과음으로 생긴 간경화로 1965년에 타계했다. 김대현, 「尹龍河의 人間과 音樂世界」, 동아일보, 1974. 5. 9.

75 「50년대 문화예술인들 「마음의 어머니」」, 조선일보, 1986.12.26. 대폿집 주인인

시 「꿈의 나라」에 등장하는 스티븐 포스터(Stephen Collins Foster, 1826~1864)는 김종삼 시인에게 시적 영감을 준 '스와니강(The Swanee River, 원제 Old Folks at Home)'의 작곡가이다. 포스터는 일생을 작곡하는 데에 몰두했으나 생계를 위한 돈벌이에는 수완이 없었다. 그를 유명하게 만든 노래들은 대체로 사후에 가치를 인정받은 경우가 많았다. 그래서 가정을 제대로 유지할 수 없었을 뿐만 아니라 생활고에 시달리고 술에 의존하다가 37세의 젊은 나이로 세상을 떠나게 된다.[76] 포스터의 이러한 이력은 김종삼 시인이 직접 「꿈의 나라」의 발표 지면에 짧은 산문으로 기록해 두기도 했다. 김종삼 시인은 포스터의 불우했던 삶을 애련하게 여기며 그와 꿈에서라도 조우하기를 원했다.

이상에서 논의한 김종삼 시인의 예술인에 대한 연대 의식은 김종삼 시인에게 시적 영감을 주었던 인물부터 예술적 업적에 비해 안타까운 삶을 살았거나 짧은 생을 살고 간 인물에게까지 뻗어있다. 김종삼의 이러한 의식은 위대한 업적보다는 현실의 고단함을 견뎌야 하는 인간의 숙명에 대한 사유에 의한 것이다. 김종삼 시인 역시 평범하지 않은 현실의 고통을 감내한 인물로서 이들의 삶에 공감하며 그러한 삶을 시적으로 형상화한 것이다.

김종삼 시인이 연대감을 가지는 대상에는 김종삼과 매우 가까웠던 실존 인물도 해당한다.

'이명숙' 씨는 탤런트 최불암의 어머니이다.

76 홍은영, 「Oh! Susanna와 Beautiful Dreamer를 중심으로 분석한 Stephen C. Foster의 가곡에 대한 고찰」, 『예술논집』15, 전남대학교 예술연구소, 2014, 222~224쪽.

물

닿은 곳

神羔의

구름 밑

그늘이 앉고

杳然한

옛

G마이나

-「全鳳來에게-G마이나」[77]

제목을 통해 보면 위의 시는 김종삼 시인과 친분이 두터웠던 전봉래를 기억하고자 그에게 바치는 작품인 것으로 짐작된다. 전봉래(全鳳來, 1923~1951)는 1951년 2월 16일 피란지 부산의 '스타' 다방에서 "치사량의 페노발비탈을 먹고 「바하」를 들으면서 눈을 감았다"[78]고 알려져 있다. 그 레코드는 김종삼 시인의 것이었다. 김종삼은 전봉래의 죽음에 대해 "오늘날 우리 시단에 아직도 깊이 뿌리박고 있는 비시적인 시인들의 비인간적인 생리 일반과는 절대 무관한 곳에 위치하는 준벽의 붕괴"[79]라고 술회한 바 있다. 위의 시는 전봉

77 김종삼, 「전봉래에게 G마이나」, 홍승진 외 3인 엮음, 앞의 책, 20쪽.

78 전봉건, 「交友錄 피난길이 서름 잊게 한 金宗三」, 『동아일보』, 1984. 3. 21.

래에 대한 김종삼 시인의 이러한 감정이 애절하게 드러나는 작품인 것이다.

한편 음악적 감각이 예리했던 김종삼은 직관적으로 전봉래를 'G마이나'에 연결했다. 'G마이나'는 음악의 조성으로 보면 단조에 해당한다. 사단조, g단조 등으로도 일컬어지는데, 일반적으로 단조는 장조에 비해 비애의 정서를 불러일으킨다고 알려져 있다. 18세기에 활동한 작곡가이자 음악적 감정이론의 대표자인 요한 마테존은 음악의 조성이 어떠한 정서를 환기하는가에 대해 설명한 바 있다. 마테존에 따르면 단조 중에서 g단조는 '가장 아름다운, 쾌적한, 우아한, 부드러운, 동경, 유쾌한, 온건한 불평, 와해된 기쁨'의 정서를 불러일으킨다고 한다.[80]

위에서 설명한 'G마이나'가 불러일으키는 정서는 전봉래를 생각하는 김종삼의 감정과 매우 밀접하다. 즉 김종삼은 전봉래를 "악의 극치에서 열리는 새로운 미학"[81]을 소유한 '가장 아름다운' 벗으로 생각했고 시단의 생리에 대해 '온건한 불평'을 할 줄 아는 지성의 소유자라고 생각했다. 그러한 전봉래를 김종삼은 '동경'했을 것이고 그의 죽음은 김종삼에게 '기쁨의 와해'일 수밖에 없었을 것이다.

시의 내용은 'G마이나'로 표상되는 전봉래의 죽음이 김종삼에게

79 김종삼, 「특집 작고문인 회고-피난 때 연도(年度) 전봉래(全鳳來)」, 홍승진 외 3인 엮음, 앞의 책, 910쪽.

80 김효정, 「요한 마테존의 '감정이론' 연구」, 경희대 음악학 석사논문, 2000, 37~38쪽.

81 김종삼, 「특집 작고문인 회고-피난 때 연도(年度) 전봉래(全鳳來)」, 홍승진 외 3인 엮음, 앞의 책, 909쪽.

어떠한 심적 지위를 지니는지를 보여준다. 1연은 그곳이 물과 가까운 쪽이라고 한다. 김종삼 시에서 '물' 이미지는 인간이 인간다움을 영위하면서 살아가게 하는 최소한의 조건인 경우가 많다.[82] 김종삼은 전쟁으로 인해 모든 것이 폐허가 된 상황에서도 전봉래가 "비시적인 시인의 비인간적인 생리 일반과는 절대 무관한 곳에 위치"[83]했다고 생각한 것이다. 2연의 "神羔"는 축어적으로 보면 '신의 양'이라는 의미이다. 기독교적 세계관에서 '신의 양' 모티프는 대체로 예수의 자의적인 헌신과 죽음을 의미하고 나아가 그 죽음을 통해 세상의 죄를 씻고자 하는 유일무이한 표상으로 이해된다.[84] 그러나 "神羔"는 전봉래를 뜻하는 시어가 아니다. 전봉래의 죽음이 자리했던 곳이 "神羔의 구름 밑"이고 더 구체적으로는 그 구름이 만든 "그늘이 앉"은 자리인 것이다. 전봉래의 죽음은 인간을 위한 예수의 헌신과 죽음을 떠올릴 만한 신념의 결과였다. 물론 그 신념은 기독교적 신념과는 다른 것이다. 즉 김종삼은 전봉래의 죽음이 인간다움을 가진 최후의 선택이었고 그것은 어떠한 신념에 의해서 결정한 일종의 순교와 같았다는 것을 보여주고자 한 것이다.[85] 요컨대 김종삼 시인은 이 시를 통해 전봉래의 죽음을 기억하면서 세상에 대한 전봉래

82 「舊稿」, 「刑」, 「소곰 바다」, 「또 한번 날자꾸나」 등에서 인간에게 필요한 최소의 조건으로서의 '물' 이미지가 나타난다. 반대로 생명력이 상실된 상황은 '메마름'의 이미지로 나타난다.

83 김종삼, 「특집 작고문인 회고-피난 때 연도(年度) 전봉래(全鳳來)」, 홍승진 외 3인 엮음, 앞의 책, 910쪽.

84 이영헌, 「하느님의 어린 羊(요한 1,29.36)에 對한 聖書註譯學的 考察」, 『神學展望』 128, 광주가톨릭대학교 신학연구소, 2000, 26~27쪽.

85 이러한 맥락에서 이 책은 이 시가 기독교적 세계관에 연결된다고 해석하지 않는다.

의 신념에 정서적으로 연대하고 있다.

나는 音域들의 影響을 받았다
구스타프 말러와
끌로드 드뷔시도 포함되어 있다
그들의 傾向과 距離는
멀고 그 또한
구름빛도 다르지만

-「音-宗文兄에게」[86]

위의 시 제목에 있는 "宗文兄"은 김종삼 시인의 친형인 김종문[87] 시인을 가리킨다. 두 사람은 사이가 좋은 편은 아니었던 것 같다.[88] 김종삼의 시에는 그와 가까운 사람들의 이름이 자주 언급되었으나 김종문의 이름은 전혀 등장하지 않았었다. 황해도가 고향이고 전쟁 당시 월남하여 가족들과 평생 흩어져 살았던 김종삼의 이력을 생각하면 친형과 돈독하게 지냈을 법도 한데 그렇지 않았던 것이다. 정

86 김종삼,「音-宗文兄에게」, 홍승진 외 3인 엮음, 앞의 책, 667쪽.

87 김종문(金宗文, 1919~1981). 시인이면서 소장으로 예편한 군인이었다. 시집으로 『벽』(1952), 『불안한 토요일』(1953), 『시사시대』(1955) 등이 있다. 이기주, 「김종문 시에 나타난 이미지의 실험 양상」, 『한국시학연구』, 한국시학회, 2019. 참조함.

88 정규웅, 「형제 시인의 갈등, 김종문과 김종삼」, 『1980년대 글동네의 그리운 풍경들』, 책이있는마을, 2018, 53~58쪽. 가령, "김종문은 동생 이야기만 나오면 의도적으로 딴전을 피웠다는 것이며, 김종삼은 형 이야기만 나오면 '똥장군'이라며 억지로 깎아내리려 했다는 것이다.", "심지어는 문인들이 많이 모이는 다방이나 음식점에서 우연히 두 사람이 마주치게 되면 서로 못 본 체하는 것은 물론 먼저 와 있던 쪽이 슬그머니 밖으로 나가버리는 경우도 잦았다는 것이다."(56쪽)

확한 연유는 알 수 없는 일이겠으나 위의 인용 시를 보면 형에 대한 김종삼의 생각을 짐작할 수 있다. 김종삼은 "말러"와 "드뷔시" 같은 예술가에게 "影響"을 받았음을 고백한다. 그러나 "그들의 傾向"과는 멀다고 했다. 여기에서 비교 대상은 "宗文兄"이다. 즉 김종문의 경향과 김종삼이 영향을 받은 이들의 경향은 서로 달랐다는 것이다. 경향이 어떤 예술적 방향을 뜻할 수도 있으나 이 시에서는 "구름빛"처럼 형태와 색채를 뜻하는 말로 이해된다. 시에 관한 생각이 뚜렷하게 달랐다기보다는 삶의 모습이나 기질적 성향이 달랐다는 의미이다.

> 쉬르레알리슴의 시를 쓰던
> 나의 형
> (중략)
> 그는 이런 말을 한 적이 있었다.
> 한 편의 시를 쓰려면 각고도 각고이려니와 비용이 많이 든다고,
> 여행도 해야 하며 술도 많이 먹어야 한다고,
> 그의 말에 공감은 되었건만 왠지 모르게
> 그의 시를 한 번도 탐독한 적이 없었다.
>
> -「学篇」부분(1~2행, 5~9행)[89]

위의 시를 보면 시를 대하는 형제의 생각이 완전히 달랐다고 하

89 김종삼, 「学篇」, 홍승진 외 3인 엮음, 앞의 책, 878쪽.

기는 어렵다. 그러나 김종삼은 김종문의 시를 "한 번도" 탐독하지 않았다고 했다. 사실 작품을 논하려면 해당 시를 열심히 읽어야 함은 당연하다. 그래야 경향성의 차이도 확인할 수 있는 것이다. 그러나 김종삼은 김종문의 시를 제대로 접하지 않았다고 했다. 이것은 시적 경향의 차이라기보다는 형과의 기질적 차이로 인한 심리적 거리감 때문이라 할 수 있다. 그러나 두 사람의 사이가 아무리 좋지 않게 보였다고 하더라도 그들은 형제애를 가지고 있었다. 김종삼 시인은 형에 대한 마음을 형이 먼저 세상을 떠난 후에 여실히 드러냈다. 앞서 인용한 시 「音-宗文兄에게」에서 자신이 영향을 받았던 예술가들과 형은 다르다고 했으나 형의 이름 앞에 "音"을 붙임으로써 결국 형 김종문 또한 김종삼 시인에게 영향을 준 "音域"이었음을 고백한 것이다.

> 한시바삐 고려대학 부속병원 중환자실로 가야만 했다.
> 특별치료병동이라는 델 들어섰다.
> 나의 형은 숨진 뒤였다.
> 간막이도 없는 지저분하고 넓다란 간이 병실이었다.
> 나의 형이 숨지기 전 어린 아이가
> 숨졌다 한다. 수련의들은 기다렸다는 듯 그 자리에서 어린
> 것을 해부하였다 한다.
> 나의 형은 그러한 참상을 보면서 죽어갔다.
> 나의 형은 심장경색증이었다.[90]

---

90 이 글은 시 「장편」(1982)의 뒤에 이어서 쓴 산문의 내용이다. 홍승진 외 3인 엮음,

김종삼은 형 김종문이 죽음의 순간에 놓였던 환경을 한탄했다. 그리고 그때 형이 목격했을 장면을 떠올리며 이를 더욱 안타깝게 여겼다. 김종문 시인 역시 분단과 전쟁을 직접 겪었기 때문에 김종삼 시인은 전쟁의 참상과도 같은 비참한 장면을 형이 마지막 순간까지 보게 된 것을 참담하게 여긴 것이다. 이것은 김종삼 시인 스스로 하여금 전쟁 체험을 다시 떠올리게 하여 형과 자신이 전쟁의 생존자이면서 피붙이임을 절실히 느끼게 했다. 결국 형과 자신이 결코 분리되어 있지 않았음을 깨달았다. 이후 김종삼은 김종문 시인이 작고한 뒤에 형과 관련한 세 편의 시를 연달아 쓰면서 그와 정서적 연대를 꾀한 것이다.

김종삼 시인이 정서적으로 연대 의식을 가진 대상은 실존 인물에 그치지 않는다. 비참한 삶을 살아가는 힘없는 존재들과 주변에 머물러 있는 작은 존재들에 대해 지속적인 관심을 가지면서 끊임없이 그들을 시로 형상화했다.

> 할아버지 하나가 나어린 손자 하나를 다리고 살고 있었다.
> 할아버진 아침마다 손때묻은 작은 냄비 아침을 자미 있게
> 끌이고 있었다.
> 날마다 신명께 감사를 들일줄 아는 이들은 그들만인것처럼
> 애정과 희망을 가지고 사는 이들은
> 그들만인것처럼
> 때로는 하늘 끝머리 별판에서

앞의 책, 615쪽. 앞서 인용했던 시 「掌篇」(1984)과는 다른 작품이다.

아지 못할 곳에서

흘러오고 흘러가는 이들처럼

나는 며칠밤에 한번씩 집으로 돌아가는 길에 이들에 십원

하나 던저주고가는 취미를 가졌었다.

기동차가 다니는 철뚝길을 넘어가던 취미를 가졌었다.

이 들은 이 부근 외채 가마뙤기 집에서 살고 있었다.

–「이사람을」[91]

위 시는 철둑 옆에서 가난하게 사는 조손 가정의 모습을 형상화한다. 시에 등장하는 이들이 사는 곳은 "철뚝길" 옆의 "가마뙤기 집"이다. "가마뙤기"는 맥락상 '헌 가마니'를 낮잡아 이르는 '가마때기'인 것으로 보인다. 그러니까 시의 할아버지와 손자는 헌 가마니로 대충 만들어 놓은 천막 같은 곳에서 살고 있다. 이들이 가진 살림 또한 보잘것없는 "작은 냄비"뿐이다.

그러나 김종삼 시인은 이들의 모습을 매우 평화롭게 그리고 있다. 2행에서 가난한 살림이지만 즐겁게 식사를 준비하는 모습을 통해 이들의 삶을 긍정적으로 보여준다. 나아가 이들을 "신명께 감사"할 줄 알면서 "애정과 희망"을 가지며 살아가는 사람으로 표현한다. 시인은 이들이 하루하루 살아갈 수 있는 이유를 사랑과 희망에서 찾아낸 것이다. 또 감사할 줄 아는 마음을 통해 이들에게 인간의 선한 본성이 있음을 보여준 것이다. 아울러 이들은 6~8행에서 보듯이 이름 없이 살다 간 무수한 인류로 확장된다. 그러면서도 사랑과 희

91 김종삼, 「이사람을」, 홍승진 외 3인 엮음, 앞의 책, 198쪽.

망과 감사의 마음을 "그들만"이 가질 수 있는 것으로 초점화하는 방식에서 이 시의 중요한 시적 효과를 찾을 수 있다.

이 시는 은유와 암시가 지배적인 김종삼의 다른 작품들에 비해 의미가 쉽게 드러난다는 특징이 있다. 그러나 인지시학의 개념은유를 적용하여 분석하면 이 시의 심층에 '참된 인간의 모습'에 관한 김종삼 시의 사유가 내재해 있음을 새롭게 확인할 수 있다. 이 시는 제목으로 드러낸 바와 같이 '사람'에 대해 얘기한다. 시에 등장하는 할아버지와 손자처럼 언뜻 특정인의 모습을 다룬 것처럼 보이지만 6~8행을 참조하면 결국 이 시가 모든 인간의 삶을 대상으로 하고 있음을 알 수 있다.

이 시를 지배하는 개념은유는 [삶은 즐거움] 또는 [삶은 재미]이다. 인간의 삶은 여러 형태의 개념은유로 이해할 수 있다. 예컨대 삶은 여행, 전쟁, 마라톤, 질병, 고통 등과 사상하여 이해할 수 있다. 한편, 개념은유는 "필연적으로 그 개념의 다른 측면들을 은폐"[92]하는 체계를 가진다. [삶은 즐거움]이라는 개념은유는 삶에서 겪을 수 있는 부정적인 측면을 은폐한 채 삶을 이해하려는 인지적 태도이다. 그러면서 '즐거움'과 관련한 일련의 신체적 경험을 프레임화한다. 즉 즐거움의 근원, 속성, 발현 양상 등을 함께 부각한다.

시 「이사람을」은 "아침을 자미 있게" 만드는 모습을 통해 삶의 즐거움을 드러낸다. 앞서 설명했듯, 이들의 삶이 즐거울 수 있는 이유는 사랑과 희망 그리고 감사할 줄 아는 마음을 지녔기 때문이다. 특히 "신명께 감사"한 마음을 지니는 것은 살아있는 것 자체를 긍정하

92 조지 레이코프·마크 존슨, 노양진·나익주 옮김, 앞의 책, 31쪽.

는 마음과 다르지 않다. 김종삼 시인은 인간 삶의 본질, 참된 인간의 모습이 여기에 있다는 것을 보여주고자 했다. 인간으로서 도리를 지키며 사는 것이 풍요와 빈곤의 논리보다 높은 가치라고 여긴 것이다. 이 시에서 '가난'은 삶을 긍정하는 이들의 모습을 더 특별한 것으로 부각하는 배경적 효과를 지닌다. 그래서 삶의 "자미"를 "그들만"의 것인 것처럼 보이게 만든다.

김종삼 시인은 삶을 긍정하는 그들의 삶에 관여하여 정서적 연대를 꾀한다. 9~10연에서 화자는 "이들"에게 "십원"을 던져주며 이들의 삶에 관여한다. 이런 행위를 "취미"로 표현한 것은 화자 또한 이들의 "자미"에 공감하기 때문이다. 가난과 고통 속에서 삶을 살아가는 이들에게 단순히 연민을 가지는 것을 넘어서, 고난을 겪으면서도 삶을 긍정하고 인간의 도리를 지키며 사는 모습에 공감하고 나아가 이들과 정서적으로 연대하려는 태도를 보이는 것이다.

> 누군가 나에게 물었다. 시가 뭐냐고
> 나는 시인이 못됨으로 잘 모른다고 대답하였다.
> 무교동과 종로와 명동과 남산과
> 서울역 앞을 걸었다.
> 저녁녘 남대문 시장안에서
> 빈대떡을 먹을 때 생각나고 있었다.
> 그런 사람들이
> 엄청난 고생 되어도
> 순하고 명랑하고 맘 좋고 인정이
> 있으므로 슬기롭게 사는 사람들이

그런 사람들이
이 세상에서 알파이고
고귀한 인류이고
영원한 광명이고
다름아닌 시인이라고.

-「누군가 나에게 물었다」[93]

위 시 「누군가 나에게 물었다」는 김종삼의 대표작 중 하나로 빠지지 않고 거론되는 시이다. 김종삼의 마지막 개인 시집인 『누군가 나에게 물었다』(민음사, 1982년)의 표제작이기도 하다. 그만큼 김종삼의 시 정신을 확인할 수 있는 중요한 작품이다. 김종삼 시력의 후기에 속하는 이 시는 초기에 비해 시적 경향이 달라진 사례로 언급되기도 한다. 그러나 내용을 보면 앞서 분석한 「이사람을」(1963년 발표작)에서 드러난 시 정신과 크게 다르지 않음을 확인할 수 있다. 즉 인간의 삶이 어떠해야 하는지에 대한 고민과 성찰은 김종삼 시인의 전 생애에 걸친 화두였던 셈이다.

이 시는 크게 문답 형식을 취한다. 물음은 "시가 뭐냐"였다. 시인은 이에 대해 일차적으로 "모른다"는 답을 했다. 그 후 시인은 서울 시내 일대를 걸으며 이에 대해 생각했다. 그리고 남대문 시장에서 비로소 이에 대한 답을 얻게 된다. 여기서 "남대문 시장"의 장소성에 주목해야 한다. 시에서 제시한 장소들은 단순히 생각을 정리하기 위해 배회한 곳이 아니기 때문이다.

93 김종삼, 「누군가 나에게 물었다」, 홍승진 외 3인 엮음, 앞의 책, 683쪽.

무교동, 종로, 명동 일대는 1980년대 당시 대표적인 상업지대이면서 유흥가였다. 이곳들은 우리나라의 산업화 상황과 맞물리며 발전을 거듭한 장소이다. 남산은 서울의 랜드마크가 있는 곳이면서 우리나라의 정치·사회·역사적 사건과 관련이 깊은 장소이다. 서울역은 당시 교통의 중심지 역할을 담당한 곳으로 첨단 문명을 보여주는 장소로 기능한다. 시인은 이곳들을 첨단의 도시 문명을 이룬 장소로 생각했다. 도시 문명은 생활의 윤택함과 편리함을 제공하면서도 동시에 빈곤과 불평등을 낳기도 했다. 이곳들은 김종삼 시인이 생각하는 '시 정신' 혹은 '시심'과는 거리가 먼 장소인 것이다. 시인은 이 일대를 거쳐 "남대문 시장" 안에서 '물음'에 대한 답을 얻는다.

남대문 시장은 120여 년의 역사를 가진 서울의 대표적인 재래시장이다.[94] 남대문 시장을 비롯한 재래시장의 가치와 효용성은 여러 측면에서 인정받고 있다. 그중 재래시장이 저항의 중심적 공간으로 기능했다는 연구는 특히 주목할 만하다. 이 연구는 미하일 바흐친과 아난드 양의 논의를 근거로 재래시장을 "권력을 향한 분리와 민중을 향한 연대를 낳는 거점"[95]으로 평가한다. 물론 현대의 재래시장이 일제강점기의 재래시장과 기능 면에서 완전히 동일하다고 볼 수는 없으나 재래시장이 태생적으로 가지는 민중성은 여전히 유효하다고 할 수 있다.

김종삼 시인이 여러 장소를 거쳐 남대문 시장에 이르러서야 답

---

94 남대문 시장은 1897년 선혜청에서 개장되었다. 김윤미, 「개항기 구미 세력에 의한 국토 및 지역체계의 변화」, 한양대 도시공학 박사 논문, 2011, 173쪽.

95 조형근, 「일제 식민지기 재래시장의 사회사적 분석을 통한 식민지근대성론의 사회변동론적 재구성」, 『한국사회학』48(5), 한국사회학회, 119쪽.

을 얻을 수 있었던 이유는 위에서 말한 시장의 민중성 때문이다. 상인과 고객을 비롯하여 구경꾼에 이르기까지, 시장에 모인 "사람들"은 "엄청난 고생"을 겪으면서도 서로의 삶을 이끌고 밀어주는 주체인 것이다. 김종삼 시인은 연대하며 슬기롭게 살 줄 아는 이들의 삶 자체가 '시'라고 생각한 것이다. 그리고 그렇게 살아가는 착한 "사람들"이야말로 "시인"임을 천명한 것이다.

[그림 6]은 이 시에 드러난 개념 혼성을 보여준다. 시 「누군가 나에게 물었다」는 시의 본질에 관한 김종삼 시인의 해답을 보여주는 과정에서 시장의 사람들과 시인을 개념 혼성하며 새로운 의미를 발현하는 구조를 지닌다. 입력공간1에서는 '시장'에 관한 프레임이 자리한다. 시장은 기본적으로 상인과 고객이 매매 행위를 통해 원하는 바를 획득하는 공간이다. 그러면서 사람들이 서로 소통할 수 있고 여러 정보를 주고받는 교류의 장이 된다. 입력공간2는 '시 쓰기'에 관한 프레임이 자리하고 있다. 시인은 언어를 통해 시 작품을 생산하는 주체이다.

그런데 이 시에 드러난 혼성공간에서는 시장의 사람들을 단순히 상인이나 고객의 모습으로 그려내는 것이 아니라 순하고 명랑하고 마음씨가 좋은 사람으로 부각한다. 이들은 고생스러운 삶이지만 삶을 부정하거나 거부하지 않으면서 슬기롭게 삶을 살아내는 착한 사람들이다. 이른바 '착한 사람들'이 가진 인정과 슬기로움은 "엄청난 고생"을 이길 수 있게 하고, 시장을 교류와 연대의 장으로 만들며 가치를 부여하게 한다. 김종삼은 이들이 진정한 '시인'의 모습이라고 역설한다.

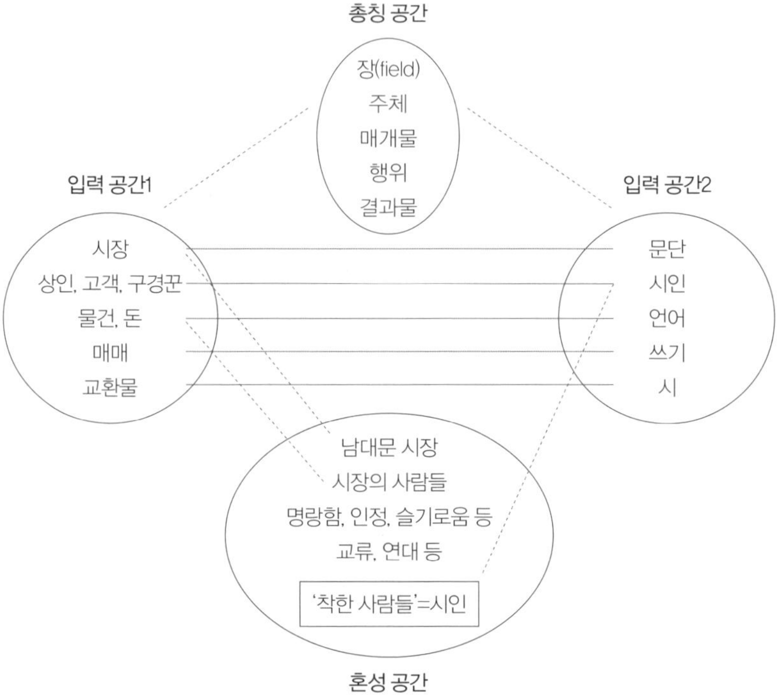

그림 6. 시 「누군가 나에게 물었다」의 개념혼성 구조

김종삼 시인은 '시가 무엇인가'하는 물음에 대해 '시'의 본질을 제시하는 것이 아니라 '시인'은 어떠해야 하는가로 물음에 대응한다. 시인이 되기 전에 먼저 인간이 되어야 한다는 김종삼 시인의 지론을 확인할 수 있는 대목이기도 하다.[96] 인정이 있고 슬기롭게 사는 사람을 시인이라고 하는 것은 그러한 삶의 태도가 현실의 여러 문제를 해결할 수 있는 근본적인 자세이기 때문이다. 즉 거짓이 없고,

96 강석경, 「문명의 배에서 침몰하는 토끼」, 장석주 편, 앞의 책, 291쪽.

인정과 슬기로움으로 더불어 살아가는 것이 인간의 본질적인 모습이면서 '시 정신'을 가진 모습이라는 것이다. 또한 인간 본연의 모습을 잃지 않아야 시대의 문제를 해결할 실마리가 생긴다고 보는 것이다. 이러한 점에서 김종삼에게 '시인'은 그러한 인간의 본연에 다다라야 하는 존재인 것이다.

이 절에서는 김종삼 시인이 시대 문제를 해결할 수 있는 방법의 하나로 이른바 '착한 사람들'과의 정서적 연대를 제시하고 있음을 분석했다. 김종삼 시인은 존재에 대해 성찰하고 주변부를 지향하면서 결과적으로 인간의 삶이 어떠해야 하는지를 '착한 사람들'을 통해 보여주었다. 고통스러운 상황에서도 자신의 본분을 잃지 않았던 사람들, 고생하며 가난하게 살더라도 인정을 잃지 않고 함께하는 삶을 사는 사람들이야말로 진정한 시 정신을 가진 사람임을 피력하였다.

3. 공동체와 휴머니즘

세계에 대한 김종삼 시인의 인지체계는 특정 공간과 이상향을 개념적으로 혼성하여 구조화한다. 시를 통해 제시한 시대의 문제는 이상적인 공간에서 공동체를 새롭게 구성함으로써 해결의 실마리를 얻을 수 있다고 생각했기 때문이다. 김종삼 시인이 생각하는 이상적인 공동체의 모습은 앞 절에서 분석했듯이 '시인'의 마음 즉 진정한 시 정신을 가지고 살아가는 사람들이 모여 있는 곳이다.

公告

오늘 講師陳

음악 部門

모리스·라벨

미술 部門

폴·세잔느

시 部門

에즈라·파운드

모두

缺講.

金冠植, 쌍놈의새끼들이라고 소리지름. 持參한 막걸리를 먹음. 敎室內에 쌓인 두터운 먼지가 다정스러움.

金素月

金洙暎 休學屆

全鳳來

金宗三 한 귀퉁이에 서서 조심스럽게 소주를 나눔. 브란덴브르그 협주곡 제五번을 기다리고 있음.

校舍.

아름다운 레바논 골짜기에 있음.

-「詩人學校」[97]

위 시는 학교 공간과 김종삼 시인의 이상향이 개념 혼성을 이루는 작품이다. 이 시는 내용상 1연부터 5연까지와 6연부터 마지막 연까지로 구분할 수 있다. 전반부는 "講師陳"이고 후반부는 학생에 관한 설명에 해당한다. 그런데 강사진을 보면 시뿐만 아니라 음악과 미술 부문도 개설되어 있다. 시의 제목은 "詩人學校"이나 제대로 된 시인이 되기 위해서는 여러 인접 예술을 두루 섭렵하여 예술의 경지를 완성해야 한다는 의미가 있다.

후반부에 등장하는 시인은 김종삼 시인 자신을 비롯해 김관식, 김소월, 김수영, 전봉래이다. 이 시가 발표된 1973년을 기준으로 보면 김종삼 시인을 제외한 다섯 시인은 모두 작고한 상태였다.[98] 특히 김소월과 김수영은 "休學届"까지 낸 것으로 그려진다. 실제로는 부재한 시인들을 한 공간에 호명한 것은 '시인'을 비롯한 예술가에 대한 김종삼의 지론 때문이다. 김종삼 시인은 마땅히 예술가로서의 자격을 가진 이들이 불의에 당한 일로 단명하게 되는 것을 매우 안타깝게 여겼다. 특히 세상의 부조리를 견디지 못하고 자결한 전봉래를 '시인'의 전형으로 꼽았다.[99] 위의 시에는 등장하지 않지만, 시인의

97 김종삼, 「詩人學校」, 홍승진 외 3인 엮음, 앞의 책, 380쪽.

98 김관식(金冠植, 1934~1970), 김소월(金素月, 1902~1934), 김수영(金洙暎, 1921~1968), 전봉래(全鳳來, 1923~1951)

99 김종삼은 산문에서 전봉래에 대해 "휴매니즘의 바탕과 정통적인 시의 생리의 부하자"로 설명하고 "시적인 시인"이라고 평가한다. (김종삼, 「특집 작고문인 회고-피난

프로토타입이라 할 수 있는 오르페우스 또한 비극적으로 삶을 마감했다.

'시인'으로서의 삶에 관한 김종삼의 인지체계는 오르페우스 그리고 요절 혹은 단명한 시인에서 비롯되었다. 즉 김종삼은 시인의 삶이 태생적으로 안락할 수 없다고 인지한다. "「생활의 윤택」과 「시의 광채」는 서로 양립될 수 없는 상극의 존재이기 때문에, 두 가지 중에서 한 가지만 취해야 한다고 믿고 있다."[100] 이 둘을 양립하려는 시인은 시인답지 않은 무리라고 생각하는 것이다. 위의 시에 시인다운 삶을 살다 간 시인들을 한 공간에 그러모은 것은 이러한 이유 때문이다.

한편 위의 시에서 학교의 강의는 모두 "缺講" 되었다. 그러나 수업이 없는 교실의 모습은 비극적이지 않다. 오래도록 방치한 것으로 보이는 교실의 모습에도 화자의 시선은 "다정"하다. 또 교실에는 밝고 화려한 "브란덴브르그 협주곡 제五번"이 울려 퍼질 예정이다. 결정적으로 "詩人學校"는 아름다운 "레바논"의 "골짜기"에 자리한다. 레바논은 그리스도가 세례를 받은 곳으로 알려진 요단강의 발원지 중 하나이다. 김종삼의 시에서 요단강은 스와니강과 함께 김종삼의 이상향으로 이해된다.

1장 1절에서 분석했듯이, 김종삼에게 '시인'은 예술에서 비롯한 아름다움의 힘을 세상에 보여주어야 하는 존재이다. 아름다운 예술은 종교와 같은 정화력을 가져서, 세상의 문제를 타개하거나 고통받

때 연도(年度) 전봉래(全鳳來)」, 홍승진 외 3인 엮음, 앞의 책, 910~911쪽.)

100 「시인 김종삼」, 홍승진 외 3인 엮음, 위의 책, 1008쪽.

는 이들을 위로할 수 있기 때문이다. 그래서 김종삼에게 물과 예술은 정화력의 측면에서 동일한 기능을 하는 것으로 인지된다. 시인다운 시인이 공동체를 이루고 있는 시인학교가 레바논의 골짜기에 있다는 진술은 인간 생명의 시초인 물의 이미지가 중첩되면서 시적 의미를 깊게 만든다. 결과적으로 시인학교는 인간다움의 시초가 되는 장소이자 세상의 어지러움을 정화할 '시인'을 양성하는 곳이다. 이는 김종삼 시인이 생각하는 가장 이상적인 세계이면서 평화가 실현된 공간이라고 할 수 있다.

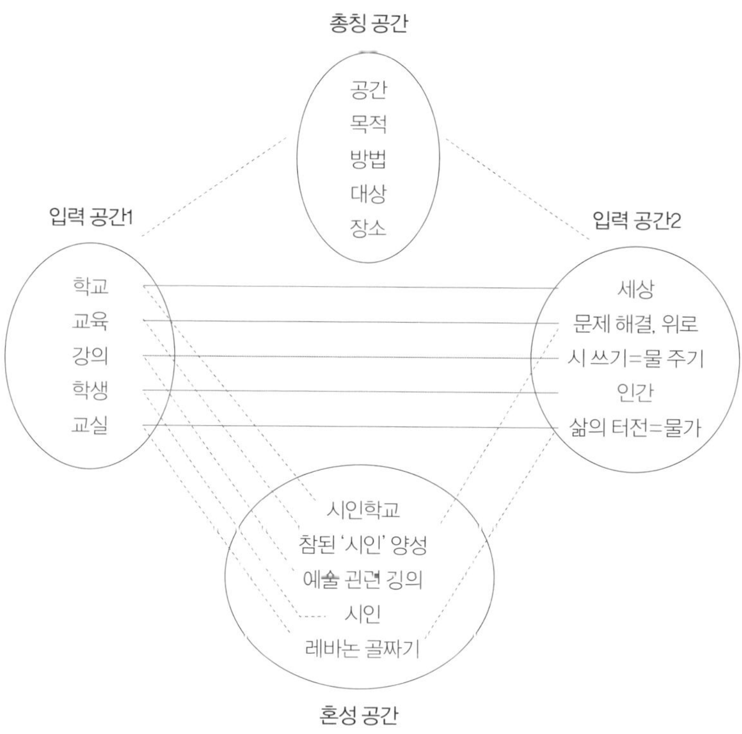

그림 7. 「시인학교」의 개념혼성

[그림 7]에서 입력공간1은 일반적인 학교의 프레임이 자리한다. 입력공간2는 김종삼 시인의 인지체계에 자리한 '시 쓰기'의 지향점에 관한 내용이 들어있다. 김종삼 시인은 '시'의 가치가 세상의 문제를 해결할 길을 찾게 하거나 고통받은 인간에게 위로를 주는 데에 있다고 생각했다. 그래서 시 쓰기를 인간 생존에 필수적인 물과 같은 것이라고 여겼다. 다시 말해 입력공간2는 시 쓰기와 물 주기의 개념이 은유적으로 사상되어 있고 입력공간1의 요소와 다시 사상되는 구조를 갖춘다.

김종삼 시인의 상상력은 시 쓰기에 관한 인지체계를 학교라는 개념에 혼성하는 것으로 나아간다. 혼성공간에는 김종삼 시인이 생각하는 가장 이상적인 공간으로서의 "시인학교"가 만들어진다. 시인학교는 단순히 시인의 공동체를 가리키는 것이 아니다. 앞 절에서 살펴본 것처럼, 시의 마음을 가진 이른바 '착한 사람들'로 표상되는 사람들이 모인 공간을 뜻하는 것이다. 김종삼이 개념화한 '시인'과 '시 쓰기'는 인간을 인간답게 살게 하는 이상적 공간으로 드러나는 것이다. 그리고 이 공간은 인간 생명의 시초인 '물'의 장소로 구체화하는 것이다.

官廳 지붕엔 비둘기떼가 한창이다.
날아다니다간 앉곤 한다.
門이 열리어져 있는 教會堂의 形式은 푸른 뜰과 넓이를
가졌다.
整然한 舖道론 다정하게 생긴 늙은 우체부가 지나간다.
부드러운 낡은 벽들의 골목길에선 아이들이 고분고분하

게 놀고 있고.

박해와 굴욕으로서 갇힌 이 무리들은 제네바로 간다 한다.

어린 것은 안겨져 가고 있었다.

먹을 거 한 조각 쥐어쥔채.

-「終着驛 아우슈뷔치」[101]

위 작품에는 아우슈비츠의 학살을 피해 "제네바"로 가려는 것처럼 보이는 한 "무리"의 사람들이 등장한다. 그런데 그들이 잠시 머물러 있는 공간의 모습은 매우 평화로워 보인다. "官廳"은 평화를 상징하는 "비둘기떼"가 "한창"인 공간이다. 또 넓은 "푸른 뜰"에 자리한 "敎會堂"은 문이 열려 있다. 거리는 질서정연하게 포장되어 오가기에 불편함이 없어 보이고, 서로의 소식을 전해주는 "우체부"가 지나다니고 있다. 아이들이 놀고 있는 "골목길"은 어쩌다가 부딪혀도 괜찮을 만큼 부드러운 벽이 이어져 있다. 이곳은 제네바로 가기 위해 잠시 정차한 곳일 수도 있고, 동시에 이들이 향하는 제네바의 평화로운 모습을 묘사한 것일 수도 있다. 어느 곳을 가리키든 시에 묘사된 공간의 모습은 김종삼 시인이 지향하는 이상적인 공간을 보여주는 것이라 할 수 있다.

[그림 8]은 시「終着驛 아우슈뷔치」에 개념혼성되어 있는 이상적 공간을 보여주는 그림이다. 입력공간1에는 김종삼 시인이 생각하는 이상적 공간에 대한 조건이 들어있다. 시의 내용을 토대로 했을 때, 김종삼 시인은 인간성이 훼손되지 않고 함께하는 삶이 실현되며, 평

101 김종삼,「終着驛 아우슈뷔치」, 홍승진 외 3인 엮음, 앞의 책, 211쪽.

화를 지향하는 곳을 이상적인 공간이라고 여겼다. 특히 아이들이 무탈하게 자랄 수 있도록 먹을 것이 충분하고 안전한 공간이 이상적이라 생각했다. 입력공간2에는 중립국인 스위스의 제네바에 설립된 국제기구를 나열했다. 공교롭게도 제네바에는 김종삼 시인이 이상적이라고 여긴 공간의 조건과 관련성이 매우 높은 국제기구가 실제

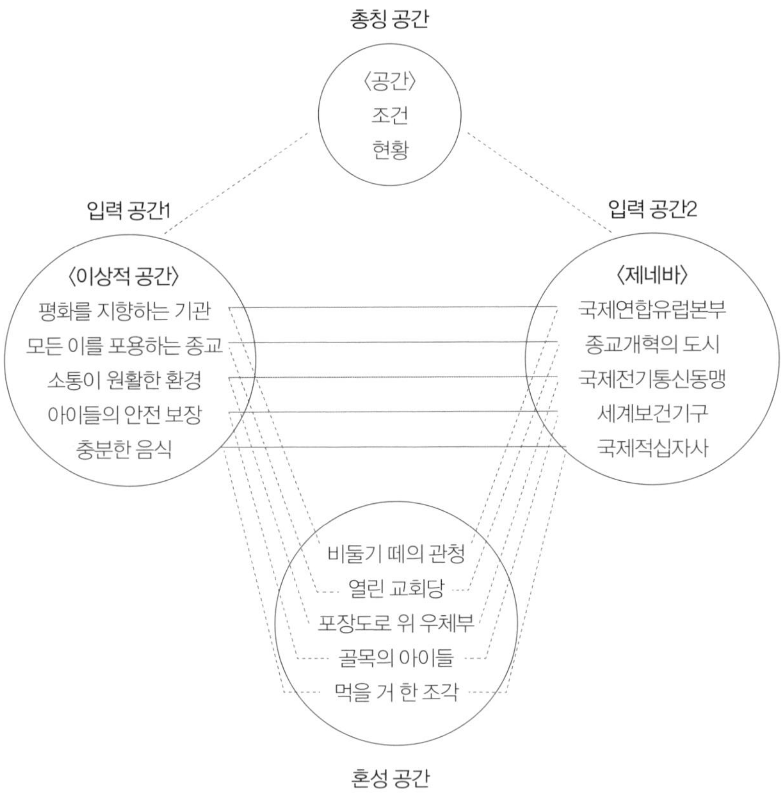

그림 8. 「終着驛 아우슈뷔치」의 이상적 공간에 관한 개념혼성

로 존재한다.[102] 그러니까 입력공간1과 입력공간2의 각 요소는 공간 횡단 사상을 이룰 수 있는 것이다. 혼성공간에는 김종삼 시인이 생각하는 이상적 공간과 제네바에 위치한 국제기구가 투사되어 시적 의미를 발현한다.

제2차 세계대전 당시에 가장 핍박받았던 "무리"가 향하는 곳이 "제네바"로 설정된 것은 [그림 8]에서 제시한 것처럼, 이상적 공간에 관한 김종삼 시인의 인지체계에서 비롯된 것이다. 제목이 "終着驛 아우슈뷔치"로 된 것은 일견 시의 내용과는 반대 방향을 가리키는 것으로 읽히기도 한다. 그래서인지 김종삼 시인은 이 시를 시집에 재수록하면서 제목을 "아우슈뷔츠 Ⅱ"로 바꾸어 실었다. 그러나 원래의 제목으로도 시의 내용과 부합하는 해석이 가능하다. 시인이 그리는 이상적인 공간의 모습이 제네바를 비롯한 세상 곳곳에 실현되어 최종적으로는 아우슈비츠까지 평화가 실현되기를 바랐던 것을 의미한다고 해석할 수 있다.

> 내가 많은 돈이 되어서
> 선량하고 가난한
>
> 사람들을 위해
> 맘놓고 살아갈 수 있는
> 터전을 마련해주리니

102 입력공간2에 나열한 국제기구들은 모두 이 시가 발표된 1964년보다 매우 앞선 시기에 이미 설립되었다.

내가 처음 일으키는 微風이

되어서

내가 不滅의 평화가 되어서

내가 天使가 되어서 아름다운

音樂만을 싣고 가리니

내가 자비스런 神父가 되어서

그들을 한번씩 訪問하리니

-「미사에 參席한 李重燮氏」[103]

남루를 입고 가도 차별이 없었던 시절

슈벨트의 歌曲이 어울리던 다방이 그립다

눈내리면 추위가

계속되었고

아름다운 햇변이

놀고 있었다

-「따뜻한 곳」[104]

위 두 시는 김종삼 시인이 그리고 있는 이상적 세계가 휴머니즘이 실현되는 공간임을 보여주는 작품이다.「미사에 參席한 李重燮氏」는 표면적으로 화가인 "李重燮"이 성당의 미사에서 기도를 올

103 김종삼,「미사에 參席한 李重燮氏」, 홍승진 외 3인 엮음, 앞의 책, 272쪽.

104 김종삼,「따뜻한 곳」, 홍승진 외 3인 엮음, 위의 책, 417쪽.

리고 있는 상황을 보여준다. 이 기도의 내용이 시의 내용을 이루고 있는데, 먼저 화자는 자신이 "많은 돈"이 되겠다고 한다. 맥락상 많은 돈을 가지게 된다는 의미로 읽을 수 있으나 3연의 내용과 관련지어 보면 화자 자체가 "돈"이 된다는 것으로 해석하는 것이 온당할 듯하다.

화자는 스스로 "돈"이 되고, "微風"이 되고, "평화"가 되고, "天使"가 되고, "神父"가 되겠다고 한다. 돈, 미풍, 평화, 천사, 신부가 된 화자가 결국 향하고자 하는 곳은 2연에서 확인할 수 있다. 화자가 돈이 되려는 이유는 착한 사람들을 위한 "터전"을 마련하기 위해서이다. 김종삼 시인은 자본화된 시스템에서는 "선량하고 가난한" 사람이 "맘놓고" 살 수 있는 곳이 점점 없어진다고 생각했다. 그렇기 때문에 이들에게 인간답게 살 수 있는 공간인 "터전"을 마련하기 위해서 스스로 "돈"이 되기를 기도한 것이다. 마련된 "터전"에 다시 미풍, 평화, 천사, 신부가 되어서 찾아가겠다는 기도를 덧붙인다.

이때 화자가 "터전"에 가져가려는 대상에 주목해야 한다. 화자는 "아름다운 音樂만"을 착한 사람들의 터전에 가져다주려고 한다. 김종삼 시인에게 음악은 삶의 동력이자 평화를 실현할 최후의 수단이며, 평화로운 세계 그 자체이다. 그러니까 「미사에 參席한 李重燮氏」는 김종삼 시인이 생각하는 이상적 세계의 모습이 어떠한 곳인지를 보여주는 시라고 할 수 있다. 그곳은 유토피아 같은 아주 거창한 곳이 아니다. 선량한 사람들이 마음 놓고 안전하고 평화롭게 살아갈 수 있는 곳이다.

한편, "터전"이라는 이상적 공간에 관한 기도를 올리고 있는 화자는 시의 제목에서 알 수 있듯이 "李重燮氏"로 나타난다. 그런데 이

중섭은 화가이기 때문에 그림이 아니라 "音樂"이 선택된 것이 일견 어색한 느낌이 든다. 화자를 이중섭으로 설정하고 다시 그가 돈, 미풍, 평화, 천사, 신부가 되어 "터전"의 평화를 희구하는 시의 구조는, 자본화된 시스템에서 끝까지 휴머니즘을 잃지 않아야 하는 존재가 예술가들임을 보여주고자 한 것이다. 화가가 신고 가는 음악, 그리고 이를 시로 형상화한 시인까지 모두 인간다움을 실현할 주체가 된다. 김종삼 시인은 그림, 음악, 시라는 예술의 장르를 이 시에 개념 혼성하여 휴머니즘적 공간의 모습을 제시한 것이다.

시「따뜻한 곳」에서도 공간에 대한 이러한 김종삼 시인의 사유가 나타난다. 제목으로 제시한 "따뜻한 곳"은 차별이 없고 슈베르트의 가곡이 들리는 곳이다. "남루"로 상징되는 가난은 자본주의 시스템에서 인간성을 빼앗는 제1의 조건이다. 김종삼 시인은 "추위"가 계속되어도 인간됨을 잃지 않고 온기를 느낄 수 있는 곳에 항상 음악을 배치한다. 그러니까 슈베르트의 가곡으로 표현한 음악은 휴머니즘이 존재하는 공간과 뗄 수 없는 대상인 것이다. 「미사에 參席한 李重燮氏」의 "아름다운 音樂"처럼 이 시에서도 음악이 울려 퍼지는 곳은 휴머니즘이 실현되는 평화로운 공간으로 기능한다.

이 절에서는 김종삼 시인이 생각하는 이상적인 세계의 모습에 대해 분석하였다. 김종삼 시인은 진정한 시 정신을 가진 '착한 사람들'이 공동체를 만들고 함께 살아가는 세계가 가장 이상적인 세계라고 보았다. 이 세계는 휴머니즘이 충만하고 평화가 실현되는 공간이다. 아울러 김종삼 시인이 형상화한 이상세계는 학교, 제네바, 성당, 다방 등과 같은 구체적인 공간과 개념 혼성하여 제시된다는 특징이 있었다. 이 절에서 분석한 주요 내용은 김종삼 시인이 공간에 관한 개념 혼성을 통해 이상세계를 제시하면서 시대의 문제를 해결하기 위한 방안을 모색했다는 것이다.

제 3 장 / 평화를 향한 사운드스케이프

제 3 장 평화를 향한 사운드스케이프[1]

이 장에서는 김종삼의 시에 드러난 미의식을 소리와 음악에 관한 인지적 관점에서 고찰한다. 이를 위해 이 책은 김종삼 시인의 미의식이 음악을 포함한 소리에 바탕을 두고 형성되었다고 전제한다. 즉 김종삼 시인에게 소리와 음악은 일종의 감각 필터로 작용하여 시적 형상화에 깊이 관여했다는 것이다. 이는 곧 김종삼 시 세계의 미학을 형성하는 데로 이어졌다.

김종삼 시인은 일상적으로 음악과 소리에 특별한 관심을 보였고 음악과 관련한 일을 오랫동안 했다. 또 김종삼의 시에는 음악과 관련된 용어와 소리 이미지를 드러낸 시어가 양적으로 많다. 그러니까 김종삼 시인은 지각한 대상을 소리 이미지를 통해서 밖으로 표출하는 방식의 인지 감각을 지닌 인물인 것이다. 소리 감각을 토대로 사유하고 이를 소리 이미지로 형상화하여 시를 제작한 것으로 볼 수 있다.

이 장에서는 김종삼 시에 구현된 소리와 음악의 이미지를 '사운

1 이 장의 내용은 신지원, 「김종삼 시의 미의식 연구-소리와 음악의 인지 특성을 중심으로」, 『열린정신 인문학 연구』21(3), 원광대학교 인문학연구소, 2020.의 논의를 보완하여 재구성하였음을 밝힌다.

드스케이프'[2]의 개념인 기조음, 신호음, 표식음으로 정리하여 범주화한다. 그리고 이것이 시의 의미를 형성하는 데에 어떻게 관여하는지를 각 절에서 세세하게 살피고자 한다. 일반적으로 시의 의미는 주로 시각 이미지에 의해 결정되는 경우가 많으나 김종삼의 시는 시각 요소 이상으로 소리가 의미 형성에 크게 작용했다. 그래서 본 책은 김종삼 시 세계가 하나의 '사운드스케이프' 구조를 갖추고 있다고 보고 이것을 통해 김종삼의 미의식을 논구하고자 한다.

1. 배경이 되는 묵음 이미지와 기조음

사운드스케이프의 개념에서 기조음(keynote sounds)은 특정한 사회나 집단에서 끊임없이 듣게 되는 소리를 가리킨다. 또, 특정한 다른 소리에 대해 배경음이 될 정도로 지속하여 들리는 소리를 뜻하기도 한다. 예컨대 해변에 인접한 어떤 마을의 파도 소리가 그 마을의 기조음에 해당한다. 또 기찻길이 놓여 있어 정기적으로 기차가 지나는 소리를 들을 수 있는 경우도 기조음의 예가 될 수 있다. 대체로 기조음은 의식적으로 지각되지 않지만, 다른 신호음의 지각에 관여하는 인자로 작용하는 특징이 있다.[3]

2 원래 사운드스케이프는 캐나다의 음악가인 머레이 쉐이퍼가 고안한 개념이다. 시각 차원의 랜드스케이프에 대응되는 개념인데 인간이 자리하는 공간에 이른바 소리 환경을 구축하여 생태적 질서를 무너뜨리지 않으면서 인간 또한 불필요한 소리에서 벗어나고자 하는 태도를 뜻한다. 사운드스케이프 개념의 전제는 주변의 소리가 인간의 의식, 무의식, 정서 등에 막대한 영향을 준다는 것이다. 머레이 쉐이퍼, 한명호·오양기 옮김, 『사운드스케이프:세계의 조율』, 그물코, 2008.

3 머레이 쉐이퍼, 한명호·오양기 옮김, 위의 책, 24~25쪽.

사운드스케이프의 개념은 인간의 인지적 요소와도 밀접한 관계를 이룬다. 기조음은 의식적으로 지각되지 않는다는 점에서, 그리고 신호음을 좀 더 선명하게 지각할 수 있는 요소가 된다는 점에서 '전경-배경' 가운데에서 '배경(ground)'에 대응될 수 있다.[4]

김종삼 시의 소리 이미지는 개별 시편에서 대체로 '무슨 소리'나 '어떠한 소리'의 형태로 등장한다.[5] 그리하여 해당 시의 전체적인 이미지를 지배하거나 특정 분위기를 조성하는 경우가 많다. 사운드스케이프의 개념으로 보면 신호음이나 표식음에 해당하는 경우가 많다는 의미이다. 음악 이미지의 경우에도 여러 악기를 등장시키며 소리 이미지를 형상화하거나 작곡가와 성악가, 연주자 등의 인물을 언급하며 관련한 음악의 이미지를 발생시키는 경우가 많다. 그렇기 때문에 김종삼의 시에서는 기조음이라 할 만한 하나의 경향을 추출하는 것은 쉽지 않다.

그렇다고 김종삼의 시에서 기조음이 없다고 할 수는 없다. 김종삼은 자신이 시를 쓰는 동기를 설명하는 글에서, 마음이 어지러울 때 시를 쓰고 싶어진다고 했다. 그럴 때면 조용한 숲과 같은 공간을 거닐며 자연의 소리에 귀를 기울인다고 했다. 이때 포착된 이미지를 시로 만든다는 것이다.[6] 이는 김종삼의 시에 형상화된 이미지가 대

4 인지시학에서 사용하는 '전경-배경'은 게슈탈트 심리학의 용어인 'figure-ground'에서 온 것이다. 특히 'figure'에 대해 '모양', '도형', '윤곽' 등의 용어로 번역하는 경우가 있으나 인지시학에서는 문학작품을 분석할 때 언어적으로 두드러지게 보이는 부분을 부각하고 좀 더 입체감이 느껴지는 '전경'으로 번역하여 사용한다. 프라하학파의 용어인 '전경화'와 완벽하게 일치하는 것은 아니나 특정 대상을 두드러지게 한다는 차원에서는 공통된 점이 있다.

5 신지원, 「김종삼 시에 나타난 '소리'의 양상과 특성 연구」, 『건지인문학』24, 전북대학교 인문학연구소, 2019, 229쪽.

체로 고요함 속에서 획득된 것임을 짐작하게 한다. 소리 이미지도 마찬가지이다. 사운드스케이프의 신호음이나 표식음이 되는 소리와 음악의 이미지 역시 조용하고 고요한 인지적 배경 위에서 만들어진 이미지들인 것이다.

이는 인지시학의 중요한 개념 틀 중 하나인 '전경-배경'의 구조와 매우 관련이 깊다. 전경-배경의 원리에서 대상을 전경으로 부각하는 데에는 배경의 역할이 매우 크다. 즉 사운드스케이프의 신호음을 부각하기 위해서는 조용하거나 고요한 상태가 가장 적절한 배경이 된다. 이러한 내용을 바탕으로 하면 김종삼 시에서 기조음은 조용하고 고요한 상태라고 보아도 무방할 것이다. 이 책에서는 조용하고 고요한 상태를 묵음 이미지로 보고자 한다.

몇그루의 소나무가
얕이한 언덕엔
배가 다니지 않는 바다,
구름바다가 언제나 내다보이었다.

나비가 걸어오고 있었다.

줄여야만 하는 생각들이 다가오는 대낮이 계속되었다.
어제의 나를 만나지 않는 날이 계속되었다.

---

6 김종삼, 「이 공백을」, 홍승진·김재현·홍승희·이민호 엮음, 『김종삼정집』, 북치는 소년, 2018, 912~913쪽.; 김종삼, 「의미의 백서」, 위의 책, 903~906쪽.

골짜구니 大學建物은
귀가 먼 늙은 石殿은
언제 보아도 말이 없었다.

어느 位置에는
누가 그린지 모를
風景의 背音이 있으므로, 나는 세상엔 나오지 않은
樂器를 가진 아이와 손쥐고 가고 있었다.

-「背音」[7]

위 시의 "귀가 먼", "말이 없었다", "세상엔 나오지 않은 악기"는 조용함, 고요함, 침묵 등의 이미지를 보여주는 표현들이다. 또 1연의 "몇그루", "얕이한", "배가 다니지 않는", "구름"도 이 시를 고요한 분위기로 만드는 요소들이다. "몇그루"는 드문드문한 이미지를, "얕이한"은 낮은 이미지를 보여준다. 바다에 "배가 다니지 않는"다는 표현에서는 적막함까지 느껴지고 바다에 구름이 떠 있는 이미지 역시 고요하고 조용한 느낌을 불러일으킨다. 2연에서는 "나비" 날아오는 것이 아니라 "걸어"온다고 했다. 날갯짓하며 나는 것은 걷는 것보다 좀 더 역동적인 느낌이 있다. 김종삼 시인이 나비를 굳이 걸어온다고 표현한 것은 이 시를 가볍고 차분한 이미지보다는 조용하고 나지막하면서도 묵직한 분위기로 만들기 위한 것이다.

이러한 분위기는 시의 제목을 고려했을 때 시 전체가 묵음의 상

7 김종삼, 「背音」, 홍승진 외 3인 엮음, 앞의 책, 228쪽.

태에 가깝게 만드는 효과가 있다. 이 효과는 3연 이후부터 이어지는 내용에 무게감을 부여하며 시의 내용과 소리의 이미지가 자연스럽게 연결되도록 한다. 시의 묵음 이미지와 내용이 어우러지는 것은 이 시의 미학적 완성도를 높이는 역할을 한다.

3연에서 보듯이 화자는 어떠한 고민에 빠져 있다. 줄여야 하지만 "대낮"에는 그 고민이 더 깊어지고, 고민이 없었던 "어제"는 계속 과거로 밀려난다. 고민의 실체가 드러나지는 않으나, 화자는 "대학건물"의 "석전" 즉 상아탑이 고민에 대한 답을 알려줄 수 있는 "위치"에 있다고 생각한다.

그런데 상아탑과 관련하여 알려진 바로는 프랑스의 시인이자 비평가인 생트뵈브가 낭만파 시인 비니의 태도를 비평하며 쓴 데서 유래했다는 것이다. 특히 생트뵈브가 "예술지상주의 시인이었던 알프레드 드 비니의 은거 생활을 가리켜 '그는 대낮도 되기 전에 상아탑 속으로 들어갔다.'라고 표현"[8]한 데서 비롯되었다고 한다. 즉 상아탑에는 사회적 현실을 외면한 채로 자신만의 세계에 몰두하여 예술이나 학문을 추구한다는 의미가 있다.

이를 통해 유추하면 4연은 귀가 멀고 이미 늙어버린 상아탑이 시대의 문제에 답을 내놓지 않은 채 "대낮" 동안 한 풍경을 차지하고 있는 장면을 보여주는 것이 된다. 또 화자의 고민이 시대의 문제와 연관된 것이라고 추측할 수 있다. 화자는 이제 상아탑이 답을 내어줄 것을 기대하지 않는다. "언제 보아도" 깊은 골짜기 그 "위치"에서

---

8 오제연, 「팽창하는 학교와 학생」, 김학재 외 12인, 『한국현대 생활문화사 1950년대』, 창비, 2016, 108쪽.

고정된 "풍경"으로 자리를 차지할 뿐이기 때문이다. 화자의 기대는 이윽고 "배음"으로 옮아간다. "배음"은 아직은 세상에 나타나지는 않았으나 언젠가는 시대의 문제에 해답이 될 소리이다. 이를 연주하는 "악기"는 "아이" 그 자체이면서 미래에 민중이 될 존재를 가리킨다.

요컨대 시 「背音」은 화자가 고민하는 시대의 문제가 현재 특수한 지위를 차지하고 있는 특정 계층에 의해서가 아니라, 앞으로 나타날 미래 존재에 의해 해결되리라는 화자의 기대를 반영한 작품이다. 여기에는 시각적 풍경과 청각적 배음의 위상을 달리 설정하는 시인의 미의식이 잠재해 있다. 시각은 청각보다 먼저 지각되는 경향이 있지만 화자는 상아탑으로 상징되는 시각적 풍경 너머로 병풍처럼 펼쳐진 어떤 소리를 시각보다 우위에 놓는다. 그 소리는 앞서 말했듯 "아이"가 연주하는 소리이고 아직은 등장하지 않았으나 언젠가는 화자와 연대하여("손쥐고") 함께할 존재들이다.

김종삼 시인은 영화나 무대극의 연출부로 참여한 경력이 있다. 특히 음악 연출을 담당하는 스텝으로 여러 번 활동했다.[9] 시인은 무대 연출의 경험을 통해, 극적 장면의 완성도가 소리를 통해 채워진다는 사실을 체득했을 것이다. 소리에 대한 시인의 편력도 이러한 체험을 바탕으로 하여 형성되었을 것이다. 소리에 대한 김종삼 시인의 인지체계는 시에서 시각적 이미지와 소리 이미지인 배음을 적소에 사용하게 하면서 시의 미학을 완성하는 데에 이르렀다. 그리고 시인의 미의식은 위의 시를 통해 보았듯이 미학적인 차원뿐만 아니라 주제적인 측면에서 모두 성공적으로 실현되었다.

---

9 이에 대해서는 『김종삼 정집』에 실린 '4부 관련자료' 부분을 참조하였다.

위의 시에서 특별히 주목할 것은 시에 드러난 현재의 상태이다. 제목에서 한 번 더 강조한 '배음'은 아직은 들리지 않는 소리이다. 이와 대조하여 시적 현재는 묵음에 가까운 고요 즉 배음이 없는 시각적 풍경이 지배적인 시간이다. 이 책에서는 이를 사운드스케이프의 개념으로, 김종삼 시 세계의 기조음으로 보고자 하는 것이다.

시 「배음」에서 확인한 김종삼 시의 기조음은 아래의 시에서도 유사하게 드러난다.

싱그러운 巨木들 언덕은 언제나 천천히 가고 있었다

나는 누구나 한번 가는 길을/어슬렁어슬렁 가고 있었다

세상에 나오지 않은
樂器를 가진 아이와
손쥐고 가고 있었다

너무 조용하다.

–「풍경」[10]

김종삼은 위 시에서 "세상에 나오지 않은 악기를 가진 아이"를 다시 언급한다. 시의 전체적인 인상과 고요한 분위기도 그대로이다. 특히 묵음의 이미지는 나중에 채워질 소리를 예비한 것이라는 점에

10 김종삼, 「풍경」, 홍승진 외 3인 엮음, 앞의 책, 546쪽.

서도 동일한 시적 인식을 보여준다. 다만 시 「풍경」은 마지막 연에서 "너무 조용하다."고 단적으로 얘기하며 시적 현재의 묵음 이미지를 더욱 부각한다. 시의 묵음 이미지는 "천천히", "어슬렁어슬렁"이라는 시각 이미지와 조응하면서 시의 분위기를 조용하고 느릿한 것으로 완성한다. 여기에 제목을 '풍경'으로 제시하여 시적 현재의 상태가 묵음으로 드러나도록 강조하는 효과를 더한다.

김종삼의 시에서 묵음 이미지는 위에서 인용한 두 시에서처럼, 소리가 나지 않거나 소리를 낼 수 없는 시적 상황과 조응하여 시의 의미를 생성하는 데에 적절한 효과를 발휘한다. 특히 묵음 이미지를 배경으로 깔아 두면서 시 내용의 상황을 상대적으로 부각하는 경우가 많다.

물먹는 소 목덜미에

할머니 손이 얹혀졌다.

이 하루도

함께 지났다고,

서로 발잔등이 부었다고,

서로 적막하다고,

–「墨畫」[11]

위의 시는 "소"와 "할머니"의 "하루"를 보여주는 작품이다. 시의 주요 의미는 "소 목덜미"와 "할머니 손"이 겹쳐지듯이 동물과 인간이 "함께" 살아가는 삶을 그리는 것이다. 그런데 여기에 "적막"한 분위기가 배경으로 놓임으로써 시의 묵음 이미지가 발생한다. 시의 제목 또한 묵음 이미지와 관련이 있다. "墨畫"는 먹으로 그린 그림이라는 의미를 지니고 있다. 채색을 하지 않고 검은 먹으로 명도를 조절하여 어떤 대상을 그려낸다. 무채색으로 이루어진 "墨畫"는 풍경과 대상을 흑백으로 제시하기 때문에 채색된 그림보다는 정적이고 고요한 느낌을 준다. 또 한자는 다르지만 침묵을 뜻하는 '묵(默)'과 먹을 가리키는 '묵(墨)'이 같은 발음을 가진다는 점에서도 인지적으로 유사하다. 두 글자에는 모두 '黑'이 포함되어 있는데 흑색은 어둡고 막막한 정서를 불러일으키기 때문에 시의 적막한 분위기와 조응하는 묵음 이미지가 발생한다. 이러한 인지 과정을 통해 이 시의 묵음 이미지는 배경인 기조음으로 기능하면서, 인간과 가축의 공존이라는 휴머니즘적 관념을 진지하고 묵직한 농도로 그려내는 데에 일조한다.

한편 분단과 전쟁을 다루는 시편에서는 묵음 이미지를 기조음으로 놓음으로써, 시대적 상황과 관련한 김종삼 시인의 문제의식을 집중적으로 보여주는 기능을 한다.

1947년 봄
深夜

---

11 김종삼, 「墨畫」, 홍승진 외 3인 엮음, 앞의 책, 297쪽.

黃海道 海州의 바다
以南과 以北의 境界線 용당浦.

사공은 조심 조심 노를 저어가고 있었다 기침도 금지되어
있었다 十餘名이 타고 있었다

울음을 터뜨린 한 嬰兒를 삼킨 곳.
스무몇해나 지나서도 누구나 그 水深을 모른다

-「民間人」[12]

위 시 「민간인」은 제2회 현대시학 작품상을 수상한 시로 설명을 덧붙이지 않아도 될 만큼 유명한 작품이다. 알려진 대로 이 시는 분단의 상황에서 영아 살해라는 비극적 사건을 간명하게 형상화한 수작이다. 그런데 1988년 청하에서 출간된 전집과 2005년 나남에서 출간된 전집에서는 위의 2연과 3연이 하나의 연으로 되어 있고 "기침도 금지되어 있었다 十餘名이 타고 있었다"는 구절이 제외된 개작 시가 수록되어 있다.[13] 위에 인용한 판본에서는 개작 시보다 묶음

12 김종삼, 「民間人」, 홍승진 외 3인 엮음, 앞의 책, 371쪽.

13 장석주 편, 『김종삼 전집』, 청하, 1988, 123쪽.; 권명옥 엮음, 『김종삼 전집』, 나남, 2005, 162쪽. 두 전집의 영향인지 「민간인」을 분석한 연구는 대부분 개작 후의 작품을 대상으로 하고 있으나 여기에서는 논의의 초점에 적합한 첫 수록작을 분석의 대상으로 한다. 덧붙여 앞선 두 전집의 작품 연보를 보면 「민간인」의 출처로 시집 『시인학교』(1977)를 제시하고 있는데 『김종삼 정집』에 수록된 판본을 참고하면 『시인학교』에 수록된 「민간인」 역시 3연으로 된 작품이다. 총 2연으로 된 것은 『평화롭게』(1984)에 수록된 것뿐이다.

의 이미지가 더 짙게 드러난다. 시의 묵음의 이미지(기조음)는 "영아"의 "울음"(신호음)을 더욱 큰 소리로 들리게 하면서 동시에 그 울음을 소거해 버린 비극을 충격적으로 보여주는 효과를 일으킨다. 소리에 대한 김종삼의 미의식은 소리 이미지를 어떻게 운용해야 시적 효과를 증폭할 수 있는지를 정확하게 알고 있었다. 그리하여 묵음을 기조음으로 삼고 그 위에 강렬한 신호음 올리는 방식으로, 형식미학과 주제의 양면에서 위와 같은 완성도 높은 작품을 제작하기에 이르렀다.

한편 「민간인」에 조성된 묵음의 이미지는 생명 강탈이라는 부정적인 정서와 결부된다. 원래 생명을 가진 존재는 생명을 얻음과 동시에 소리를 가지게 된다. 또 "완전한 침묵이라는 것은 사람의 본질적 성격에 반하는 것이다. 사람은 생명이 없는 것을 두려워하듯이 소리가 없는 것을 두려워한다. 궁극적인 침묵은 죽음"[14]이다. 그런 점에서 완벽한 '무음'의 상태란 살아있는 인간에게 생물학적으로 경험될 수 없는 것이다. 예컨대 존 케이지는 무반향실에서의 경험을 다음과 같이 설명했다.

> 공학적 목적으로 최대한 조용히 만든 방을 무향실(無響室)이라 하는데, 여섯 개의 벽면이 특수 소재로 만들어진 이 방에서는 소리의 반향이 일어나지 않는다. 몇 년 전 하버드 대학교 무향실에 들어간 나는 두 가지 소리를 들었다. 하나는 높은 소리, 하나는 낮은 소리였다. 담당 엔지니어에게 설명하자 그는 높은 소리는 내 신경계가 작용하는 소리, 낮은 소

14 머레이 쉐이퍼, 한명호·오양기 옮김, 앞의 책, 389쪽.

리는 내 혈액이 순환하는 소리라고 알려 주었다. 죽을 때까
지 소리는 나를 떠나지 않는다.[15]

그런데 「민간인」에서는 생명의 소리가 억탈되는 장면을 그리면서 적극적으로 묵음을 선택하는 인물의 모습을 부각한다. 이때의 적극적 묵음 선택이 또 다른 생존을 목적으로 한다는 점에서 이 시에서의 비극이 발생하는 것이다. 이렇게 생존하는 것은 살았어도 부끄러운 것이 되고 진정한 의미의 삶이 되지 못한다. 김종삼 시인은 진정한 의미의 삶과 철저히 반하는 이 사건을, 당시의 역사를 겪은 모든 이의 것으로 일반화("민간인")한다. 요컨대 이 시에서 묵음으로 드러나는 소리 이미지는 생명 또는 생명력의 상실이라는 내용에 조응하며 역사적 상황에서의 비극을 극적으로 제시하는 미학적 기능을 한다.

묵음 이미지가 생명 또는 생명력의 상실임을 보여주는 경우는 아래의 시에서도 확인할 수 있다.

입과 팔이 없는 검은 標本들이 기인 둘레를 떨그덕 거리

---

15 존 케이지, 나현영 옮김, 『사일런스』, 오픈하우스, 2014, 8쪽. 이러한 이유로 이 책에서는 소리가 전면에 드러나지 않는 상태를 '묵음'이라고 표현했다. 인용문의 내용에서 보듯이 생명이 있는 존재는 물리적으로 '무음' 상태에 놓일 수 없다. 그렇기 때문에 상황이나 조건에 따라 소리를 낼 수 없거나 조용하고 고요한 상태를 드러내는 데에, 소리가 없다는 의미를 내포한 '무음'보다는 입을 다문 채 잠잠히 있다는 의미가 있는 '묵음'이 더 가까운 표현이라고 판단했다. 요컨대 이 책에서 묵음 이미지는 마땅히 드러나야 하는 소리가 어떠한 상황에 의해 나오지 않는 상태, 잠잠함과 고요함이 적막함으로 이어지는 상태를 드러내는 것으로 사용했다.

며 선회하고 있었다

半世紀가 지난 아우슈뷔치 收容所의 한 部分을 차지한

-「地帶」[16] 부분

위 시는 아우슈비츠로 상징되는 유대인 집단 학살을 소재로 한 작품이다. 시에서 기이한 행동을 보이는 "標本"은 나치가 유대인에게 행한 생체 실험의 희생자를 알레고리적으로 표현한 것이다. 이때 "標本"에게는 "입"이 없으므로 소리를 낼 수 없다. 목숨은 위태롭게나마 붙어 있으나 생명력이 이미 상실된 모습을 묵음 이미지로 그려내고 있다.

주검 一步直前에 無辜한 마네킹들이 化粧한 陳列窓.

死産.

소리 나지 않는 完璧.

-「十二音階의 層層臺」[17] 부분

위 시는 "진열창"에 전시된 "마네킹"의 모습을 묘사한 작품인데 "주검 일보직전"이나 "사산" 등으로 죽음 이미지를 강렬하게 드러내는 것이 특징이다. 그런데 죽음의 이유를 특정하지 않고 "無辜한" 것으로만 표현한 점은 이 시를 단순히 이미지 위주의 작품으로 해석할 수 없게 한다. 또 일련의 장면을 "소리 나지 않는 完璧"으로 마

16 김종삼, 「地帶」, 홍승진 외 3인 엮음, 앞의 책, 234쪽.

17 김종삼, 「十二音階의 層層臺」, 홍승진 외 3인 엮음, 위의 책, 140쪽.

무리한 점도 주목할 부분이다. 일견 소리가 없는 상태가 완벽해 보이지만 실은 생명이 없는 것과 다르지 않기 때문이다.

최근 한 연구에서는 이 시를 근대 자본주의 사회에서의 생명력 상실로 읽어낸 바 있다. "完璧"의 의미를 풀이하며 틈 없는 구슬은 소리를 낼 수 없기에 보기에만 그럴듯할 뿐 구슬이 내는 소리와 같은 어떤 아름다움도 산출하지 못한다고 지적했다.[18] 이는 본 책의 2장 1절에서 이 시를 '죽음을 생산하는 자본 문명의 시스템'으로 분석한 바와 동궤에 놓이는 관점이다. 이런 점에서 이 시의 핵심은 순결성이나 무결성에 있지 않다. '결함이 없는 완전함'을 뜻하는 '완벽'의 사전적 풀이를 넘어서, 묵음의 상태가 생명력의 상실과 죽음을 의미하는 것임에 주목해야 한다. 그리고 이 묵음의 이미지가 기조음으로 자리하면서 시의 핵심 내용과 긴밀하게 조응하는 것이 김종삼 시의 미학적 특성이라고 할 수 있다.

이 절에서는 시의 묵음 이미지가 인지적 '배경'이 되어 김종삼 시의 미의식을 형성하고 있다고 분석하였다. 아울러, 배경으로 기능하는 묵음 이미지는 사운드스케이프의 기조음에 해당하는 것이었음을 살펴보았다. 그리하여 김종삼 시의 묵음 이미지는 시의 분위기를 조성할 뿐만 아니라 시의 의미 생성에 밀접히 조응하면서 시의 미학적 완성도를 높이는 요소임을 확인하였다.

18 홍승진, 「김종삼 시의 내재적 신성 연구-살아남는 이미지를 중심으로」, 서울대 박사 논문, 105쪽.

2. 의식 매개의 소리 이미지와 신호음

사운드스케이프의 개념에서 신호음(signals)은 의식적으로 듣는 소리이다. 전경-배경의 관계에서 '전경'에 가깝다. 신호음은 소리를 인식하는 주체에게 어떤 주의를 발생시킨다. 또 매우 정교한 코드로 구성되어 상당히 복잡한 메시지를 전달하기도 하는데, 지각 주체는 이를 해석할 수 있다. 예컨대 선박의 기적, 사냥에서의 뿔피리, 자동차의 경적 등이 이에 해당한다. 같은 소리일지라도 지각하는 주체의 의식, 문화적인 맥락 등에 따라서 신호음이 되거나 그렇지 않을 수 있다.[19]

김종삼 시에서 신호음은 시적 주체가 의식적으로 감지한 소리에 해당한다. 이 신호음은 과거의 기억을 순식간에 현재로 가져오게 하면서 시인으로서의 자기성찰을 유도하는 매개가 된다. 또 시에 제시된 상황과 관련하여 화자가 의식의 방향을 조정하는 장치로 기능한다.

마지막 담너머서 총맞은 족제비가 빠르다.

〈집과 마당이 띠엄 띠엄, 다듬이 소리가 나던 洞口〉

하늘은 바른 마음을 가진 사람들이 있다고 대낮을 펴고

---

19 머레이 쉐이퍼, 한명호·오양기 옮김, 앞의 책, 25쪽.; 토리고에 게이코, 한명호 옮김, 『소리의 재발견:소리 풍경의 사상과 실천』, 그물코, 2015, 108~109쪽.

있었다.

군데 군데 재떠머니는 아무렇지도않았다.

못볼것을 본 어린것의 손목을 잡고 섰던 할머니의 황혼마
저 학살 되었던 僻地이다.

그 곳은 아직까지 빈사의 독수리가 그칠사이 없이 선회하
고 있었다.

원한이 뼈무더기로 쌓인 고혼의 이름들과 神의 이름을 빌
려 號哭하는것은 「洞天江」邊의 갈대뿐인가.

-「어두움속에서 온 소리」[20]

김종삼 시인이 겪은 전쟁은 김종삼의 시력 전반에서 여러 모습으로 드러난다. 위 시는 김종삼 시인이 1960년 이후 6. 25전쟁과 아우슈비츠를 형상화한 이른바 전쟁 시편의 첫 작품으로 생각된다.[21] 휴전 이후 여러 방면의 전후 회복을 꾀하는 사회적 분위기에서 "洞天江"으로 상징되는 민간인 학살 사건 보도는 시인에게 큰 충격을 주었을 것이다.[22] 시인이 직접 겪기도 했으나 전쟁의 참상은 체험한 것

20 김종삼, 「어두움속에서 온 소리」, 홍승진 외 3인 엮음, 앞의 책, 138쪽.

21 신지원, 「김종삼의 전쟁 시편에 나타난 개념적 혼성과 의미 연구」, 『건지인문학』19집, 전북대인문학연구소, 2017, 116쪽.

22 동천강은 경남 함양에 소재한 강으로, 이를 배경으로 삼고 있는 시 「어두움속에서 온 소리」는 6. 25전쟁 중인 1951년 2월에 공비 토벌대로 알려진 국군 11사단이 산청, 함양 등지에서 민간인 700여 명을 학살한 사건을 다루고 있다. 김종삼 시인은 1960

이상의 폭력성을 내재한 것이기 때문이다.

이 절에서 주목하는 것은 참상에 대한 시인의 의식이 소리 이미지를 통해 드러난다는 점이다. "바른 마음을 가진 사람들"이 사는 그 마을은 "다듬이 소리"가 "洞口"에 들리는 평범하고 평화로운 마을이다. 이때 "다듬이 소리"는 사람들이 의식하지 않고 일상적으로 듣는 소리이다. 그러나 "학살" 이후의 "號哭"은 "「洞天江」邊"에 울려 퍼지면서 동시에 시인의 귓전을 울리는 소리이다. 이때의 "號哭"은 "어두움에서 온 소리"로 치환되며 시인에게 신호음으로 작용한다. "어두움"은 시인이 미처 알지 못했던 전쟁의 극악함을 뜻하기도 하고 시인의 의식에 깊게 잠재한 전쟁 체험을 의미하기도 한다.

메를로-퐁티는 신체를 '습관적 신체'와 '현재의 신체'로 구분하는데, 전자는 과거로부터 체험되어 온 신체를 의미하며 이로써 신체가 세계와 관계하는 특정한 습관적 양식을 얻게 된다고 보았다.[23] 이 습관적 신체 때문에, 신체에 어떠한 충격이나 손상을 입게 되더라도 현재의 신체가 세계와 관계하는 데에 즉각적인 장애를 일으키지 않게 된다는 것이다. 그러나 신체의 손상에 대한 기억은 과거의 일이라고 하더라도 그것이 습관적 신체에 침전되기 때문에 그 기억은 무의식에 저장되었다가 특정한 자극에 의해 다시 소환된다. 다시 말해 이는 "단순히 과거를 회상하거나 그것의 관념 혹은 이미지를 떠

년 5월에 이에 대한 보도를 접한 것으로 보인다. (임지연, 「김종삼 시의 수치심 연구」, 『한국문학이론과비평』68호, 한국문학이론과비평학회, 2015, 296쪽.; 신지원, 앞의 논문, 115~116쪽.; 홍승진 외 3인 엮음, 앞의 책, 139쪽 시어 풀이 참조함.)

23 모니카 M. 랭어, 서우석·임양혁 옮김, 『메를로-퐁티의 지각의 현상학』, 청하, 1992, 71쪽.

올리는 것이 아니라, 바로 '이전의 현재(former present)'를 경험"[24]하는 것이 된다.

이러한 맥락에서 보면 김종삼에게 위 시의 학살 사건은 '이전의 현재'로 경험된다. 김종삼이 겪어온 과거의 전쟁 체험은 김종삼의 습관적 신체에 무의식적으로 침전되었기 때문에 그것이 의식되지 않는 것처럼 보일지도 모른다. 그러나 김종삼은 특정한 자극, 특히 이전에 경험한 몸 지각과 관련된 자극을 통해 현재의 신체에 잠복해 있던 이전의 신체 기억을 소환하는 것이다. 김종삼 시에서 이 자극은 주로 소리 이미지가 담당하는 경우가 많고 또한 신호음으로 지각된다.

> 連山 上空에 뜬
> 구름속에서 무슨 소리가 난다
> 무슨 소리가 난다
> 아지 못할 單一樂器이기도 하고
> 평화스런 和音이기도 하다
> 어떤 때엔 天上으로
> 어떤 때엔 地上으로
> 먼이가 된 나에게도
> 무슨 신호처럼 보내져 오곤했다
> 죽었다던 신의 소리인가
> 무슨 소리인가

24 모니카 M. 랭어, 서우석·임양혁 옮김, 앞의 책, 74쪽.

38 以遠

모두가 녹슬고 살벌한 고향 땅

죽은 옛 친구들

너희들 소리인가

무슨 소리인가

너희들 이후론 친구도 없다.

-「소리」[25]

위 시는 1982년에 동아일보에 발표된 작품이다. 이후 선집『평화롭게』와 한국시인협회 연간사화집인『밤의 숲에서 등불을 들고』에 10행부터 마지막 행까지를 삭제하고 8행의 "먼이"를 "바보"로 바꾸어 쓴 개작 시가 수록되어 있다.[26]

이 시에는 사람을 악기로 비유하는 김종삼 시인 특유의 수사가 내재해 있다. 이는 시「배음」과「풍경」의 "세상에 나오지 않은 樂器"에서 확인할 수 있었다. 본 책은 3장의 1절에서 인간은 태어나자마자 소리를 가지며 죽을 때까지 완전한 무음 상태를 경험할 수 없다고 설명했다. 즉 인간의 몸은 발성 기관을 통해 일부러 소리를 낼 수도 있으나 가만히 있어도 심장 박동과 소화 등을 통해 끊임없이 소리를 낸다는 것이다. 김종삼 시인은 이러한 인간의 생물학적인 특징을 바탕으로 하여 인간의 몸을 악기와 같은 것으로 인지하고 이를

---

25 김종삼,「소리」, 홍승진 외 3인 엮음, 앞의 책, 617쪽.

26 홍승진 외 3인 엮음, 위의 책, 617쪽.; 김종삼,『평화롭게』, 고려원, 1984, 31쪽.; 한국시인협회 편,『밤의 숲에서 등불을 들고』, 영학출판사, 1984, 64쪽.

시로 형상화했다.

김종삼 시인의 이러한 인지체계에는 인지시학의 '용기(container) 도식'[27] 개념이 깔려 있다. 용기 도식의 핵심은 인간이 자기의 신체를 삼차원의 용기로 인식하여 공기, 물, 음식과 같은 사물을 담을 수 있고 이를 다시 꺼낼 수 있다고 생각한다는 점이다. 이것이 은유적으로 개념화되면 사랑과 같은 추상적 대상도 담을 수 있는 것으로 인식하는데 이는 '당신을 내 안에 담았다'라든가 '사랑이 깨졌다' 같은 언어 표현에서 확인할 수 있다. 용기 도식의 개념을 바탕으로 [인간은 악기]라는 개념 은유를 만들 수 있다. 여기에는 인간의 몸에서 발성 기관을 통해 공기를 진동시켜 소리를 내어 보내는 일련의 과정과 악기가 고유진동으로 소리를 내는 현상이 은유적으로 사상되어 있다.

위에 인용한 시에서 화자가 감지한 소리 이미지는 "單一樂器"와 "和音"의 두 가지 형태로 등장한다. [인간은 악기]의 개념 은유를 적용하면 "단일악기"는 한명 한명의 소리이고 "화음"은 여러 명의 소리가 된다. 화자는 소리가 멀리 있는 곳에서 시작되기 때문에 이 소리의 정체를 처음에는 흐릿하게 인식했다. 그러다가 악기 소리나 화음 같은 음악으로 인식했고 마지막엔 "옛 친구들"의 소리로 인식하기에 이른다. 시의 끝부분에서 "-인가"로 되물으며 소리의 정체를 확정하지는 않았으나 이것이 화자에게 보내는 "신호"음이라는 것만은 명료하게 인식했다.

---

27 마크 존슨, 노양진 옮김, 『마음 속의 몸』, 철학과현실사, 2000, 246쪽.; 양병호, 『한국 현대시의 인지시학적 이해』, 태학사, 2005, 32쪽.

이 시의 10행~17행은 개작된 시에서는 삭제된 것인데 여기에는 시를 해석하는 데에 단서가 될 만한 정보가 담겨 있다. 바로 "38 以遠"과 "고향 땅"이 그것이다. 분단 이후 찾아갈 수 없는 그곳을 시인은 늘 마음에 담아두었을 것이다. 미처 월남하지 못하고 그곳에서 삶을 마감한 과거의 친구들도 생각할 것이다. 마음에 두었던 고향과 그곳에서 함께했던 친구에 대한 기억은 소리 이미지로 변환되어 시인의 일상에서 '신호음'으로 지각되는 것이다.

> 달구지길은 休戰線以北에서 죽었거나 시베리아 方面 다른 方面으로 유배当해 重勞動에서 埋沒된 벗들의 소리다.
> 귓전을 울리는 무겁고 육중해가는 목숨의 소리들이다.
> 북으로 서너마일은 움직이고 있었다.
> 벌거숭이 흙더미로 변질되어가고 있었다.
> 지금도 흔들리는 달구지길.
>
> -「달구지 길」[28] 부분

위의 시에서도 시 「소리」처럼 "休戰線以北"에서 죽은 옛 친구에 대한 기억이 서술된다. 그 기억은 달구지 길에서 나는 달구지의 굵고 거친 소리를 통해 현재로 재생된다. 시인에게 그 소리는 달구지 길을 지나 생존을 향해 가는 "목숨의 소리"로 전환되어 "귓전을 울"린다. 김종삼 시에서의 신호음은 시인이나 시적 화자의 오래된 기억을 현재로 소환하여, 여전히 계속되는 전쟁의 폭력성을 각성하게 하

28 김종삼, 「달구지 길」, 홍승진 외 3인 엮음, 앞의 책, 265쪽.

는 장치가 된다. 다시 말해 김종삼의 시에 빈번히 나타나는 신호음은 전쟁 체험과 폭력의 역사가, 손상되었으나 손상 이전의 상태를 기억하는 환상지처럼, 습관적 신체에 침전되어 사라지지 않는 역사임을 보여준다.

김종삼 시에서의 사운드스케이프 특히 신호음은 이러한 양상을 띤 경우가 많은데 아래의 시에서도 동일한 방식으로 드러난다.

헬리콥터가 지나자
밭이랑이랑
들꽃들이랑
하늬바람을 일으킨다
상쾌하다
이곳도 전쟁이 스치어 갔으리라.

–「서시」[29]

이 시는 하나의 장면이 영상을 재생하는 것처럼 생생하게 보이는 작품이다. 총 6행의 짧은 시이지만 긴 여운을 준다. 이 시는 5행의 "상쾌하다"를 중심으로 변화가 만들어지는 구조를 취하고 있다. 먼저 1행부터 4행에서는 장면의 내용이 서술된다. 헬리콥터가 일으킨 바람으로 밭이랑과 들꽃이 일렁이는 장면이 그것이다. "밭이랑이

29 김종삼,「서시」, 홍승진 외 3인 엮음, 앞의 책, 119쪽. 이 작품은 1977년, 시집『시인학교』에 제목이 없이 실렸다가 이후 1984년, 시집『평화롭게』에서「서시」라고 제목을 붙였다. 이 내용은 홍승진 외 3인 엮음, 위의 책, 463쪽을 참조함.

랑"과 "들꽃들이랑"으로 운율을 맞추어 바람의 움직임을 재현한 듯한 인상을 주기도 한다. 그 바람은 하늬바람인데 통상적으로 서쪽에서 부는 건조한 바람으로 알려져 있다. 여름이 지나고 주로 시작되는 하늬바람은 곡식을 무르익게 하는 역할도 한다. 그런데 북한에서는 하늬바람을 "서북쪽이나 북쪽에서 불어오는 바람"[30]이라고 한다. 단순히 서쪽이 아니라 북쪽과도 관련된 바닷바람이라는 의미가 들어있다. 김종삼 시인은 황해도 은율 출신으로 하늬바람을 서북이나 북쪽에서 부는 바람이라는 의미로 의식적으로 사용했을 가능성이 높다. 특히 "상쾌하다"는 5행의 내용과 관련하여 보면 "하늬바람"은 김종삼 시인에게 고향에 관한 기억을 떠올리게 했을 가능성이 높다.

다섯 행의 이후에 이어진 마지막 행의 내용은 앞 행들의 내용과는 이질적인 분위기를 형성하며 시에 무게감을 부여한다. 이전의 행들과는 전혀 관계없어 보이는 "전쟁"이 등장하기 때문이다. 이 시행으로 시의 전체적인 분위기가 바뀌고 동시에 시적 의미도 새롭게 정립된다. 이 시가 6. 25전쟁을 떠올리게 하는 것은 단순히 전쟁이라는 시어 하나 때문만은 아니다. 이 시어가 포함된 마지막 행에는 매우 평화로워 보이는 "이곳"도 우리의 국토이고 그러므로 전쟁의 포화에서 자유롭지 않았을 것이라는 의미가 내포되어 있다. 즉 "이곳"이라는 장소 대명사를 등장시키면서 "전쟁"의 구체적 공간을 연쇄적으로 떠올리게 한다.

한편 평화롭고 한가롭기까지 한 이전 행에 비하면 마지막 행으

30 사회과학원 언어학연구소 편, 『조선말대사전』(2), 평양:사회과학출판사, 1998, 81~82쪽.

로의 전환은 일견 급작스럽게 보이는데 이 과정에 개입한 매개물이 있다는 것을 발견하면 그 전환이 오히려 자연스럽고 온당하게 보인다. 그 매개물은 다름이 아닌 첫 행에 등장한 "헬리콥터"이다. 헬리콥터는 여러 용도로 흔하게 사용되는 비행체이지만 김종삼의 경험에서는 전장의 곳곳에서 보고 들었던 전투기와 유사한 이미지를 갖는다. 헬리콥터가 지나면서 남긴 흔적은 하늬바람만이 아니라 자연물에서는 듣기 힘든 인공물의 '신호음'이다. 헬리콥터가 시야에서 사라져도 헬리콥터가 뿜어낸 소리는 계속되는 울림을 남기게 된다. 시에서 화자가 하늬바람을 통해 평화로웠던 고향의 정경을 떠올리며 "상쾌"함을 느끼는 순간, 헬리콥터가 지나며 남긴 소리는 화자에게 전쟁의 기억을 재생하게 했던 것이다. 그리하여 이 시는 1970년대가 되었어도 전혀 퇴색하지 않고 오히려 선명하게 현현되는 우리의 아픈 역사를 기억한다는 의미를 지니게 된다. 이렇게 보면 이 시는 시형을 짧게 하고 신호음을 통해 분위기를 반전시켜 강렬하게 의미를 전달한 완성도 높은 시라고 할 수 있다.

이렇게 김종삼의 시에서 신호음은 과거를 현재로 끌어오는 장치로서 시의 미학을 고취하는 기능을 하였다. 이 절에서 분석했던 전쟁과 관련한 역사적 사건뿐만 아니라, 첫사랑의 기억을 떠올리거나[31] 유년의 한 장면에 대한 기억을 떠올릴 때에도[32] 신호음이 적절히 활용되며 화자의 의식에서 기억을 매개하는 역할을 한다.

이 책의 1장 1절에서 살펴보았듯이, 김종삼 시인은 '시인'으로서

31 시 「비옷을 빌어입고」에서 "트럼펫"이 신호음으로 기능한다.

32 시 「쑥내음의 동화」에서 "스와니강의 노래"가 신호음이다.

의 자신에 대해 깊이 성찰했다. 그런데 이를 드러내는 시편을 살펴보면 그러한 사유의 과정에 신호음이 매개되어 있음을 확인할 수 있다.

폐허가 된
노천 극장을 지나가노라면 어제처럼
사자 한 마리가
따라 온다. 버릇처럼 비탈진 길을 올라 가 앉으려면
옆에 와 앉는다.
마주 보이는
언덕 위,
平均率의 나직한 音律이
새어 나오는
古城 하나이,
좀 있다가 일어서려면 그도 따라 일어선다.

오늘도 버릇 처럼 이 곳을 지나가노라면 어제처럼 사자 한 마리가 따라 온다.
입에 넣은 손을 조용히 물고 있다. 그 동안 죽어서 만나지 못한 어렸던 동생 종수가 없다고.

-「발자국」[33]

위의 시에는 '길(path) 도식'과 [인생은 여행]이라는 개념 은유가

33 김종삼, 「발자국」, 홍승진 외 3인 엮음, 앞의 책, 207쪽.

기저를 이룬다. 길 도식에는 '출발점, 경로, 목적지'[34]라는 패턴이 들어있다. 인생의 여정에는 동반자가 함께하기도 하며 여정 중 장애물을 만나 길을 우회하기도 한다.[35] 위 시에서 화자가 지나는 경로는 '출발점(드러나지 않음)→노천극장(사자를 만남)→비탈진 길(머무름)→목적지(드러나지 않음)'이다. 이 여정을 어제와 오늘 즉 매일 반복하는 것이 화자의 일이며 일생이다. 특별한 점은 노천극장에서 사자를 만난다는 것과, 비탈진 길에 올라 머무를 때 마주 보이는 언덕 위의 "古城"을 바라본다는 것이다.

시인은 여정의 하나인 노천극장을 "폐허"로 그리고 있다. 또 "버릇처럼" 올라가는 곳이 "비탈진 길"인 것으로 보아 화자가 생활 공간으로 삼은 곳의 주변 환경은 하잘것없이 소외된 곳으로 보인다. 어려서 죽은 "동생 종수"처럼 사자로 상징되는 여정의 동반자는 늘 폐허인 그곳에 있는 것이다. 1장의 1절에서 분석했듯이, 이 시를 '시 쓰기에 대한 시'로 이해하면, 이것은 김종삼 시인이 시를 쓰는 여정에는 늘 하잘것없고 소외된 곳에 자리하고 있는 존재들이 동반자로 함께한다는 뜻이 된다. 이를 실제로 보여주듯 김종삼의 시에는 힘없고 여린 존재가 빈번히 등장한다.

이 절의 논의와 관련하여 이 시에서 주목할 점은 "비탈진 길"에서의 화자의 행동이다. 화자의 초점은 "古城"에 맞추어져 있는 듯하나 화자를 그 자리에 머무르게 하는 핵심 요인은 "不均率의 나직한 音律"이다. 이 소리 이미지는 사운드스케이프의 개념으로 말하면 '신

34 양병호, 앞의 책, 44쪽.

35 조지 레이코프·마크 터너, 이기우·양병호 옮김, 『시와 인지』, 한국문화사, 1996, 89쪽.

호음'에 해당한다. 그리고 화자는 그 신호음이 이끄는 대로 "버릇처럼" 매일 그 자리에 앉게 되는 것이다. 요컨대 시인에게 "사자"가 시 쓰기 여정의 동반자라면 "平均率"의 음악은 매일 시를 쓰게 하는 원동력이자 소외된 곳을 돌아봐야 한다는 시인으로서의 소명을 깨닫게 하는 신호음이다. 또 이러한 시적 상황을 제목인 "발자국"으로 제시한 데에서 이 시를 시인으로서의 여정과 자취를 표현한 것으로 이해할 수 있다.

> 아침 나절 부터 오늘도 누가
> 배우노라고 부는
> 트럼펱.
>
> 루—부시안느의 골목길 쪽.
> 조곰도 進行됨이 없는
> 어느 畫室의 한 구석처럼
> 어제밤엔 팔리지 않은 한 娼婦의 다믄 입처럼
> 오늘도 아침 나절부터 누가
> 배우노라고 부는
> 트럼펱.
>
> -「短母音」[36]

홍승진은 "김종삼이 1960년대 이후부터 발표한 오르페우스 시편

36 김종삼, 「短母音」, 홍승진 외 3인 엮음, 앞의 책, 197쪽.

은 시에 관한 김종삼 자신의 고민을 담고 있는 메타시로 해석될 여지가 있다"[37]고 하면서 시 「검은 올페」를 고찰했다. 그런가 하면 시 「음악(音樂)-마라의 「죽은 아이를 추모(追慕)하는 노래」에 부쳐서」 또한 시 쓰기에 대한 김종삼 시인의 사유를 형상화한 시라고 설명하는데, 은 피리가 등장하고 음악의 이미지를 사용한 방식이 두 작품의 공통된 특징이라고 말한다.[38] 이러한 설명을 참고하되 이 절에서 새롭게 살피고자 하는 점은 김종삼 시인의 시적 성찰과 소리 이미지의 관계이다.

위에 인용한 시 「短母音」에는 트럼펫을 부는 이가 등장한다. 이 인물은 19세기의 프랑스 예술가들이 자주 다니던 "루—부시안느"에서 트럼펫을 불고 있다.[39] 자신도 그 골목의 예술가처럼 고유한 특성을 갖기 위해 악기를 연마하고 있다. 그런데 트럼펫을 연주하는 데에 아직은 서투른 모양새이다. 지금은 "조곰도 進行됨이 없"고 "한구석"에 자리하여 주목을 받지 못하고 "팔리지 않"아 입을 다문 채 있어야 한다. 그러나 어제 불었던 것처럼 "오늘도" 불고 어느 날이든 아침이 되면 배우면서 부는 일을 계속한다.

일견 단순해 보이는 구조의 이 시는 이를 시 쓰기에 대한 시로 놓고 볼 때 의미가 살아난다. 트럼펫을 배우는 이는 다름이 아닌 김종삼 시인이고 아직은 시인이라고 하기에 자기를 서투르다고 생각했다.[40] 그러나 시에서의 인물이 매일 매일 트럼펫을 배우며 불었듯이

37 홍승진, 「1960년대 김종삼 메타시와 '참여'의 문제-말라르메와 사르트르의 영향을 중심으로」, 『비교문학』70, 한국비교문학회, 2016, 109쪽.

38 홍승진, 위의 논문, 111~118쪽.

39 홍승진 외 3인 엮음, 앞의 책, 197쪽 시어 풀이 참조함.

김종삼 시인 역시 작고할 때까지 시 쓰기를 그만두지 않았다.

그런데 흥미로운 것은 위의 시를 포함하여 '시 쓰기에 관한 시'로 해석할 수 있는 「검은 올페」, 「음악(音樂)-마라의 「죽은 아이를 추모(追慕)하는 노래」에 부쳐서」 등에는 시를 쓰는 행위가 악기 이미지에 투사된다는 점이다. 「검은 올페」와 「음악(音樂)-마라의 「죽은 아이를 추모(追慕)하는 노래」에 부쳐서」에서는 '피리'에, 「短母音」에서는 '트럼펫'에 투사된다. 이는 시를 써서 세상에 시인의 생각을 설파하는 행위가 악기를 연주하는 행위에 사상되는 것임을 보여준다. 그리고 그 악기는 모두 관악기라는 공통점을 가지고 있다.

관악기는 현악기나 타악기와 비교하면 연주자의 입과 보통 마우스피스라고 부르는 취구 부분이 만나야 소리를 낼 수 있는 특징이 있다. 그러니까 연주자가 공기를 입으로 불어 넣고 관을 진동시켜 소리를 발생시키는 원리를 가지고 있는 것이다. 앞서 김종삼의 시에는 인간을 악기로 형상화하여 세상을 향해 소리를 내는 존재라고 보는 경우가 있다고 했는데 특별히 시인이라는 존재가 세상에 목소리를 내는 것을 형상화할 때는 인간의 숨결로 직접 소리를 확산시키는 관악기 이미지를 사용했다고 볼 수 있다. 위에 인용한 시 「短母

---

40 실제 김종삼 시인은 자신이 시인의 반열에 있다고 생각하지 않았다. 김종삼의 몇 안 되는 산문 「먼 시인의 영역」에서 자신을 "엉터리 시인"이라고 자처했다. 그런가 하면 시 「올페」에서는 "나는 죽어서도/ 나의 직업은 시가 못된다"고 했고 시 「누군가 나에게 물었다」에서는 "나는 시인이 못됨으로"라고 했다. 또 시 「행복」 뒤에 이어 쓴 시작 노트 격에 해당하는 산문의 일부에서는 "솔직히 말해 시 문턱에도 가지 못한 내가 무슨 시인 구실을 한다고."라고 했고 시 「어머니」에 이어 쓴 시작 노트에는 "함부로 써선 안된다 누군가 뭐라고 하겠지/이런 것도 시냐고 나는 나를 잘 알고 있다 시 문턱에도 가 있지 못함을."이라고 쓴 부분이 있는데 자신이 시인으로서의 자격에 못 미친다고 생각했음을 알 수 있다.

音」은 제목의 의미 또한 이러한 맥락에서 읽어낼 수 있다. '짧을 단'을 붙여 자신의 소리가 시의 내용에서처럼 아직은 무르익지 않았음을 얘기하지만 시인이 내는 소리는 분명 '모음'임을 명시한다. 모음이 소리가 나올 때 무언가의 장애를 받지 않고 나는 소리인 것은 주지의 사실이다.

한편 시 「뽀죽집이 바라보이는」("영아는 나팔부는 시늉을 하였다.")과 「라산스카」[41]("루—부시안느의 개인 길바닥./한 노인이 부는 서투른/목관 소리")에도 관악기의 이미지가 사용되었다. 이 작품들을 모두 시 쓰기에 관한 시로 단정하기는 어렵다. 다만 이 작품들에 등장하는 관악기의 이미지가 모두 소리를 확산하는 것과 관련한 이미지들이라는 점에서 유사한 맥락을 찾을 수 있다. 김종삼 시인은 '시인'이라는 존재를 세상에 필요한 소리를 낼 수 있고 마땅히 목소리를 내어야만 하는 존재로 인식했다. 그것이 김종삼 시인 자신에게도 악기의 소리라는 '신호음'으로 지각되어 관악기 이미지를 통해 시적 성찰에 관한 시를 쓰게 한 것이다.

비가 쏟아지고 우뢰가 칠 때에도 평화를 느낀다.
아침이 되었다.
안개 덩어리가 풀리고 있다.
돋아난 새싹들은 온통 초록이다.
어떤 나무에선, 높은 나무가지에선 새 소리가 반짝이고

41 『자유문학』(1961.12.) 수록작. 판본 수록에 관한 내용은 홍승진 외 3인 엮음, 앞의 책을 참소함.

있다.

이 하루도 아득한 생각이 든다.

루드비히반 베토벤처럼.

-「園丁」[42]

김종삼 시인은 사경에 놓인 상태에서도 시 쓰기를 놓지 않았다. 위에 인용한「園丁」을 통해서 이를 확인할 수 있는데, 시의 뒤에 이어 쓴 시작 메모에는 입원해 있는 동안 혼수상태에서 이 시를 쓴 것이라는 내용이 있다. 김종삼 시인 스스로 하여금 이러한 상태에서도 시를 쓰게 하는 동력은 대체 무엇인가. 이는 1장에서 분석한 대로, '시인'으로서의 됨됨이에 대한 김종삼 시인의 성찰에서 찾을 수 있을 것이다. 그런데 김종삼 시인은 '시인'에 대해 성찰할 때에 소리 이미지를 신호음으로 삼아 성찰의 계기를 만들었다. 이 책은 김종삼 시의 미의식이 이와 같은 소리 이미지의 운용에 있다고 보는 것이다. 요컨대 김종삼 시인은 시인으로서의 자신에 대한 신념을 정신이 혼미한 상태에서도 지키려 했는데, 이를 형상화한 시에도 다시 한번 소리 이미지를 사용했다.

시작 메모를 참고하면 위 시의 1행은 혼수상태를 묘사한 것이다. 다만 그런 상태에서도 "평화를 느낀다."는 점에서 시적 신념에 대한 시인의 진지한 태도를 읽을 수 있다. 2행의 "아침"은 새로운 날의 시작이다. 시「短母音」에서도 아침부터 악기를 연주했다. 매일 반복한 악기 연주처럼 시인은 이날 아침에도 시를 쓴다. "園丁"이 정원을

42 김종삼,「園丁」, 홍승진 외 3인 엮음, 앞의 책, 420쪽.

돌보아 가꾸듯이 시인 역시 "새싹"과 "나무"를 살핀다. 부지런히 잘 가꾼 정원이어야 "반짝이"는 "새 소리"를 들을 수 있다는 듯 시인은 높은 곳에서 울려 퍼질 소리를 위해 부지런히 시 쓰기에 정진한다. 부지런하게 움직이는 "하루"는 언제 끝날지 알 수 없을 정도로 "아득한" 것이다. 막막한 하루가 아니라 원정으로서 할 일에 매진하여 끝이 멀게 느껴지는 하루라 할 수 있다. "루드비히반 베토벤"도 그러하였다.

> 아지 못할 새들의 지저귐도
> 들리지 않는 넓은 音域을
> 吟遊하면서
> 루드비히는 餘生토록 가슴에
> 이름모를 꽃이 지었느니라.
>
> -「音」[43] 부분

위의 시처럼 베토벤은 귀머거리가 되어 아무것도 들리지 않는 암흑의 상태에서도 "넓은 音域을/吟遊하면서" 평생을 작곡에 매진했다. 여기서 넓은 음역을 음유한다는 구절은 시인의 시 쓰기와 작곡가의 곡 쓰기를 연결하는 탁월한 개념적 혼성이다. 김종삼 시인은 위의 두 시 「園丁」과 「音」에서 보았듯 위태로운 상태에서도 시작에 몰두하는 대도를 베토벤을 위시하여 펼쳐 보였다. 김종삼 시인 스스로 하여금 시를 계속 쓰게 하는 동력은 위대한 음악가와 그의 음악

43 김종삼, 「音」, 황동규 외 3인 엮음, 앞의 책, 190쪽.

인 것이다. 시인과 음악가가 내는 소리는 "새"들의 소리와도 동기화가 되는데, 이러한 일련의 소리(음악) 이미지가 김종삼 시에서 신호음으로 작용하여 시적 성찰의 계기가 되었음을 확인할 수 있다.

소리 이미지를 운용하는 데에 뛰어난 미의식을 보여주는 김종삼 시인은 무대 연출의 경험을 살려 음향 연출의 요소를 시에서도 능숙하게 구사한다.

갈 곳이 없었다.

비가 쏟아지고 있었다
버스를 기다리고 있었다

두꺼비 한 마리가 맞은편으로 엉금엉금 기어가고 있었다 연해 엉덩이를 들석거리며 기어가고 있었다 차량들은 적당한 시속으로 달리고 있었다

수없는 차량 밑을 무사 돌파해가고 있으므로 재미있게 보였다.

....

大型 연탄차 바퀴에 깔리는 순간의 擴散소리가 아스팔트 길을 진동시켰다 비는 더욱 쏟아지고 있었다
무교동에 가서 소주 한잔과 설농탕이 먹고 싶었다

-「두꺼비의 轢死」[44]

위의 시는 어떤 극적 장면 하나를 제시하는 방식의 구조를 취한다. 시의 내용을 살펴보면 먼저, 화자는 비가 오는 날 목적 없이 길을 배회하다 무작정 버스를 기다리고 있는 상황이다. 이내 화자의 눈에 띈 것은 차량 행렬 아래의 두꺼비이다. 두꺼비가 도시의 아스팔트 위를 가로지르는 장면을 보는 것이 흔한 일도 아닐 텐데 거기에 두꺼비보다 수십 배는 빠르고 거대한 차량의 밑을 "무사 돌파"하는 것이 화자의 눈길을 더 끌었던 것이다. 화자의 관심은 저 두꺼비가 건너편까지 죽지 않고 갈 수 있는가에 놓여 있다. 그러나 두꺼비의 행보는 화자가 기대하는 "재미"와는 다른 방향으로 흘러버린다. 두꺼비가 "擴散소리"를 내며 끝내 "轢死"하고 말았기 때문이다. 이후, 화자는 갑자기 무교동에 가고 싶어 한다.

이 시에서 짚어보아야 할 대목은 두 가지이다. 하나는 화자의 관심이 왜 두꺼비에게 쏠렸는가이다. 화자는 어디에서 와서 어디로 가는지 모를 두꺼비가 방향성을 상실한 자기의 모습과 비슷하다고 여긴 듯하다. 화자는 쏟아지는 비처럼 거세고 연속적으로 지나가는 수 없는 차량의 "적당한 시속"에 적응하지 않은 인물이다. 첨단 인공물의 총화인 교통망의 직조가 인간 본연의 생태와는 배치된다고 생각하는 인물이기 때문이다. 그것은 두꺼비도 마찬가지이다. 밭이나 초원에 주로 살면서 다른 개구리에 비해 높고 멀리 뛰는 능력은 없으나 피부에 있는 독성 물질을 이용하여 천적을 물리치고 저 나름의

44 김종삼, 「두꺼비의 轢死」, 홍승진 외 3인 엮음, 앞의 책, 375쪽.

생태를 유지하며 살아가는 두꺼비가 아스팔트 위에 놓여 있는 것 자체가 자연 생태를 거스르는 일이다. 그래도 쉽게 밟히지 않으며 차량을 돌파하는 모습에서 화자는 두꺼비가 문명에 적응하기를 거부하면서도 생존할 수 있기를 기대한 것이다.

다른 하나는 목적지 없이 배회하던 화자가 두꺼비가 역사한 이후 갑자기 왜 무교동으로 갈 생각을 했는가에 관한 것이다. 일차적으로는 두꺼비에게 기대했던 바가 꺾였기 때문일 것이다. 생태계에선 독을 이용해 위협 요소를 파괴할 수 있지만 인공 문명의 세계에서는 전혀 소용이 없어지는 모습을 보고 화자는 무력감을 느꼈을 것이다. 마치 원주민의 독화살이 정복자의 총포에 무참히 당하는 모습을 떠올렸을지도 모른다. 이때 화자는 소주와 설렁탕이 있는 무교동으로 가고자 한 것이다.

김종삼 시에서 무교동이 등장하는 다른 작품이 있는데 바로 「누군가 나에게 물었다」이다. 이 시에서 화자는 시가 뭐냐는 질문에 즉답을 하지 않고 무교동, 종로, 명동, 남산, 서울역 일대를 걸으며 이에 대해 생각한다. 2장의 2절에서도 언급했듯이 당시의 무교동은 1980년대 첨단 문명을 보여주는 상업지대이기도 하였다. 여러 형태의 유흥가가 있었겠지만 김종삼 시인이 가고자 하는 곳은 소주와 설렁탕으로 상징되는 서민의 술집이었을 것이다. 그곳은 「누군가 나에게 물었다」에 등장하는, "엄청난 고생"을 해도 "인정"이 있고 "슬기롭게" 사는 사람들이 자리한 곳이다. 김종삼 시인은 이러한 사람들이야말로 "다름아닌 시인"이라고 했다. 즉 김종삼 시인에게 소주와 설렁탕이 있는 곳은 시인의 마음을 가진 사람들이 사는 장소인 것이다. 빠르게 바뀌는 문명 속에서도 인간성을 잃지 않는 사람들을 만나서 그들 사이에서 잠시라도 머물러 있기 위해 소주와 설렁탕을 떠올린 것이다. 문명의 한복판에서 역사해 버린 두꺼비와는 달리 자신은 인정이 많은 곳에서 이들과 함께 살아있다는 사실을 확인하기 위해 무교동을 가고자 한 것이었다.

아스팔트 위에서 역사한 후 더욱 쏟아지는 비 때문에 흔적도 없이 사라져 버린 두꺼비를 보며, 배회하던 화자는 자신이 가야 할 곳, 즉 지향할 바를 뚜렷이 정하게 된다. 그런데 이때, 화자가 이렇게 인식을 전환하게 된 결정적인 요소는 다름이 아니라 두꺼비가 역사하는 순간적 장면과 함께 발생한 "擴散소리"에 있다. 대형 바퀴에 순식간에 눌려 터지며 길 위를 진동시킨 그 소리 이미지는 화자에게 의식을 깨우는 '신호음'으로 작용한 것이다. 이처럼 김종삼 시인의 미의식은 무대극에서의 음향 연출처럼 시에서 소리 이미지를 다루는 데에서 극대화된다. 요컨대 "擴散소리"는 이 시에서 가장 주목을 끄는 전경의 소리 이미지이면서 동시에 화자의 의식을 전환하는 매개로서 신호음의 기능을 가진다. 또 시에 극적 긴장감을 부여하고 배회하던 화자에게 지향점을 제시하는 극적 전환의 효과를 일으켰다.

> 나는 죽어가고 있었다
> 며칠째 지옥을 끌리어가는 최악의 고통을 겪으며
> 죽음에 이르고 있었나.
> (중략)
> 일미리 아티반 열 개를 먹었다
> 잠들면 깨어나지 않으려고 많이 먹었다

(중략)

죽은 아우 「宗洙」의

파아란 한 쪽 눈이 나를 지켜보고 있었다

오랫동안 나에게서 잠시도 떠나지 않고 노려보고 있었다

자동차 발동거는 소리가 들렸다

갑자기 아무거나 먹고 싶어졌다

닥치는대로 먹었다

아침이다

이틀만에 깨어난 것이다

고되인 걸음이 시작되었다

앞으로 앞으로

– 「아침」[45] 부분

위 시에서도 화자의 의식이 바뀌는 순간이 등장한다. 화자는 죽어가는 자신의 상황을 이미 알고 있었기 때문에 의도적으로 수면제를 다량으로 먹었다. 그 후 꿈속인 듯한 장면이 묘사되고 화자는 죽은 아우가 자신을 노려보고 있는 모습을 보면서 동시에 자동차의 시동 소리를 듣는다. 이 시에서 아우의 시선과 자동차의 시동은 화자를 깨어나게 하는 극적인 시청각적 장치에 해당한다. 이 두 이미지에 의해 화자는 죽음을 받아들이는 대신 적극적인 생존을 선택하기에 이른다. 아울러 무언가 먹고 싶어졌다는 진술은 죽음의 상태에서 생존하려는 의지로 인식을 전환했다는 것을 보여준다. 특히 주목

45 김종삼, 「아침」, 홍승진 외 3인 엮음, 앞의 책, 570~571쪽.

할 것은, 죽음의 상태였던 한 인간이 의식을 되찾고 다시 살기 위해 어떠한 행동을 취하는 모습을 "자동차 발동거는 소리"에 사상한 대목이다. 이는 [인간은 기계][46]라는 개념은유에 의해 이해할 수 있는 부분인데 사상의 과정에 작용한 이 소리 이미지는 화자에게 '신호음'으로 기능한다.

이 절에서는 김종삼 시의 미의식이 사운드스케이프의 '신호음'으로 나타나는 양상을 살펴보았다. 신호음은 전경-배경의 관계에서 인지적 전경으로 등장하는 경우가 많았다. 그리고 이는 김종삼의 시에서 과거의 사건에 관한 기억을 떠올리게 하거나 화자의 의식을 전환하는 매개로 작용하였다. 또 김종삼의 시적 성찰을 보여주는 매개로도 기능하였다. 그리하여 현재에도 계속되는 전쟁의 상흔을 그린다거나 문명 속에서 작은 존재의 삶과 죽음을 형상화하는 중요한 단서가 되었다. 김종삼 시인은 일련의 역사적 사건을 경험하며 시인으로서의 자신을 깊이 성찰했는데 이를 보여주는 시에서도 시적 성찰의 계기로서 소리 이미지를 활용했다. 이때 소리 이미지는 사운드스케이프의 신호음에 해당하는 것이었다.

3. 평화 도식의 음악 이미지와 표식음

사운드스케이프에서 표식음(sound marks)이라는 용어는 '랜드마크'에 대응되어서 나온 것으로, 그 공동체 사람들이 특히 존중하고 주의를 기울였던 특징을 가진 소리를 말한다. 어떤 소리가 표식음으

46 조지 레이코프·마크 터너, 이기우·양병호 옮김, 앞의 책, 172~173쪽.

로 확립되면 그 소리는 보호될 가치가 있다. 왜냐하면 표식음은 그 공동체의 음향적인 생활에 독자성을 부여하는 것이기 때문이다.[47] 표식음은 전경-배경의 관계에서 신호음과 함께 전경으로 인지되는 경우가 많으나 신호음과는 달리 듣는 사람이 그 소리를 보호해야 할 가치를 지닌 것 즉 공동체의 질서를 유지하는 데에 반드시 필요한 것이라고 의식한다. 예컨대 교구의 범위를 지정할 때 기준점으로 교회 종소리가 들리는 곳까지를 한계 짓는데, 이때의 교회 종소리가 해당 공동체의 표식음이 된다. 또 "중동에서는 사제가 사원에서 기도 시각을 알리는 목소리가 들리는 지역이 하나의 공동체"[48]가 되기도 한다. 요컨대 머레이 쉐이퍼는 표식음에 대해 "베토벤의 교향곡처럼 우리들의 역사에 새겨질 가치가 있"[49]는 소리라고 해설한다.

김종삼의 시에서 표식음은 시인의 의식이 지향하는 소리이면서 공동체의 가치와 질서를 유지하는 데에 필요한 소리이다. 이는 대체로 음악의 이미지로 등장하는 경우가 많다. 시인 개인을 포함하여 공동체 구성원의 치유와 안식을 기원하는 음악으로 나타날 때도 있고 폭력이나 이데올로기가 없는 곳, 조용하고 평화로운 공간에 늘 울려 퍼지는 음악으로 형상화되기도 한다. 이는 모두 소리에 관한 김종삼 시인의 미의식이 지향하는 바, 즉 평화의 세계를 드러내는 음악 이미지에 해당한다.

---

47 머레이 쉐이퍼, 한명호·오양기 옮김, 앞의 책, 25쪽.

48 머레이 쉐이퍼, 한명호·오양기 옮김, 위의 책, 329쪽.

49 위의 책, 같은 쪽.

알프스 넘어 나라의 이름이
스웨덴이라던가 노르웨이라던가

그 중간에 높이 솟은
하얀 절벽 밑 조그마한
마을에선
누가 부는 오보의 느리고 야튼 音이

夕陽녘을 알리는 굴뚝에서 솟는
가는 연기들.

-「오보의 야튼 音이」[50]

위 시의 1연에는 알프스로 상징되는 스위스와 스웨덴, 노르웨이가 나란히 호명된다. 이 세 나라는 제2차 세계대전 당시 중립을 선언한 적이 있다는 공통된 특징이 있다. 중립은 전쟁이라는 거대한 폭력을 거부하는 정서를 강하게 내포한다. 2연에는 절벽 밑에 자리한 작은 마을의 이미지가 펼쳐진다. 중립국들의 중간에 자리한 마을은 전쟁과 이데올로기가 있을 것 같지 않은 그야말로 화평한 모습이다. 이때 이 마을에 잔잔히 감도는 소리가 바로 "오보의"이다.

"오보의"는 관악기인 오보에를 가리키는 말이다. 오보에는 오케스트라에서 여러 악기의 음높이를 조율하는 기준이 되는 악기인데 다른 악기에 비해 음정의 변화가 적고 비브라토가 거의 없어 음정

50 김종삼, 「오보의 야튼 音이」, 『母音』, 1965. 2, 6쪽.

이 안정적이라는 장점이 있으며 오케스트라 전체를 뚫고 나가는 독특한 음색이 있어서 여러 악기가 같이 연주해도 금세 구별되는 특징이 있다고 한다.[51] 조율의 기준이면서 안정적인 음정을 지닌 오보에는 1연에서 말하는 중립국의 이미지와도 상통한다. 고전음악을 사랑했던 김종삼 시인은 오보에 연주가 포함된 음악을 다수 들었을 것이고 오보에가 갖는 음색의 특징을 어렵지 않게 지각했을 것이다.

소리에 예민한 김종삼 시인의 감각과 미의식은 오보에 소리가 마을과 일체화를 이루는 듯한 이미지를 형상화함으로써 평화를 지향하는 시적 의식을 드러냈다. "야튼"은 소리가 가늘고 얇다기보다는 지상에 내려와 낮게 깔리는 소리의 의미라고 볼 수 있다. 3연에서 형상화된 굴뚝 연기의 시각 이미지는 오보에의 소리 이미지와 함께 마을의 화평한 모습을 강화하는 기능을 한다. 결과적으로 김종삼 시인이 지향하는 평화의 세계는 오보에 소리와 공동체가 함께하는 세계이다. 이때 소리 이미지는 김종삼 시인에게 곧 '표식음'이 된다.

> 한 老人이 햇볕을 쪼이고 있었다
> 몇 그루의 나무와 마른 풀잎들이 바람을 쏘이고 있었다
> BACH의 오보의 主題가 번지어져 가고 있었다 살다보면 자
> 비한 것 말고 또 무엇이 있으리
> 갑자기 해가 지고 있었다
>
> –「留聲機」[52]

---

51 진희숙,『클래식 노트』, 샘터사, 2015, 130~131쪽.

52 김종삼,「留聲機」, 홍승진 외 3인 엮음, 앞의 책, 390쪽.

위의 인용 시에도 오보에의 음악 이미지가 등장한다. 바흐의 오보에 협주곡이 시의 분위기를 평화로운 것으로 만들고 있다는 점에서도 앞서 분석한 내용과 비슷한 맥락을 형성한다. 음악 이미지를 분석하기 전에 이 시의 의미 발현 구조를 먼저 살펴보겠다.

이 시는 여러 개의 개념 은유가 나란히 기저를 이루는 구조를 보인다. 먼저 [일생은 하루][53]라는 개념 은유를 바탕으로 보면 마지막 행에서 "노인"의 삶이 "해가 지"는 하루의 끝에 사상되어 곧 마감될 것임을 짐작할 수 있다. 즉 노인은 생의 마지막이 될지도 모르는 황혼 무렵의 "햇볕"을 쬐고 있다. 다음은 [인간은 식물][54]이라는 개념 은유를 통해 "노인"이 "풀잎"에 사상되는 것이다. 풀잎은 황혼기의 노인처럼 말라 있고 옆에는 "나무"에 사상된 이들이 함께한다. 한편 김종삼의 시에 빈번히 등장하는 [인간은 악기]라는 개념 은유를 통해 "노인"을 제목인 "유성기"에 사상할 수 있다. 노인의 삶은 바흐의 오보에 협주곡이 그러하듯 조화롭고 화평한 것이었다. 바흐의 음악과 같은 삶은 "자비한 것"과 다르지 않기 때문이다. 노인 스스로에게도 위로가 되고 안식을 주는 자비로운 음악이면서 함께하는 이들에게도 평화로움을 가져다주는 음악이다.

정리하면 이 시는 "풀잎"이면서 동시에 "유성기"인 "노인"의 삶이 마감되는 장면을 그리고 있는 시이다. 그리고 노인의 "오보의 주제"는 노인을 둘러싼 공동체가 기억하고 지켜야 하는 표식음인 것이다. 이때의 표식음은 공동체의 자비로운 평화를 지향하는 "소리의 기념

53 조지 레이코프·마크 터너, 이기우·양병호 옮김, 앞의 책, 17~19쪽.

54 위의 책, 9쪽.

물”[55]이 된다.

> 누구나 살아가고 있음이 즐겁기만 하다
> 껌 팔러 다니는 꼬부랑 할머니도
> 살아가고 있음이 마냥 즐겁기만 하다
> 열며칠전 내가 누운 병실 천정과
> 복도와 시체실에선 내 죽음의 짙은 냄새가 퍼지고 있었다
> 나는 지금 달리는 車輛속에 앉아 있다
> 남산 도서관 앞을 지나고 있다
> 요한 S의 칸타타가 듣고 싶구나.
>
> -「나무의 무리도 슬기롭다」[56]

위의 시 「나무의 무리도 슬기롭다」에서는 껌을 파는 노년의 “할머니”와 죽음의 직전에서 살아난 “나”를 등장시켜 “누구나” 살아있는 것 자체가 “마냥” 즐거운 일임을 제시한다. 여기에, [인간은 식물이다]의 개념은유를 사용하여 사람의 무리와 “나무의 무리”를 연결한다. “나”와 “할머니”에서 “누구나”로 이어지는 사람의 무리는 “車輛” 밖의 풍경을 이루는 “나무의 무리”에 사상되며 식물의 생명성과 인간의 삶을 모두 슬기롭고 즐거운 것으로 형상화한다.

한편 시에는 “병실”과 “시체실”처럼 사람의 움직임이 느껴지지 않는 공간과 “달리는 車輛”처럼 역동성을 느끼게 하는 대상이 대비되

---

55 머레이 쉐이퍼, 한명호·오양기 옮김, 앞의 책, 366쪽.

56 김종삼, 「나무의 무리도 슬기롭다」, 홍승진 외 3인 엮음, 앞의 책, 697쪽.

는데, 여기에는 [삶은 움직이는 것이다]는 개념은유가 바탕에 놓여 있다. 화자인 "나"는 역동적인 삶의 현장에서 요한 세바스찬 바흐의 "칸타타"를 듣고 싶어 한다. 삶 자체의 소중함이 음악의 이미지로 연결되는 것이다. 다시 말해 김종삼에게 바흐의 "칸타타"와 같은 음악은 삶 자체와 같은, 즐거움을 지닌 중요한 가치인 것이다. 이는 사람의 무리가 추구해야 하는 소리, 즉 표식음에 해당하는 것이다.

내용 없는 아름다움처럼

가난한 아희에게 온
서양 나라에서 온
아름다운 크리스마스 카드처럼

어린 羊들의 등성이에 반짝이는 진눈깨비처럼.

-「북치는 소년」[57]

위 시에서는 "북치는 소년"이라는 크리스마스 음악의 이미지가 이 시 전체의 분위기를 지배한다. 제목인 "북치는 소년", "크리스마스 카드", "어린 羊"은 모두 예수를 떠올리게 하는 시어들이다. 김종삼에게 예수는 종교적 상징이 되는 대상이 아니라 희생정신을 보여준 위대한 인물로 초점화되어 있다.[58] 위의 시 역시 예수의 인류애와

---

57 김종삼, 「북치는 소년」, 홍승진 외 3인 엮음, 앞의 책, 263쪽.

58 김종삼 시인은 산문을 통해 "신(神)의 아들로서의 예수가 아니라 선량하고 고민하

희생정신을 떠올리게 한다. 그리고 인류를 생각하는 예수의 선량한 마음이 순수의 극치로 형상화된다.

1연의 "내용 없는 아름다움", 2연의 "아름다운 크리스마스 카드", 3연의 "반짝이는 진눈깨비"는 모두 아름답다는 속성을 공통으로 한다. 이 아름다움에는 가진 자와 가난한 자, 동양과 서양 등의 편견과 차별이 존재하지 않는다. 이는 조건 없는 사랑을 설파하는 예수의 인류애와 같은 것이다. 김종삼 시인은 이 시를 통해 예수의 인류애를 순수한 아름다움으로 형상화한 것이다. 이때 예수의 인류애는 우리가 기억하고 지켜야 하는 아름다운 음악으로 제시되기도 한다. 그리하여 "북치는 소년"과 같은 크리스마스 음악은 김종삼 시 세계에서 사운드스케이프의 표식음으로 자리한 것이다.

이 절에서는 김종삼의 시에서 사운드스케이프의 '표식음'에 해당하는 시를 살펴보았다. 표식음은 공동체가 오래도록 지켜야 할 가치를 내재한 소리였다. 김종삼의 시에서 표식음은 바흐의 음악이나, 오보에와 같은 관악기 소리, 크리스마스 음악 등으로 형상화되었다. 이 음악들은 삶 자체를 긍정하게 하고 자비로우며, 인류애를 추구하는 속성을 지녔다. 결과적으로 김종삼 시에서 표식음은 평화를 추구하는 하나의 도식으로 기능하였다.

는 한 인간으로서의 예수를 생각"했다고 밝힌 바 있다. 김종삼, 「먼 「시인(詩人)의 영역(領域)」」, 홍승진 외 3인 엮음, 앞의 책, 915쪽.

제 4 장 / 김종삼의 시, 인지시학으로 더 읽기

○

제 4 장 / 김종삼의 시, 인지시학으로 더 읽기[1]

이 장에서는 김종삼의 시를 인지시학의 방법으로 읽어내어 김종삼 시 작품의 의미를 풍부하게 해석해 내고자 한다. 인지시학은 인지과학, 특히 인지언어학을 문학 연구에 도입한 연구 방법론이다. 인지시학은 문학 연구의 철학적 측면과 실용적 측면을 함께 제시하고 인지적 사고로 전환하는 실제적인 방식과 유용한 개념을 제공한다. 김종삼 시에 관한 기존의 연구 성향이 의미 중심과 미적 성취 기법으로 분리되어 있었다면 인지시학을 통한 연구는 이를 통합적으로 고찰할 수 있게 한다. 왜냐하면 인지시학은 시에 쓰인 언어형식과 시의 의미 형성이 밀접하게 관련되어 있다고 보기 때문이다. 달리 말하면 인지시학은 문학작품이 가지는 관념과 의미 구조가 언어를 통해 실제화되는 과정을 설명하는 데 유리한 방법을 제시한다.[2] 나아가 과학적 철학 관점에서 문학 비평 이론의 토대를 제공하는 한편, 분석 방법을 문학 내부가 아니라 언어학과 심리학으로부터 이끌어 분석의 논리적 순환을 극복하는 방법[3]이 된다.

---

1 이 장의 내용은 신지원, 「김종삼 시의 '여백' 형성에 관한 인지시학적 연구」, 『국어문학』60, 국어문학회, 2015.를 수정·보완하여 재구성한 것이다.

2 신지원, 「김종삼 시의 현실인식에 대한 인지시학적 연구」56, 『국어문학』, 국어문학회, 2014, 344쪽.

여기에서는 김종삼 시의 미학적 특질 중 하나인 '여백'이 형성되는 과정을 인지시학적 방법론으로 살피고자 한다. 김종삼 시의 '여백'을 언급하는 기존의 논의들은 여백 자체가 하나의 기법으로 작용한다거나, 여백의 자리에 어떠어떠한 시 정신이 채워지고 있다는 식의 분석이 대부분을 이루고 있다. 이 글은 그러한 분석에 앞서, 김종삼 시의 시 정신을 구현하는 기법으로서의 여백 자체에 관심을 둔다. 즉, 시를 읽는 과정에서 여백이 어떠한 방식으로 포착되는지를 분석할 것이다. 나아가 시 읽기 과정이 결국은 이해와 의미 형성의 과정임을 확인하고, 김종삼 시의 여백을 의미화하는 작업을 시도할 것이다.

따라서 이 글의 입장은 작가, 텍스트, 독자라는 문학 비평의 큰 축에서, 독자가 작품을 이해하고 의미를 형성하는 과정에 입각해 있다. 이때 인지시학은 이 글의 목적을 성취하는 데에 유용한 이론적 틀을 제공한다. 기본적으로 "인지시학 분석 목적은 어떻게 그 독자가 그러한 해석에 도달했는지를 합리화하고 설명하는 일"[4]이 되기 때문이다. 나아가 인지시학은 "경험주의 문학 연구 형태의 수용미학으로부터 출발하여, 문학에 나타난 언어의 의미가 어떻게 재현되고, 언어가 인간 본연의 마음과 인위적인 마음에 의해 어떻게 사용되는지, 그리고 어떻게 조직화 되는지를 탐구"[5]하기 때문이다. 김종

3 피터 스톡웰, 이정화·서소아 역, 『인지시학개론』, 한국문화사, 2009, 7~8쪽 참조.

4 피터 스톡웰, 이정화·서소아 역, 위의 책, 27쪽.

5 양병호, 「이성선 시의 인지시학적 연구」, 『한국문예비평연구』43, 한국현대문예비평학회, 2014, 113쪽.

삼의 시를 읽을 때, 독자의 입장에서 어떠한 인지과정을 거쳐 여백을 획득하는지를 우선적으로 밝혀야, 그 여백이 가지는 특질과 가치에 대한 후속 논의 또한 비로소 내면적 타당성을 확보할 수 있게 될 것이다.

이 글에서는 인지시학의 여러 수단 중에서 '주의(attention)'와 '전경(figure)', '배경(ground)', '프로파일링(profiling)' 등을 주로 원용할 것이다. 인지시학의 이론을 토대로 하여 김종삼 시의 여백이 형성되는 과정을, 대표적인 작품을 정치하게 분석하면서 이해해 볼 것이다. 인지시학과 관련된 개념은 논의를 진행하면서 설명할 것이다.

1. 주의 선택과 '여백'의 형성

전통적인 관점에서 여백은 예술의 미학적 개념이 된다. 시문학에서의 여백은 "이미 시 창작의 근원적 전제로 여백을 상정하던 시조와 같은 단형시에서 비롯되었다."[6] 손민달은, 여백을 기법으로 인식하고 그 의의를 규명하는 작업을 문덕수의 논의[7]에서 이끌어 내면서 "시의 외형과 생략, 혹은 내용이라는 기준"[8]으로 여백을 분류하고 있다. 특히 여백의 기능적 차원을 언급하고 있는 부분은 이 글이 주목하는 바와 일치한다.

---

6 손민달, 「여백의 시학을 위하여」, 『한민족어문학』48, 한민족어문학회, 2006, 264쪽.

7 문덕수, 「여백의 시학」, 『시문학』, 시문학사, 1995.6.

8 손민달, 위의 논문, 266쪽.

여백은 독자와의 대화 공간으로서의 의미를 지닌다. (중략) 언어로 표현된 시행보다 독자의 기대지평을 더 많이 확보하는 공간이 된다. 이 열린 공간을 통해 견인되는 독자의 능동적 참여는 시인과 독자가 서로 대화하는 자리이며 이를 통해 독자의 시적 감수성은 더욱 고양될 수 있다.[9]

여백에 관한 이러한 관점은 인지시학이 추구하는 방향과도 같다. 이 장에서는 인지시학의 주요 이론의 하나인 '주의' 연구를 통해 여백이 형성되는 과정을 살펴볼 것이다. 특히 김종삼의 시편 중 여백의 미로 꼽히는 작품을 들어 실제 분석을 하고자 한다. 이를 위하여 먼저, 주의 연구에 관한 이론적 개념[10]을 살펴보겠다.

문학작품을 읽는다는 것은 역동적인 체험으로, 전경과 배경 사이의 관계를 창조해 내어 그에 따르는 주의를 새롭게 하는 과정과 연관된다. 주의는 선택적이다. 시야의 어떤 요소는 주의를 받기 위해 선택되며, 이것은 전형적으로 전경의 요소가 될 것이다. 시야의 배경은 선택에서 해체되거나 방치(neglect)된 채로 특징짓는 것을 의미한다. 어떤 한순간에 무엇을 주목하든지 간에, 그것은 보는 사람 혹

9 손민달, 앞의 논문, 268쪽.

10 주의 연구에 관한 개괄은 피터 스톡웰, 이정화·서소아 역, 『인지시학개론』, 한국문화사, 2009, 35~56쪽. 제라드 스틴·조안나 개빈스 엮음, 양병호·김혜원·신현미·정유미 역, 『인지시학의 실제비평』, 한국문화사, 2014, 21~47쪽과 100~123쪽.; 이정모 외 16인 공저, 『인지심리학』(3판), 학지사, 2012, 137~164쪽.; Elena Semino·Jonathan V. Culpeper(EDT), Cognitive stylistics: Language and cognition in text analysis, John Benjamins, 2002, pp.279~318의 내용을 참조하여 재구성하였음.

은 독자의 모든 관심과 정보 처리의 초점을 받게 될 것이다. 주의를 받은 전경과 예전의 경험에 기초한 모든 기대는 전경의 활동을 따라가기 위해 암시를 받고 준비가 될 것이다.

문학 텍스트는 텍스트 공간 내에서 특정 자질에 주의의 초점을 두기 위해 문체 패턴을 사용한다. 이 패턴의 정확한 본질은 상황에 따라 달라지겠지만, 주의는 문체적 흥미의 지속적 갱신과 전경 배경 관계를 갱신하는 끊임없는 과정에 의해서만 유지될 것이다. 사실상 정지된 채로 남아있는 요소는 급속히 주의를 잃게 된다. 텍스트 용어로, 이것은 '새로움'이 주의를 얻는 비결임을 의미한다. 결국 문학이란 주의를 하나의 요소에서 떼어내어 새롭게 제시된 요소로 주의를 이끌어 옮기는 '주의 산만'인 것이다. 인지시학에서는 이러한 사물이나 장치를 '유인자(attractor)'라고 이른다.

주의는 어떤 사물에 초점을 준다. 주의는 그 사물이 움직이면, 즉 그 텍스트가 전개됨에 따라 그것을 따라간다. 우리의 인지 능력이 이미 원래 위치에 대한 정보의 값을 매기고 새로운 자극에 관해 경계하고 있기에, 주의는 그 원래의 위치에 그대로 남아있지 않는다. 다시 말하면, 주의를 문장의 화제 자리에 제시된 사물 혹은 초점이나, 강조, 초점화 혹은 관점을 가진 사물에 둔다. 따라서 주의는 어느 사물이 가장 흥미로운가에 따라 움직인다. 텍스트상에서 그것은 가장 많은 초점 속에 놓여있거나, 그것에 할당된 텍스트 공간의 대부분을 차지하거나 가장 눈에 띄게 이상한 낱말이나 구로 표현된 것이다.

우리는 새로운 자질에 주의 초점을 두기 위해서 잉여성이 있는 곳, 다시 말해 요소가 진부하고 예상되는 곳의 자질을 소홀히 대하는 경향이 있다. 예컨대 사회적·문화적 경험의 일부로서, 우리는 다른 것보다 어떤 패턴에 더 특권을 준다고 배웠다. 스트루프의 실험[11]이 이를 잘 보여주고 있다. 한편 주의를 고의로 재배치하는 것은 새로운 해석을 생산해 내기도 한다.

이제 이를 토대로 하여 김종삼의 시에서 여백이 형성되는 과정을 살펴보겠다.

내용 없는 아름다움처럼

가난한 아희에게 온
서양 나라에서 온
아름다운 크리스마스 카드처럼

어린 羊들의 등성이에 반짝이는 진눈깨비처럼.

– 「북치는 소년」[12]

「북치는 소년」은 김종삼의 시에 나타난 여백의 미를 여실히 보여주는 작품이다. 이 작품은 황동규의 논의[13] 이후로 생략과 압축, 여

---

11 이 실험의 주요 내용은 다음과 같다. 예를 들어, '노랑'이라는 색깔의 이름을 파란색 잉크로 써놓고 피실험자에게 그 단어를 읽도록 하면 잉크의 색과는 무관하게 '노랑'이라고 읽는다는 것이다. 이는 그 낱말의 처리가 잉크의 색깔보다 더 주의 선택을 받기 때문이다.

12 김종삼, 「북치는 소년」, 홍승진·김재현·홍승희·이민호 엮음, 『김종삼정집』, 북치는 소년, 2018, 263쪽.

13 황동규, 「잔상의 미학」, 『김종삼 전집』, 청하, 1988, 244쪽.

백과 공백을 설명하는 대표작으로 꼽혀 왔다. 특히 '~처럼'에 대한 원관념이 부재하는 구문론적 구조와 '내용 없는'이라는 시어가 불러일으키는 공백성 때문에 이 시에 관한 연구는 다양하게 시도되어 왔다.

이 시의 불안정성은 주지했듯이 비유의 원관념이 부재하는 시적 상황에 기인한다. 그리고 "이것은 일종의 의미망의 함정을 드러낸다. '처럼'을 종결할 명사, 그러니까 안정된 형태와 기의를 가진 기표를 찾지 못하면 이 모든 구문불안을 표출할 뿐이다."[14] 이러한 이유로 독자는 원관념을 시 내부에서는 끝내 찾지 못하고 불안의 상태에서 시 읽기를 일단 마무리하게 된다. 이것이 이 시가 여백을 불러일으키는 일차적인 근거이다. 사실 이 때에는 여백의 미를 감지한다기보다는 시의 완전한 의미를 찾지 못한 일종의 여운을 느낀다고 해야 더 적절할 것이다.

독자가 이 시를 처음 읽을 때 주의 선택은 '~처럼'에 대한 의미 찾기에 놓인다. 독자가 그간 체득한 비유에 관한 지식은 독자 스스로 하여금 근원영역을 파악하도록 종용하는데, 이는 인지적으로 매우 자연스러운 일이다. 그런데 그 근원영역을 포착하기 위한 시적 정보는 터무니없이 생략되어 있다. 그래서 독자의 주의 선택은 다시 다른 시어로 넘어가게 된다. 이 때문에 여기서 주의 선택과 관련하여 '전경'과 '배경'이라는 형태심리학의 개념을 취할 필요가 있다.

배경으로부터 전경을 구별하는 인간의 인지 메커니즘은 주의가 작동되는 방법, 범주화와 경계화가 작동되는 방법, 그리고 시각적,

14 김정현, 「김종삼 시의 형상화 양상 연구」, 『국제어문』60, 국제어문학회, 2014, 76쪽.

공간적 교섭에 관한 인지 능력이 언어 영역으로 확장되는 방법을 이해하는 것을 포함하고 있다. 전경은 배경으로부터 분리되는 아주 명확한 경계를 지니고 있으며, 다른 것에 의존하지 않는 독립적인 대상 또는 자질로 간주한다. 최근의 주의 이론에서는 이런 특성을 시각영역에서 텍스트 영역으로 확장하면서 다음과 같은 결정적인 자질들을 추가해 왔다. ①전경은 나머지 영역에 비해 더 상세화되고, 더 초점화되고, 더 밝고, 더 매력적이다. ②전경은 나머지 영역의 위에 있거나, 앞에 있거나, 그보다 더 많거나, 더 크다. 그리고 그 정경은 나중에 배경이 된다. ③전경은 정적인 배경에 비해 동적이다. ④전경은 시간이나 공간 면에서 배경에 선행한다. ⑤전경은 배경에서 떨어져 나온 일부이거나, 아니면 숨어 있던 것이 전경이 되기 위해 드러난 것이다.[15]

독자는 이제 '~처럼'의 원관념을 찾는 것에서 다른 시어에 주의를 갖는다. 먼저 각 연이 비슷한 통사구조로 이루어져 있다는 것을 파악한다. 이 때, 범주화에 관한 '가족적 유사성'[16]이라는 인지 기제가 관여하고, 이 때문에 독자들은 "아름다움"과 "크리스마스 카드"와 "진눈깨비"를 하나의 범주로 처리하게 된다. 그러면서 이 시어들이 의미적으로 밀접한 관련성이 있음을 인식한다. 동시에 이 세 시어는 시에서 강력한 전경으로 부각된다.

그런데 이 시어들을 한정하고 있는 내용은 하나의 범주로 처리된

15 제라드 스틴·조안나 개빈스 엮음, 양병호·김혜원·신현미·정유미 역, 앞의 책, 24~25쪽.

16 가족적 유사성에 대한 개념은 양병호, 『한국 현대시의 인지시학적 이해』, 태학사, 2005, 27쪽을 참조함.

세 시어의 의미를 파악하는 데에 중요한 구절들로 인지된다. 그래서 각 연의 전경이었던 세 개의 시어는 점차 인지적으로 방치(neglect)되고 이를 한정하는 "내용 없는"과 "가난한 아희에게 온", "서양 나라에서 온", "아름다운"과 "어린 羊들의 등성이에 반짝이는"이 새로운 전경으로 부각되기에 이른다. 특히 '오다'와 '반짝이다'의 시어는 위에서 제시한 전경의 자질 중 ③에 해당하여 좀 더 현저성을 띤다.

독자는 동사 '오다'와 '반짝이다'를 이해할 때, 이들 동사가 필수적으로 요구하는 주어에 다시 주목하게 된다. '누가/무엇이'에 해당하는 주어는 다름이 아닌, 처음 전경이었던 "크리스마스 카드"와 "진눈깨비"이다. 전경과 배경의 전복이 어떠한 방향성을 가지지 못한 채 순환하고 있다. 이 순환의 고리가 반복될수록 독자는 비로소 의미의 여백을 인지하게 되는 것이다.

한편 제목인 "북치는 소년"은 크리스마스라는 공통 요소 외엔 의미적 연결고리를 찾기가 힘든 정보이다. 독자는 전경/배경이 순환하며 전복되는 과정을 통해 여백을 느끼게 되고, 북치는 소년이라는 캐럴의 소리 이미지와 크리스마스가 불러일으키는 정서를 여백에 채우게 된다. 결국 독자는 이 시에서 인지된 이미지와 정서를 통해 시적 의미를 획득해야 한다. 이 시가 논자들에 의해 다양한 독법으로 이해되는 까닭은 여기에 있다고 본다.

전경/배경이 순환적으로 전복되는 경우는 다른 시에서도 찾아볼 수 있다. 「생일」에서는 "지나면서", "보면서"가 전경으로 부각되었다가, '갔다'에 의해 인지적으로 방치된다. 그러나 바로 다음 연에서 "보면서"와 "지나"가 전경이 되면서 1, 2연의 그것을 반복하게 된다. 「꿈 속의 나라」에서도 전경이 "나도향", "한하운", "프로이트", "말러"

에서 '주고받다, 부서지다, 바뀌어지다'로 옮겨가고 있다. 되풀이되는 시어인 "한 귀퉁이"와 "꿈속의 나라"는 지속해서 배경이 되는데 이 배경에서 전경이 반복적으로 순환된다.

2. 프로파일링과 '여백'의 형성

인지시학적 관점에서 동사와 주어에 관한 주의 선택은 독자가 문학작품의 의미를 구성하는 데에 매우 중요하다. 주어는 통사 내부에서 "원형적으로 동작주(agent)의 역할"[17]을 한다. 독자들은 "전형적으로 감정이입의 척도를 가지고 있어서 화자는 보통 발화하는 주어이기를 기대한다. 만약 주어가 화자가 아니라면 청자이기를 기대한다. 그렇지 않다면 다른 인간이 주어의 자리에 있어야 한다. 인간이 아니라면 동물이어야 하고 마지막으로 물리적 사물 또는 심지어 추상적 개체마저도 주어처럼 행동할 수 있다."[18] 이를 피터 스톡웰은 "주제의 화제성"[19]이라고 이르는데, 이 주어의 화제성에 따라 독자의 주의 선택이 달라질 수 있다.

물먹는 소 목덜미에

할머니 손이 얹혀졌다.

17 피터 스톡웰, 이정화·서소아 역, 앞의 책, 114쪽.

18 같은 책, 같은 쪽.

19 같은 책, 같은 쪽.

이 하루도

함께 지났다고,

서로 발잔등이 부었다고,

서로 적막하다고,

-「墨畫」[20]

「墨畫」의 통사적 구조에서 주어의 화제성은 인간에게 부여된 것이 아니다. 시의 화자 역시 직접 등장하고 있지 않다. 1행과 2행에 이르는 첫 문장에서 의미적 전경으로 부각되는 것은 "물먹는 소"이다. 왜냐하면 통사구조의 배열에서, 보통 주어의 자리라고 인식되는 첫 구절에 "물먹는 소"가 배치되어 있기 때문이다. 또 동사인 "얹혀졌다"의 수동적 감각 때문이다. 능동형의 '얹었다'를 의도적으로 피동형으로 제시하여 할머니의 행위보다는 소의 행위에 주의가 집중되기 때문이다.

독자는 이 지점에서 인간이 아닌 동물이 전경으로 부각되는 것을 인지하게 되고 인간을 배경으로 방치하게 된다. 그리고 물을 먹는 소의 행위를 통해 하루의 일과에 관한 이야기를 짐작하게 된다. 그러면서 다음 행에 그 이야기에 대한 정보가 제시될 것으로 기대한다. 그러나 이후 네 행에서 확인할 수 있는 시적 정보는 "하루" 동안

20 김종삼, 「墨畫」, 홍승진 외 3인 엮음, 앞의 책, 297쪽.

의 이야기라는 것 그리고 고된 일을 마쳤다는 것 정도이다. 여기에서 독자는 첫 번째 여백을 감지하게 된다. 이것은 기대하고 있던 이야기 혹은 서사가 표면에 드러나지 않을 뿐만 아니라 그 서사에 대한 구체적인 모습을 뚜렷하게 파악할 수 없기에 생기는 것이다. 동작주로 부각된 소와 피동형의 동사는 독자의 주의를 특별한 이야기로 끌어놓고 있는데, 이야기의 내용은 이 시에 제공되고 있지 않은 것이다.

이어지는 네 행의 동작주는 할머니로 인지되고 할머니가 소에게 했을 법한 말이 제시되어 있다. 그런데 이를 직접 발화로 처리하지 않고 등장하지 않는 외부의 화자에 의해 간접화하고 있다. 즉 "화자의 미등장으로 인해 풍경을 간접화시키고, 묵화의 특성인 번짐의 미학을 통해 이미지의 확장을 시도"[21]하는 것이다. 이때 독자는 할머니의 목소리를 다른, 보이지 않는 화자를 통해 우회해서 듣게 된다. 기대했던 이야기의 내용이 펼쳐지는 것도 아닌데 시적 진술 또한 직접 듣는 구조가 아니다. 그러므로 독자는 시가 말하고자 하는 의미를, 두 단계 이상을 거쳐서 생각해야 하는 상황에 놓이게 되는 것이다. 「墨畫」의 여백은 여기에서 다시 한번 증폭되기에 이른다. 다시 말하면 "「墨畫」는 여백을 (중략) 〈공백〉과 〈반복된 음가의 공허함〉, 〈어둠의 이미지〉로 반복해서 보여"[22]주는 것이다. 덧붙여 "쉼표는 다음에 도해할 어떤 미래의 구문을 예상하게 하는 기호"[23]로 기능한다.

21 최명표, 「김종삼 시 연구」, 『한국언어문학』49, 한국언어문학회, 2002, 13쪽.

22 김정현, 앞의 논문, 74쪽.

23 같은 논문, 같은 쪽.

미구에 이른 아침

하늘을
파헤치는 스콥
소리.

하늘 속 맑은
변두리.

새 소리 하나.

물방울 소리 하나.

마음 한줄기 비추이는
라산스카.

-「라산스카」[24]

김종삼의 시에는 유난히 동사가 생략되는 경우가 많다. 인지시학에서 동사의 선택은 그 동사가 불러일으키는 낱말의 참여 역할 때문에 시의 분위기와 미적·이미저 차원에서 매우 중요한 것으로 간주한다. 비슷한 상황을 드러낼 때 어떤 동사를 선택하느냐에 따라 시인의 관점이 미묘하게 달라진다는 것이다. 예를 들어, '강도질하

24 김종삼, 「라산스카」, 홍승신 외 3인 엮음, 앞의 책, 152쪽.

다'나 '훔치다' 같은 동사에는 가해자, 피해자, 물건이 의미론적 참여 역할을 하게 되는데, '강도질하다'는 가해자와 피해자가, '훔치다'는 보통 가해자와 물건이 주의 선택을 받게 된다는 것이다. 이때 참여 역할이 의미론적으로 불러일으켜지는 그 메커니즘을 인지시학에서는 '프로파일링'[25]이라고 말한다.

위에 인용된 「라산스카」에서는 단 세 개의 동사만이 사용되었다. 각각 '이르다', '파헤치다', '비추이다'가 그것이다. 먼저 '이르다'는 장소(어디에)와 시간(언제)이 참여 역할로 프로파일되는 동사이다. 그런데 시에서는 "미구에"라는 시간 정보만이 제시되어 있다. 게다가 의미상, 이르는 주체가 "아침"으로 설정되어 있다. 아침이 시적 동작주로서 시 전체를 지배하고 있는 전경으로 기능하는 것이라면 존재론적 은유의 측면에서 시의 의미를 구축할 수 있겠으나, 아침은 시 전체의 배경으로 기능할 뿐이다. 다음 행에서 장소에 대한 정보를 가늠할 수는 있지만 독자는 첫 행에서부터 의미 파악에 혼선을 빚을 수밖에 없다. 덧붙여 "이른"을 시간적으로 빠르다는 뜻으로 볼 경우는 더욱 그렇다. '얼마 오래지 아니함'이라는 '미구'의 사전적 정의를 살펴볼 때, 의미가 더 모호해지기 때문이다.

'파헤치다'는 대상과 그 대상 속의 내용물이 프로파일되는 동사이다. 시에서는 일단 대상이 제시되어 있다. "하늘"이 그것인데, 여기서 오히려 전경으로 주의 선택을 받는 것은 "스콥 소리"이다. 하늘의 내용물은 시 전체를 여러 번 읽고 나서야 파악할 수 있다. 내

25 프로파일링에 대한 설명은 제라드 스틴·조안나 개빈스 엮음, 양병호·김혜원·신현미·정유미 역, 앞의 책, 107~118쪽을 참조.

용물이 프로파일되기 이전에는 파헤치는 과정을 형상화한 소리 이미지(스콥 소리)가 강력한 전경으로 부각된다. 세 행으로 되어있는 첫 연은 형태적 규모와는 반비례로 매우 복잡한 인지구조를 갖고 있다. 독자는 이러한 상황에서 시적 규모 차원의 여백을 감지하게 된다.

두 번째 연에서는 '파헤치다'의 참여 역할로 프로파일되는 내용물이 등장한다. 대체로 소리 이미지의 시어들이다. 그런데 중요한 것은 마지막 연에 쓰인 동사 '비추이다'이다. '비추이다'는 빛이 강력한 참여 역할로 프로파일되는 동사이다. 그러나 "하늘"의 내용물은 모두 소리 이미지를 가진 것들이었다. 독자는 여기에서 소리 이미지와 빛 이미지를 동시에 연상해야 한다. 그리고 그 두 이미지를 적절히 조화하게 할 시적 정보를 찾아야 한다. 그런데 마지막 행의 시어는 다름이 아닌 "라산스카"이다.

"라산스카"는 그 뜻을 찾기 위해 여러 연구자들이 심혈을 기울여 논의한 시어이기도 하다. 김종삼 시인만의 암호라든가, 순수 언어의 결정체라든가 하는 풀이가 나왔다. 그만큼 이 시어가 뜻 모를 신비함을 지녔다고 할 수 있다. 그래서 독자는 이 시를 수수께끼처럼 인지하게 될 수밖에 없다. 김종삼의 시에서 대체로 단형에 속하는 형태를 가진 시인데, 의미를 구축할 만한 연결고리가 극히 드물기 때문이다. 그렇다고 의미 없이 이미지만 형상화된 시라고 평가하는 것은 섣부르다. 충분하지는 않지만 '파헤치다'의 참여 역할이 어느 정도 프로파일되고 있기 때문이다.

이제 "라산스카"는 그 진의가 무엇이든 소리와 빛의 의미를 동시에 가진 시어로 파악할 수 있다. 물론 소리와 빛에 의미를 채우는 것은 독자의 몫이다. 동시에 독자는 시를 되풀이하여 읽으면서, 동사가 프로파일하는 역할들의 구조를 면밀하게 따져봐야 할 것이다. 그 과정이 시의 형태적 규모에 비해 매우 복잡한 양상을 갖고 있기에 이 부분에서 의미의 여백을 느끼게 되는 것이다.

> 다리 밑, 자갈밭은 말끔하게 꼽히어졌고 흘러가는 물 언저리 몇 그루의 나무들이 사괴이는 간격은 한 시름 놓이게 되는 微風의 사이엔 靈魂의 未納者들의 곁을 가는 날이 다시 저무러 가기 시작한.
>
> -「다리 밑 – 방·고흐의 境地」[26] 부분

> 아지 못할 灼泉의 소리. 의례히 오래 간다는,
> 물끓듯 끓어나는 나지막하여 가기 시작한.
>
> -「드빗시」[27]

> 아직은 原色으로 돌아가기 위하여 勞苦의 幻覺을 잃고난 다음.
>
> -「原色」[28] 부분

앞의 「라산스카」 분석에서 살펴보았듯이 김종삼의 시편에는 동사의 사용이 최소한으로 되어있는 작품이 많다. 그런데 그것을 넘어서

---

26 김종삼, 「다리 밑 – 방·고흐의 境地」, 홍승진 외 3인 엮음, 앞의 책, 93쪽.

27 김종삼, 「드빗시」, 홍승진 외 3인 엮음, 위의 책, 104쪽.

28 김종삼, 「原色」, 홍승진 외 3인 엮음, 위의 책, 126쪽.

아예 동사를 의도적으로 생략하는 경우도 있다. 있어야 할 자리에 동사가 없다는 것은, 참여 역할이 프로파일될 여지를 원천적으로 봉쇄하는 것과 같다. 혹은 시의 흐름상, 독자는 이미 예상되는 참여 역할을 프로파일 하려고 예비하고 있는데, 정작 동사를 생략함으로써 프로파일이 실제화되지 않는 것으로 볼 수 있다.

「다리 밑 – 방·고흐의 境地」에서는 마지막에 배치된 시어 "시작한"이 서술어의 형태가 아니라 관형어 형태로 끝나고 있어서 다음에 올 수식의 대상이 의미적 여백이 되고 있다. 「드빗시」에서도 같은 구조로 서술의 여백이 드러난다. 특히 「드빗시」는 "간다는"과 "시작한"에 의해 여백이 중첩적으로 형성되고 있다. 「원색」에서는 서술이 되는 동사 자체를 생략함으로써 참여 역할의 프로파일링이 원천적으로 봉쇄된다.

3. 소결

지금까지 김종삼 시에 드러난 여백이 어떠한 인지과정을 거쳐서 형성되는지 살펴보았다. 특히 인지시학의 방법론을 원용하여, 독자의 입장에서 여백을 느끼는 과정에 주목하였다. 김종삼의 시를 읽을 때 주의 선택이 작품의 의미와 미적 특질을 구축하는 데에 중요한 작용을 한다는 것을 확인하였다. 즉, 주의 선택에 의한 전경과 배경, 프로파일링이 김종삼 시의 여백을 형성하는 양상을 살펴보았다.

'여백'은 그 빈자리에 의미를 채워 넣어야 한다. 그런데 이런 의미 부여에 앞서서 이글에서는 여백이 어떠한 과정을 통해 형성되는지를 설명하고자 했다. 그럼에도 여백은 의미를 채워 넣기를 바라는 장치로서 기능한다는 것을 부정할 수 없다. 그리고 김종삼은 그 장치를 매우 효과적으로 사용한 시인이라고 할 수 있다.

이 사실은 김종삼을 평가하는 관점을 기존의 관점과 달리할 수 있음을 시사한다. 즉 김종삼을 단순히 절대적 순수의 미의식을 추구한 시인으로만 평가하기는 어렵다는 의미이다. "여백의 미는 시인의 끊임없는 언어에 대한 애착을 전제로 하는 시 창작의 근원적 체계"[29]인 만큼, 김종삼 시인은 결벽에 가까울 정도로 언어에 대해 천착했고 그 결과로 여백이 만연한 시편을 썼다. 그러나 그렇다고 해서 그 시들을 무의미에 가까운 이미지 위주의 시라고 단정할 수는 없다는 것이다.

29 손민달, 앞의 논문, 279쪽.

결론 / 미의식과 시대 의식 사이의 균형

결론 / 미의식과 시대 의식 사이의 균형

지금까지 이 책은 김종삼 시에 드러난 시인의 인지체계를 분석하여 김종삼의 시 세계 및 시 정신을 규명하였다. 김종삼 시의 인지체계에 대한 분석은 김종삼 시의 언어가 어떠한 인지 과정을 통해 조직되었는지에 초점을 맞추는 작업이었다. 시의 의미는 자아와 세계를 이해하는 인지 태도에 따라 상대적으로 형성되기 때문에 김종삼 시가 지닌 창조적 의미에 도달하기 위해서는 김종삼 시인의 인지체계를 살피는 작업이 요구되었다. 이에 이 책은 인지시학의 주요 개념과 방법적 틀을 적용하여 김종삼 시의 인지체계에 관해 연구하였다.

인지시학의 철학적 바탕인 몸의 철학은 대부분의 인간이 공유하고 있는 보편적 인지 원리를 핵심으로 삼고 있다. 다시 말해 지각된 세계를 '이해'하는 방식은 신체적 운동 감각을 바탕으로 한 것인데, 신체화된 사유는 은유라는 강력한 기제를 통해 언어로 표현된다는 것이다. 의미가 발현되는 구조도 인간이 공유하고 있는 신체적 상상력의 범주 안에서 일어난다. 그리하여 인지시학에서는 시의 언어가 사용하는 의미 생성 수단과 일상 언어의 그것이 본질적으로 동일하다고 여긴다. 이에 본 책은 김종삼 시 세계의 독자적 가치가 김종삼 시인의 경험과 환경이 드러나는 '맥락' 즉 자아와 세계의 인지적 상호자용이 언어로 '구현'된 방식에 있음을 전제로 하여, 김종삼이 시 세계에서 자아를 인지하는 방식과 자아를 둘러싼 현실적 환경을 인지하는 방식에 주목했다.

이 책에서는 김종삼의 시 세계와 이를 드러내는 인지체계가 크게 세 가지 방향으로 형성된다고 논의했다. 1장에서는 존재에 대한 김종삼 시인의 성찰이 도관 은유를 통해 인지적 체계를 이루고 있음을 분석하였다. 존재에 대한 성찰은 시인 자신뿐만 아니라 주변부에 놓인 존재까지 포함한 것이었다. 또 자아와 주변에 대한 성찰은 인간 실존의 삶과 죽음에 대한 성찰로 이어진다고 보았다. 본 책은 이를 '시적 성찰의 인지체계'로 규명하였다.

1장의 1절에서는 김종삼 시인이 시작 전반에 걸쳐 자아에 천착한 모습에 주목하였다. 김종삼 시인은 특히 시인으로서의 자아 정체성과 자질에 대해 깊이 성찰했는데 1절에서는 이를 '시인' 의식으로 논구하였다. 그리고 이러한 의식을 드러내는 데에 도관 은유와 관련한 성찰의 인지체계가 관여하고 있다고 보았다.

2절에서는 김종삼 시의 자아가 주변적 위치에 놓이는 경우에 주목하였다. 원래 인간의 인지체계는 자신을 중심에 놓고 주변 환경과의 관계를 성립해 가는 것이 일반적이다. 그러나 김종삼 시인은 의식적으로 자신을 주변에 배치하여 주변의 시선으로 작고 약한 존재를 조명했다. 본 책은 이러한 김종삼 시인의 태도를 중심-주변 이미지 도식을 통해 분석하였다. 그 결과 자아를 의도적으로 주변부에 위치시킴으로써 주변부의 삶을 보다 진실하게 드러내는 시적 효과가 있었음을 논구했다.

3절에서는 존재에 대한 김종삼 시인의 사유가 인간 실존의 삶과 죽음에 대해 깊이 성찰하는 태도로 이어진다는 점에 주목하였다. 이에 이 책은 삶과 죽음에 대한 김종삼 시인의 인지 태도가 순환적 자연 질서를 바탕으로 이루어진다고 보았다. 특히 죽음을 형상화하면서도 다시 삶을 예비하는 시적 태도에 주목하고자 했다. 그리하여 죽음에 직면한 상황에서도 인간다운 삶과 생명을 지향하는 태도를 '삶과 죽음의 긍정'으로 규명하였다. 요컨대 존재에 대한 김종삼 시인의 성찰적 인지체계는 자기를 성찰하는 데에서 출발하여 '시인'에 대한 사유, 주변적 존재를 지향하는 태도, 삶을 긍정하는 의식으로 귀결됨을 확인할 수 있었다.

2장에서는 김종삼 시인이 현실 세계의 문제를 지각하고 이를 시적으로 형상화한 시 정신에 대해 논구하였다. 이는 세계에 대한 김종삼 시인의 인식에 관한 것이었는데 이러한 시 정신을 '연대와 평화의 인지체계'라고 규명하였다. 연대와 평화를 추구하는 김종삼의 인지체계는 1장에서 분석했던, 존재에 관한 성찰적 인지체계를 바탕으로 형성된 것이었다. 존재에 대한 성찰과 시대에 대한 김종삼 시인의 의식이 인지적 조직화를 거치며 시에서 독특한 시적 의미가 발생한다고 보았다. 이때 드러난 독특한 의미 발현의 구조를 개념 혼성 이론을 통해 살펴보았다.

2장의 1절에서는 세계를 바라보는 김종삼 시인의 의식이 현실의 문제를 시적으로 형상화한 것에 주목하였다. 그리고 현실에 대한 통찰이 '시대 의식'으로 구체화 된다고 보았다. 여기에는 김종삼 시인이 몸으로 겪어온 우리의 역사적 문제가 관여되어 있었다. 즉 식민, 분단, 전쟁, 현대 문명으로 이어지는 일련의 변화가 그것이다.

2절에서는 주변을 지향하는 김종삼 시인의 의식이 힘든 삶을 살았거나 짧은 인생을 살다 간 예술가, 작고 여린 존재, 가난하지만 거짓 없이 살아가는 사람들과 정서적 연대를 꾀하는 것으로 이어진다는 것에 주목하였다. 이 책은 김종삼 시인이 이들의 삶에 진정한 시 정신이 내재해 있으며 '시인'은 이것을 드러내기 위한 존재라고 생각했음을 분석했다.

이러한 김종삼 시인의 사유는 이상적인 세계의 모습을 그리는 데로 확장된다. 이에 3절에서는 공간에 대한 인지체계를 통해 김종삼의 시가 휴머니즘이 내재한 평화로운 삶의 모습을 형상화한 것에 주목하였다. 요컨대 2장에서는 세계에 대한 김종삼 시인의 시 정신을 개념적 혼성 이론을 통해 분석하고 여기에 연대와 평화의 인지체계가 관여하고 있다고 논의하였다.

3장에서는 1장과 2장에서 각각 논의한 주제, 즉 존재에 대한 성찰과 시대에 대한 인식이 시적 미학으로 형상화되는 양상에 주목하였다. 김종삼의 시는 순수시의 요체로 평가될 만큼 완성도 높은 미학을 가졌다. 이 책은 이러한 김종삼의 미의식이 소리와 음악의 이미지에서 발생한다고 보고 소리와 음악의 이미지가 어떠한 시적 효과를 발휘하는지 살펴보았다. 또 소리와 음악의 이미지가 의미 생성에 관여하는 과정을 분석하여 이를 '사운드스케이프적 인지체계'로 규명하였다. 결과적으로 존재와 세계에 대한 김종삼의 시 정신은 이미지를 사운드스케이프적으로 구성하는 방식을 통해 미학적 완성을 이루게 된다고 분석하였다.

3장의 1절에서는 김종삼의 시에서 기조음이 대체로 묵음 이미지로 제시되었음을 논의하였다. 기조음은 전경-배경에서 주로 배경에 해당했다. 이는 전경에 해당하는 신호음이나 표식음의 소리 이미지를 가장 잘 부각하는 바탕이 되었다. 김종삼의 시에서 묵음 이미지는 시적 상황과 조응하여 시의 의미를 생성하는 데에 적절한 효과를 발휘했다. 특히 묵음 이미지를 배경으로 삼으면서 시 내용의 상황을 상대적으로 부각하는 경우가 많았다.

2절에서는 시의 화자가 의식적으로 지각한 소리를 신호음으로 규정하였다. 신호음은 전경-배경의 관계에서 인지적 전경에 해당하는 사운드스케이프였다. 김종삼 시인은 일련의 역사적 사건을 경험하며 시인으로서의 자신을 깊이 성찰했는데 시적 성찰의 계기로서 소리 이미지를 활용하였다. 이때의 소리 이미지는 현재에도 계속되는 전쟁의 상흔을 기억하거나 자본 문명 속에서 힘겹게 살다가 허무하게 죽은 작은 존재를 형상화하는 계기로서 신호음이 되었다. 결과적으로 김종삼의 시에서 신호음은 과거의 기억을 소환하여 현재의 문제를 다시금 일깨우는 장치로 기능하였고 '시인'에 대한 자기성찰을 하게 하는 매개가 되기도 하였다. 또한 시에서 화자의 의식을 전환시키는 음향적 효과로 기능하면서 시의 핵심 내용을 강렬하게 부각하였다.

3절에서는 김종삼 시의 음악 이미지가 표식음이 되는 경우를 주로 살펴보았다. 표식음은 김종삼의 시가 지향하는 바와 밀접한 관계에 놓인 것이었다. 김종삼의 시에서 표식음은 바흐의 음악 혹은 오보에와 같은 관악기 이미지, 크리스마스 음악 등으로 형상화되었는데 이 음악들은 삶 자체를 긍정하게 하고 나아가 인류애를 추구하는 속성을 지닌 것이었다. 김종삼 시인이 지향하는 표식음은 평화가 실현되는 음악의 세계와 다르지 않았다. 이는 김종삼 시에서의 음악이 현실에서 도피하고자 하는 환상의 세계가 아니라, 공동체의 가치를 지키기 위한 소리의 세계라는 점을 보여준 것이었다. 결과적으로 김종삼 시에서 표식음은 평화를 추구하는 하나의 도식으로 기능하였다.

이 책은 김종삼 시 세계를 인간의 보편적 인지구조를 바탕으로 분석한다는 점에서 의의가 있다고 본다. 이는 김종삼 문학을 평가하는 기존의 대립적 시각을 극복하고 언어 실험의 특수한 사례라는 시문학사의 평가를 조정하는 데에 일조할 것으로 기대한다. 아울러 시인으로서의 자아 성찰에서 출발하여 시대에 대한 고민으로 이어진 김종삼의 인지체계를 통해, 그간 조명받지 못했던 김종삼의 시대의식을 적극적으로 부각한 점에도 의의를 둘 수 있다. 김종삼의 미의식을 사운드스케이프라는 개념으로 분석한 점도 본 책의 의의라고 할 수 있다. 또한 이 책의 연구 방법인 인지시학은 난해해 보이는 김종삼의 시를 해석하는 데에 논리적 타당성을 확보하고, 김종삼 시의 의미를 좀 더 명확하게 규명할 수 있게 하는 데에 유효한 방법적 개념이라고 할 수 있다.

참고문헌

참고문헌

1. 기본자료

권명옥 엮음, 『김종삼 전집』, 나남, 2005.

김종삼, 「오보의 야튼 音이」, 『母音』, 1965. 2.

______, 『평화롭게』, 고려원, 1984.

장석주 편, 『김종삼 전집』, 청하, 1988.

한국시인협회 편, 『밤의 숲에서 등불을 들고』, 영학출판사, 1984.

홍승진·김재현·홍승희·이민호 엮음, 『김종삼정집』, 북치는소년, 2018.

2. 신문기사

「50년대 문화예술인들 「마음의 어머니」」, 조선일보, 1986.12.26.

김대현, 「尹龍河의 人間과 音樂世界」, 동아일보, 1974. 5. 9.

김창일, 「바다가 기억하는 세 번의 아픔-김창일의 갯마을 탐구(30)」, 동아일보, 2020. 9. 11.

「旅客船·海軍護衛驅逐艦충돌 百餘名死亡한듯」, 동아일보, 1967. 1. 15.

「失踪者戰死한 듯」, 동아일보, 1967. 1. 20.

전봉건, 「交友錄 피난살이 시름 잊게 한 金宗三」, 『동아일보』, 1984. 3. 21.

「鐵의 帳幕 三八線 踏査」(6), 동아일보, 1947. 09. 28.
「鐵의 帳幕 三八線 踏査」(7), 동아일보, 1947. 10. 02.
「韓一號·56艦 사고 한 家族 生과 死 南海서 兄 잃고 東海서 살아 달려온 아우」, 동아일보, 1967. 1. 23.
「海軍警備艦 北傀에 被擊沈沒」, 동아일보, 1967. 1. 19.

3. 논문 및 평론

강계숙, 「김종삼 시의 재고찰: 이중언어 세대의 '세계시민주의'와의 상관성을 중심으로」, 『한국학연구』30, 인하대 한국학연구소, 2013.
_____, 「김종삼의 후기 시 다시 읽기: '죄의식'의 정동과 심리적 구조를 중심으로」, 『동아시아문화연구』55, 한양대 동아시아문화연구소, 2013.
강석경, 「문명의 배에서 침몰하는 토끼」, 장석주 편, 『김종삼 전집』, 청하, 1988.
강연호, 「김종삼 시의 내면 의식 연구」, 『현대문학이론연구』18, 현대문학 이론학회, 2002.
강은진, 「김종삼 시의 은유 구조 연구」, 『국어문학』59, 국어문학회, 2015.
_____, 「김종삼 시의 행 구조 연구-1950년대 초기시를 중심으로」, 『국제어문』69, 국제어문학회, 2016.
_____, 「김종삼의 「올페」 시편에 나타난 오르피즘 예술의 유산」, 『비교한국학』26(1), 국제비교한국학회, 2018.
고명수, 「한국에 있어서의 초현실주의 문학 고찰」, 『한국어문학연구』22, 동악어문학회, 1987.
김경임, 「모차르트수용관의 다양성: 낭만주의적 시각과 그에 대한 반론, 재반론을 중심으로」, 『음악과 문화』15, 세계음악학회, 2006.

김귀대, 「피사로(Camille Pissarro)의 풍경화 속 공장 모티프의 사회적 함의: 프랑스의 공화주의적 민족 담론과 1870년대 인상주의 풍경화의 연관관계를 중심으로」, 홍익대 미술사학 석사 논문, 2021.

김금내, 「독자의 직시(deixis) 인식을 통한 동시 텍스트 이해 교육 방향」, 『청람어문교육』74, 청람어문교육학회, 2020.

김기주, 「광주학생운동 이전 동맹휴학의 성격」, 『한국 독립운동사연구』35, 한국독립운동사연구소, 2010.

김동근, 「정지용 「琉璃窓」 시편의 기호체계 연구-인지시학적 분석을 중심으로」, 『현대문학이론연구』52, 현대문학이론학회, 2013.

김려화·김미영, 「일제 강점기 여성 간호인의 독립운동에 관한 역사연구」, 『간호행정학회지』20(4), 간호행정학회, 2014.

김리숙, 「토끼띠의 民俗과 象徵」, 『중앙민속학』6, 중앙대학교 한국문화유산연구소, 1994.

김미정, 「헤밍웨이의 "자아통합감"(ego-integrity) 재건의 맥락에서 읽는 『노인과 바다』」, 『현대영미소설』23(2), 한국현대영미소설학회, 2016.

김민재, 「경험적 독자 연구로서의 문학교육학에 인지시학 도입의 쟁점과 가능성-'문학적 경험'에 대한 이론화를 중심으로」, 『국어교육연구』46, 서울대 국어교육연구소, 2020.

김복희, 「김종삼 시에 나타난 연대의 특성」, 『한국문예비평연구』65, 한국현대문예비평학회, 2020.

김석환, 「김종삼 시집 『시인학교』의 기호학적 연구-인물 기호를 중심으로」, 『한국시문학』11, 한국시문학회, 2001.

김성조, 「김종삼 시의 소리 이미지와 이미적 표상」, 『한국문예창작』9권3호, 한

참고문헌

국문예창작회, 2010.

김시태, 「언어의 고독한 축제」, 『그리운 아니로리』, 문학과비평, 1989.

김양희, 「김종삼 시에서 '음악'의 의미」, 『한민족어문학』69호, 한민족어문학회, 2015.

______, 「김종삼 시의 환상성 연구」, 『동남어문논집』37, 동남어문학회, 2014.

김영미, 「여백의 역설적 발언-김종삼 시의 근저」, 『국제어문』57, 국제어문학회, 2013.

김옥성, 「김종삼 시의 기독교적 세계관과 미의식」, 『한국언어문화』29, 한국언어문화학회, 2006.

김용희, 「이중어 글쓰기 세대의 한국어 시쓰기 문제: 1950, 60년대 김종삼의 경우」, 『한국시학연구』18, 한국시학회, 2007.

______, 「전후 한국시의 '현대성'과 그 계보적 가설: 김종삼 시를 중심으로」, 『한국근대문학연구』19, 한국근대문학회, 2009.

______, 「김종삼 시에 나타난 상징과 상징주의 계보에 관한 연구」, 『한국시학연구』40, 한국시학회, 2014.

김윤미, 「개항기 구미 세력에 의한 국토 및 지역체계의 변화」, 한양대 도시공학 박사 논문, 2011.

김윤정, 「김종삼의 시 창작의 위상학적 성격 연구」, 『한민족어문학』65호, 한민족연구』66, 한국시학회, 2021.

김지율, 「김종삼 시에 드러나는 '비극적 숭고'의 양상과 의미 – 1970년대 시를 중심으로」, 『국어문학』77, 국어문학회, 2021.

김창욱, 「김종삼 시작(詩作)의 내적 논리로서의 '윤리적 무(無)윤리성'」, 『현대문학이론연구』83, 현대문학이론학회, 2020.

김청우, 「한국 전후시의 공간 인지 특성 연구 – 서정주, 신동문, 김구용을 중심으로」, 전남대 박사 논문, 2016.

김춘수, 「김종삼과 시의 비애」, 『의미와 무의미』, 문학과지성사, 1976.

김 현, 「김종삼을 찾아서」, 『상상력과 인간/시인을 찾아서』, 문학과 지성사, 1993.

김현자, 「전쟁기와 전후의 시(1950년~1961년)」, 『한국현대詩사』, 민음사, 2007.

김혜원, 「백석의 여승에 대한 인지시학적 분석-길 도식을 중심으로」, 『국어문학』52, 국어문학회, 2012.

김혜진, 「김종삼 시의 방법적 객관주의」, 『한국시학연구』62, 한국시학회, 2020.

김화순, 「김종삼 시 연구; 언술구조와 수사법을 중심으로」, 고려대 박사논문, 2011.

김효정, 「요한 마테존의 '감정이론' 연구」, 경희대 음악학 석사논문, 2000.

노 철, 「시 감상 과정의 인지시학적 분석과 교육적 모색」, 『한국문학이론과 비평』77, 한국문학이론과 비평학회, 2017.

노춘기, 「김종삼 시의 시간의식 - 전쟁 체험의 형상화 방식을 중심으로」, 『한국근대문학연구』32, 한국근대문학회, 2015.

류명심, 「김종삼 시 연구-담화체계 및 은유를 중심으로」, 동아대 박사논문, 1999.

류순태, 「김종삼 시에 나타난 현대미술의 영향 연구」, 『국어교육』125, 한국어교육학회, 2008.

문덕수, 「여백의 시학」, 『시문학』, 시문학사, 1995.6.

문선영, 「관조를 통한 현대시 심미적 태도 교육 방향 연구」, 『문학교육학』63, 한국문학교육학회, 2019.

문혜원, 「오규원 시론에 나타나는 인지시학적 특징 연구-'비유'에 대한 관점의 변화를 중심으로」, 『국어국문학』192, 국어국문학회, 2020.

민 영, 「안으로 닫힌 시정신」, 『창작과비평』, 1979. 12.

박광장, 「비극적 세계인식과 그 극복: 김종삼의 시 세계」, 『국어국문학지』15, 문창어문학회, 1978.

박민규, 「김종삼 시에 나타난 추상미술의 영향」, 『어문논집』59, 민족어문학회, 2009.

박선영, 「김종삼 시에 나타난 '죽음'의 은유적 미감 연구」, 『한국문학논총』65, 한국문학회, 2013.

박영우, 「朴龍來 詩 硏究」, 중앙대 박사 논문, 2001.

박지학, 「이성선 『몸은 지상에 묶여도』의 인지시학적 연구」, 『국어문학』52, 국어문학회, 2012.

______, 「박용래 시의 인지문체론적 연구」, 전북대 박사 논문, 2021.

박현수, 「김종삼 시와 포스트모더니즘의 수사학」, 『우리말글』31, 우리말글학회, 2004.

박찬모, 「지리산 현대시와 사운드스케이프」, 『남도문화연구』30, 순천대학교 남도문화연구소, 2016.

백은주, 「김종삼 시 연구: 환상의 구조와 의미를 중심으로」, 『숭실어문』13, 숭실어문학회, 1997.

서덕민, 「김종삼 시의 언술 구조와 치유성에 관한 연구」, 『열린정신 인문학연구』19, 원광대 인문학연구소, 2018.

서영희, 「김종삼 시의 형식과 음악적 공간 연구」, 『어문론총』53호, 한국문학언어학회, 2010.

소필균, 「김소월 「산유화」의 직시이동 인지문체 고찰-그레마스 사각기호 적용을 중심으로」, 『비평문학』78, 한국비평문학회, 2020.

손민달, 「여백의 시학을 위하여」, 『한민족어문학』48, 한민족어문학회, 2006.
송경호, 「김종삼 시 연구: 죄의식과 죽음의식을 중심으로」, 서울시립대 박사 논문, 2006.
송현지, 「김종삼 시에 나타난 시인으로서의 소명 의식 연구」, 『한국문학이론과 비평』61, 한국문학이론과 비평학회, 2013.
______, 「김종삼 시의 올페 표상과 구원의 시쓰기 연구」, 『우리어문연구』61, 우리어문학회, 2018.
신동옥, 「김종삼 시에 나타난 병치 기법과 내면 의식의 공간화 양상 연구」, 『한국시학연구』42, 한국시학회, 2015.
신주철, 「백석의 「흰 바람벽이 있어」의 인지시학적 고찰」, 『세계문학비교연구』48집, 세계문학비교학회, 2014.
신지원, 「김종삼 시의 현실인식에 대한 인지시학적 연구」, 『국어문학』56, 국어문학회, 2014.
______, 「김종삼 시의 '여백' 형성에 관한 인지시학적 연구」, 『국어문학』60, 국어문학회, 2015.
______, 「김종삼의 전쟁 시편에 나타난 개념적 혼성과 의미 연구」, 『건지인문학』19, 전북대학교 인문학연구소, 2017.
______, 「김종삼 시에 나타난 '소리'의 양상과 특성 연구」, 『건지인문학』24, 전북대학교 인문학연구소, 2019.
______, 「김종삼 시의 미의식 연구-소리와 음악의 인지 특성을 중심으로」, 『열린정신 인문학 연구』21(3), 원광대학교 인문학연구소, 2020.
신철규, 「김종삼 시의 심미적 인식과 증언의 윤리」, 고려대 박사 논문, 2020.
신현락, 「김종삼의 시에 나타난 물의 이미지 고찰」, 『청람어문교육』7, 청람어문학회, 1992.

안상원, 「김종삼 시의 기억 회상 양상 연구-사유이미지로서 '몸'을 중심으로」, 『이화어문논집』45, 이화어문학회, 2018.

안선경, 「한국적 복식문화의 현대성에 나타난 미국화와 규율권력」, 숙명여대 의류학 박사 논문, 2001.

양병호, 「만해 한용운 시의 인지시학적 연구」, 『국어문학』46, 국어문학회, 2009.

______, 「이성선 시의 인지시학적 연구」, 『한국문예비평연구』43, 한국현대 문예비평학회, 2014.

여태천, 「1950년대 언어적 현실과 한 시인의 실험적 시쓰기-김종삼의 초기시를 중심으로」, 『한국문학이론과 비평』59, 한국문학이론과 비평학회, 2013.

오규원, 「타프니스 시인론」, 『현실과 극기』, 문학과지성사, 1976.

오제연, 「팽창하는 학교와 학생」, 김학재 외 12인, 『한국현대 생활문화사 1950년대』, 창비, 2016.

오채운, 「김종삼 시의 농아 이미지 연구」, 『한국언어문화』21, 한국언어문화학회, 2002.

오형엽, 「전후 모더니즘 시의 음악성과 시의식-『전쟁과 음악과 희망과』를 중심으로」, 『한국시학연구』25호, 한국시학회, 2009.

이강하, 「만해 한용운의 「님의沈默」에 대한 인지시학적 분석」, 『한국현재문학연구』28, 한국현대문학회, 2009.

이경수, 「부정의 시학」, 『세계의 문학』, 1979. 9.

이기주, 「김종문 시에 나타난 이미지의 실험 양상」, 『한국시학연구』, 한국시학회, 2019.

이동순, 「조태일 시의 인지시학적 연구」, 단국대 박사 논문, 2010.

이두석, 「사건기자 '못다 한 푸념'」, 『관훈저널』121, 관훈클럽, 2011.
이민호, 「전후 현대시의 크리스토폴 환타지 연구: 김종삼, 김춘수, 송욱의 시를 대상으로」, 『문학과종교』11, 한국문학과종교학회, 2006.
______, 「김종삼의 시작법과 프랑스 상징주의 영향관계 연구」, 『국제한인문학연구』19, 국제한인문학회, 2017.
이송희, 「서정주 시 텍스트의 인지시학적 연구」, 전남대 박사 논문, 2008.
이숭원, 「김종삼의 시세계」, 『국어교육』53호, 한국국어교육연구회, 1985.
______, 「김종삼의 시의식과 생의 아이러니」, 『태릉어문연구』10, 서울여대 국문과, 2002.
이승철, 「정지용 시의 인지시학적 연구」, 전북대 박사 논문, 2011.
이승훈, 「분단의식의 한 양상」, 『월간문학』, 1979. 6.
이영헌, 「하느님의 어린 羊(요한 1,29,36)에 對한 聖書註譯學的 考察」, 『神學展望』128, 광주가톨릭대학교 신학연구소, 2000.
이원영·김규훈·윤재웅, 「인지시학 관점의 시 은유 분류 방식 연구」, 『동악어문학』75, 동악어문학회, 2018.
이위조, 「김종삼 시의 죽음 의식에 관한 연구」, 『청람어문교육』18, 청람어문학회, 1997.
이은실, 「김종삼 시 「왕십리」에 나타난 주체 의식」, 『동아시아 문화연구』81, 한양대학교 동아시아문하연구소, 2020.
이지은, 「일제강점기 '정오의 소리정경'에 담긴 '성스러운 소음'이 자취·윤동주의 「십자가」에 나타난 교회종소리의 단상」, 『문학과 종교』22(1), 한국문학과종교학회, 2017.
이향근, 「인지시학적 관점에서 바라본 동시 문학의 텍스트성」, 『학습자중심교과교육연구』18(20), 학습자중심교과교육학회, 2018

이형권, 「백서 시의 인지구조 연구-「북방에서」를 중심으로」, 『어문연구』90, 어문연구학회, 2016.

이형기, 「신문학 80년 개관」, 『한국문학개관』, 어문각, 1988.

임수만, 「김종삼 시의 윤리적 양상」, 『청람어문교육』42, 청람어문교육학회, 2010.

임지연, 「김종삼 시의 수치심 연구」, 『한국문학이론과 비평』68, 한국문학 이론과 비평학회, 2015.

임태훈, 「미디어융합과 한국문학의 재매개:“사운드스케이프 문화론”에 대한 시고」, 『반교어문연구』38, 반교어문학회, 2014.

정병준, 「1945~48년 미소의 38선 정책과 남북갈등의 기원」, 『중소연구』27(4), 한양대학교 아태지역연구센터, 2004.

정슬아, 「김종삼 시에 나타난 윤리적 주체의 가능성」, 『돈암어문학』26, 돈암어문학회, 2013.

정치훈, 「김종삼 시 「돌각담」의 재수록 양상과 의미 - 『십이음계』와 『시인학교』를 중심으로」, 『한국시학연구』58, 한국시학회, 2019.

정해권, 「시 읽기 교육의 인지시학적 접근-윤동주의 ‘자화상’과 ‘서시’를 활용하여」, 『언어와 문화』13, 한국언어문화교육학회, 2017.

조은숙, 「문순태 소설의 사운드스케이프 연구」, 『현대문학이론연구』62, 현대문학이론학회, 2015.

조형근, 「일제 식민지기 재래시장의 사회사적 분석을 통한 식민지근대성론의 사회변동론적 재구성」, 『한국사회학』48(5), 한국사회학회, 2014.

조혜진, 「김종삼 시의 전쟁 체험과 타자성의 의미」, 『한국문예비평연구』42, 한국현대문예비평학회, 2013.

주완식, 「김종삼 시의 비정형성과 윤리적 은유-앵포르멜 미술과의 관련성을 중심으로」, 『국제어문』57, 국제어문학회, 2013.

______, 「김종삼 시의 인상주의 연구-「베르가마스크」 시편을 중심으로」, 『개신어문연구』42, 개신어문학회, 2017.

진순애, 「김종삼 시의 현대적 자아와 현대성」, 『반교어문연구』10, 반교어문학회, 1999.

최라영, 「박인환 시에 나타난 '청각적 이미지' 연구-'소리풍경soundscape'을 중심으로」, 『비교문학』64, 한국비교문학회, 2014.

최명표, 「김종삼 시 연구」, 『한국언어문학』49, 한국언어문학회, 2002.

최인영, 「동대문 밖 전차의 도입과 역할-청량리선과 왕십리선을 중심으로」, 『서울학연구』37, 서울시립대학교 서울학연구소, 2009.

최혜진, 「판소리계 소설의 골계적 기반과 서사적 전개 양상」, 숙명여대 박사 논문, 1999.

한공택, 「전후 한국의 세계자본주의체제 편입과 미국의 대한원조」, 『부산정치학회보』8(1), 21세기정치학회, 1998.

한이각, 「김종삼 시 연구」, 서울여대 박사 논문, 1996.

한혜린, 「김종삼 시에 나타난 '추상'의 의미」, 『한국문학연구』64, 동국대학교 한국문학연구소, 2020.

허금주, 「김종삼 시 연구」, 한양대 박사 논문, 2001.

홍승진, 「1960년대 김종삼 메타시와 '참여'의 문제-말라르메와 사르트르의 영향을 중심으로」, 『비교문학』70, 한국비교문학회, 2016.

______, 「김종삼 시 「돌」의 발굴과 의의」, 『근대서지』15, 근대서지학회, 2017.

______, 「1950~1960년대 김종삼 시 10편 발굴」, 『작가들』, 2018. 봄호.

______, 「1950년대 김종삼 시에서 장소로서의 이미지와 내재성」, 『한국시학연구』53, 한국시학회, 2018.

______, 「김종삼 시의 내재적 신성 연구-살아남는 이미지를 중심으로」, 서울대 박사 논문, 2019.
홍은영, 「Oh! Susanna와 Beautiful Dreamer를 중심으로 분석한 Stephen C. Foster의 가곡에 대한 고찰」, 『예술논집』15, 전남대학교 예술연구소, 2014.
황동규, 「잔상의 미학」, 김종삼, 『북치는 소년』, 민음사, 1979.

4. 단행본

강판권, 『역사와 문화로 읽는 나무사전』, 글항아리, 2010.
국립문화재연구소 편, 『충청남도 세시풍속』, 서울:국립문화재연구소, 2002.
김동환, 『인지언어학과 개념적 혼성 이론』, 박이정, 2013.
김인환, 『상상력의 원근법』, 문학과지성사, 1993.
김종도, 『인지문법적 관점에서 본 환유의 세계』, 경진문화사, 2005.
김준오, 『詩論(第4版)』, 삼지원, 2007.
김학재 외 12인, 『한국현대 생활문화사 1950년대』, 창비, 2016.
문화재청 편, 『근대문화유산 교통 [자동차] 분야 목록화 조사 보고서』, 문화재청 근대문화재과, 2007.
민은기, 『서양음악사 피타고라스에서 재즈까지』, 음악세계, 2007.
사회과학원 언어학연구소 편, 『조선말대사전』(2), 평양:사회과학출판사, 1998.
서범석, 『비평의 빈자리와 존재 현실』, 박문사, 2013, 181쪽.
양병호, 『한국 현대시의 인지시학적 이해』, 태학사, 2005.
오규원, 『현실과 극기』, 문학과지성사, 1976.

오세영 외 지음, 『한국현대詩사』, 민음사, 2007.

윤현주, 『지식갤러리:나를 뒤흔든 위대한 화가의 삶과 사랑, 그리고 그림과 만나는 미술사 여행』, 스타북스, 2008.

이숭원, 『김종삼의 시를 찾아서』, 태학사, 2015.

이정모 외 16인 공저, 『인지심리학』(3판), 학지사, 2012.

정규웅, 『1980년대 글동네의 그리운 풍경들』, 책이있는마을, 2018.

조윤범, 『조윤범의 파워클래식』, 살림, 2008.

조은주, 『디아스포라 정체성과 탈식민주의 시학:만주를 유랑하는 시』, 국학자료원, 2015.

진회숙, 『클래식 노트』, 샘터사, 2015.

홍문표, 『현대문학비평이론』, 창조문학사, 2003.

홍승진, 『천상과 지상 사이의 형상-김종삼 시의 내재적 신성』, 모시는사람들, 2021.

5. 번역서 및 국외 서적

돈 아이디, 박종문 옮김, 『소리의 현상학』, 예전사, 2006.

마크 존슨, 노양진 역, 『마음 속의 몸』, 철학과현실사, 2000.

머레이 쉐이퍼, 한명호·오양기 옮김, 『사운드스케이프:세계의 조율』, 그물코, 2008.

모니카 M. 랭어, 서우석·임양혁 옮김, 『메를로-퐁티의 지각의 현상학』, 청하, 1992.

미셸 푸코, 오생근 역, 『감시와 처벌-감옥의 역사』, 나남, 2003.

비비안 에반스·멜라니 그린, 임지룡·김동환 옮김, 『인지언어학 기초』, 한국문화사, 2008.

세스 S. 호로비츠, 노태복 옮김, 『소리의 과학:청각은 어떻게 마음을 만드는가?』, 에이도스출판사, 2017.

엘레나 세미노·요나단 컬페퍼 엮음, 양병호·유인실·이승철·이강하 옮김, 『인지문체론-텍스트의 언어와 인지 분석』, 한국문화사, 2017.

오카다 아케오, 이진주 역, 『서양 음악사』, 삼양미디어, 2009.

요시꼬 이께가미, 이기우 역, 『詩學과 文化 記號論』, 한국문화사, 1994.

울리히 룰레, 강혜경 역, 『음악에 미쳐서』, 비룡소, 2004.

장 폴 사르트르, 정명환 역, 『문학이란 무엇인가』, 민음사, 2000, 18쪽.

제라드 스틴·조안나 개빈스 엮음, 양병호·김혜원·신현미·정유미 옮김, 『인지시학의 실제비평』, 한국문화사, 2014.

조지 레이코프, 이기우 옮김, 『인지의미론:언어에서 본 인간의 마음』, 한국문화사, 1994.

조지 레이코프·마크 존슨, 노양진·나익주 옮김, 『삶으로서의 은유』(수정판), 박이정, 2006.

조지 레이코프·마크 터너, 이기우·양병호 옮김, 『시와 인지』, 한국문화사, 1996.

존 케이지, 나현영 옮김, 『사일런스』, 오픈하우스, 2014.

질 포코니에, 나익주·요시모토 하지메 옮김, 『정신공간:자연 언어의 의미구성 양상』, 한국문화사, 2015.

질 포코니에·마크 터너, 김동환·최영호 옮김, 『우리는 어떻게 생각하는가』, 지호, 2009.

토리고에 게이코, 한명호 옮김, 『소리의 재발견:소리 풍경의 사상과 실천』, 그물코, 2015.

피터 스톡웰, 이정화·서소아 역, 『인지시학개론』, 한국문화사, 2009.

Earl R. Mac Cormac, *A Cognitive Theory of Metaphor*, M.I.T.P., 1985.

Elena Semino, Jonathan Culpeper, *Cognitive Stylistics: Language and Cognition in Text Analysis*, John Benjamins Publishing, 2002.

Geert Brône, Jeroen Vandaele, *Cognitive Poetics: Goals, Gains and Gaps*, Walter de Gruyter, 2009.

Gilles Fauconnier, Mark Turner, *The Way We Think: Conceptual Blending And The Mind's Hidden Complexities*, Basic Books, 2002.

Joanna Gavins, Gerard Steen, *Cognitive Poetics in Practice*, Routledge, 2003.

Peter Stockwell, *Texture: A Cognitive Aesthetics of Reading*, Edinburgh University Press, 2012.

Reuven Tsur, *Toward a Theory of Cognitive Poetics*, Sussex Academic Press, 2008.

평화를 지향한 소리와 음악
-김종삼 시의 인지 체계

지은이 신지원
펴낸이 양오봉
펴낸곳 전북대학교출판문화원

초판 1쇄 인쇄 2024. 1. 20.
초판 1쇄 발행 2024. 1. 25.

전북대학교출판문화원 전라북도 전주시 완산구 어진길 32 (풍남동2가)
전화 (063) 219-5319~5322
FAX (063) 219-5323
출판등록 2012년 8월 20일 제465-2012-000021호

잘못된 책은 바꿔 드립니다.

값 18,000원

ISBN 979-11-6372-219-9 93810